Die Märchen der Weltliteratur

Begründet von Friedrich von der Leyen

Herausgegeben von Hans-Jörg Uther

Märchen aus Neuseeland

Überlieferungen der Maori

Herausgegeben und übersetzt von
Erika Jakubassa

EUGEN DIEDERICHS VERLAG

Mit 19 Abbildungen

Die Deutsche Bibliothek – CIP-Einheitsaufnahme
Märchen aus Neuseeland
Überlieferungen d. Maori
hrsg. u. übers. von Erika Jakubassa
2. Aufl. – München: Diederichs, 1992
(Märchen der Weltliteratur)
ISBN 3-424-00825-7
NE: Jakubassa, Erika (Hrsg.)

2. Auflage 1992

Umschlaggestaltung: Ute Dissmann, München
Produktion: Tillmann Roeder, München
Satz: Passavia, Passau
Druck und Bindung: Wiener Verlag, Himberg
ISBN 3-424-00825-7
Printed in Austria

Taranaki, ein Kriegskanu vor dem Mt. Egmont

Die Schöpfung

Die Kinder von Himmel und Erde

Am Anfang war das Nichts
Te Kore – das absolute Nichts
Te-Kore-te-whiwhia – das Nichts, in dem nichts bestand
Te Kore-te-rawea – das Nichts, in dem nichts geschah.

Und dann war die Dunkelheit
Te Po – die unendliche Dunkelheit
Te Po-nui – die große, unendlich weite Nacht
Te Po-roa – die unendlich lange Nacht
Te Po-te-kitea – die Nacht, in der nichts wahrnehmbar war
Te Po-uriuri – die tiefschwarze Nacht
Es herrschte Dunkelheit von der ersten bis zur zehnten Nacht
von Te Po-tuatahi bis Te Po-tuangahuru.

Und Rangi-nui, der Himmel, und Papa-tu-a-nuku, die Erde
lagen eng umschlungen
und zwischen ihnen lagen die Kinder
die sie gezeugt hatten
und alle lagen in tiefster Finsternis.

Und aus der Finsternis kamen
Te Rapunga – das Suchende, Strebende
Te Kukune – das Wachsende, Werdende
Te Pupuke – das Schwellende, sich Weitende
Te Hihiri – das Kraftvolle, Energische
Te Mahara – das Denken und Sinnen
Te Hinengaro – die Seele
Te Manako – das Sehnen

1. Die Trennung von Rangi und Papa

Es herrschte Dunkelheit vom ersten Zeitalter zum zehnten, bis hin zum hundertsten und tausendsten Zeitalter, und die Erde und der Himmel lagen eng umschlungen, und zwischen ihnen lagen ihre Kinder, die das Licht nie gesehen hatten. Nach langer, langer Zeit wurden die Kinder von Himmel und Erde jedoch unzufrieden mit ihrem Dasein und begannen, sich untereinander zu beraten.

»Laßt uns darüber nachdenken, was wir mit Rangi und Papa tun sollen!« sprachen sie. »Wäre es wohl besser, die Eltern zu töten, oder sollen wir sie bloß auseinanderzwingen?«

Tu-matauenga, der wildeste unter den Kindern und Gott des Krieges, schlug vor, die Eltern zu töten.

Tane-mahuta aber, der Gott der Wälder und aller Geschöpfe des Waldes, sprach als nächster: »Ich bin anderer Meinung. Es ist besser, sie voneinander zu trennen! Der Himmel soll weit über uns sein, und die Erde unter uns. Der Himmel kann uns fremd werden – die Erde aber soll uns nahe bleiben und unsere Mutter sein, die uns hegt und pflegt!«

Die anderen Kinder, ja selbst Tu, stimmten Tane zu, nur Tawhiri-ma-tea, der Gott der Winde und Stürme, war mit Tanes Vorschlag nicht einverstanden.

Er fürchtete um sein Reich, und trotz der Einigkeit seiner Brüder blieb er gegen die Trennung der Eltern.

Nach endlos langer Zeit schritten die Kinder von Rangi und Papa zur Tat.

Als erster trat Rongo-ma-tane, der Gott der Nutzpflanzen, hervor und versuchte, die Eltern auseinanderzuzwingen. Es gelang ihm nicht. Darauf kam Tangaroa, der Gott des Ozeans, und stemmte sich zwischen die Eltern!

Aber auch er schaffte es nicht, und mußte Haumia-tikitiki

Platz machen, dem Gott aller wildwachsenden Nahrung. Wieder kein Erfolg!

Ja selbst der wilde Tu konnte die Eltern nicht trennen, so sehr er auch auf die Sehnen, die Himmel und Erde verbanden, einschlug, daß sie zu bluten begannen.

Dann war die Reihe an Tane-mahuta: Langsam, ganz langsam richtete er sich auf und stemmte sich zwischen die Eltern – doch immer noch bewegten diese sich nicht.

Tane ruhte eine Weile lang aus, und dann versuchte er es aufs neue: seinen Kopf und seine Schultern preßte er gegen seine Mutter, die Erde, und mit den Beinen und Füßen stieß er den Vater Stück für Stück nach oben.

Die Sehnen, die Rangi und Papa verbanden, dehnten und dehnten sich und schließlich rissen sie, und Tanes Eltern schrien auf in ihrem Schmerz: »Warum nur tut ihr euren Eltern das an? Warum nur trennt ihr uns?«

Doch Tane stemmte sich weiter mit aller Kraft zwischen sie, und ruhte erst, als der Himmel hoch oben über ihm war und die Erde tief unter ihm.

Sein Werk war vollbracht und Licht fiel auf alle Kreaturen:

das Licht von Ra, der Sonne
das Licht von Marama, der Mondin
das Licht von Whetu, dem Stern
Atarapa, das Licht der Morgendämmerung
Atahikurangi, das Licht des hellen Tages.

Das Blut des Himmels aber sollte zum Sonnenuntergang werden, und das Blut der Erde wurde zur roten Tonerde. Und dieses Rot ist die heilige Farbe der Maoris.

2. *Tawhiri-ma-teas Rache*

Tawhiri-ma-tea, der Gott der Winde und Stürme, erhob sich nun voller Zorn auf seine Brüder!

Er wollte nicht zulassen, daß die Erde licht und heiter würde, und mit einem neidvollen und wütenden Blick auf Tanes Reich schwang er sich zu den Himmeln empor und besprach sich mit seinem Vater.

Lange überlegten Tawhiri und Rangi, was sie wohl tun könnten, und dann sandten sie ihre wilde Schöpfung auf die Erde nieder. Winde und Stürme begannen zu toben zwischen Himmel und Erde, in alle Himmelsrichtungen fegten sie: Raro, der Nordwind, Rawhiti, der Ostwind, Tonga, der Südwind, und Taitua, der Westwind!

Ihnen folgten schreckliche Stürme: Wilde, ungestüme Böen und Wirbelwinde und allerlei Wolken – dichte, dicke und dunkle Wolken, glühende Wolken und Wolken von tiefstem Schwarz, wilde unbezähmbare Wolken jagten durch die Lüfte! Und mitten in diesem furchtbaren Getöse stieg Tawhiri selbst hinab. Wie ein Orkan fiel er über Tane her und streckte die mächtigen Wälder nieder!

Die stolzen Bäume brachen und fielen, zerschmettert lagen sie auf der Erde und verfaulten, Nahrung nur noch für Insekten und Maden!

Von den Wäldern Tanes machte er sich auf zu den Meeren. Er peitschte ihre Wasser, Wellen so steil wie Klippen türmten sich auf, schreckliche Strudel begannen zu tanzen, und Tangaroa, der Gott des Ozeans, floh in die Tiefen seines Reiches, um sich vor Tawhiri zu retten! Tangaroas Enkelkinder Tute-wehiwehi und Ika-tere aber konnten sich nicht darüber einigen, wo sie sich denn in Sicherheit bringen wollten, und jeder von ihnen rief seinen Leuten zu, ihm zu folgen.

Tu-te-wehiwehi, der Vater der Reptilien, wollte aufs trockene Land flüchten, Ika-tere, der Vater der Fische in die Tiefen des Ozeans.
Und so folgten einige Tu-te-wehiwehi aufs trockene Land, und andere folgten Ika-tere ins Meer.
Denen aber, die Tu-te-wehiwehi folgten, rief Ika-tere nach: »Flieht ihr nur ans Land! Wenn sie euch fangen, dann werden sie eure Schuppen über brennenden Büscheln trockenen Farns absengen, bevor sie euch kochen!«
Tu-te-wehiwehi schrie zurück: »Und ihr, die ihr in den Meeren Zuflucht sucht! Wenn sie die kleinen Körbe voller gekochter Gemüse unter sich verteilen, dann werden sie euch obenauf legen, um ihren Speisen Wohlgeschmack zu verleihen!« Und seit jenem Tage leben die Fische in den Tiefen der Ozeane, und die Reptilien verstecken sich in den Wäldern und in den Ritzen der Felsen.
Seit jenem Tage herrscht auch Zwietracht zwischen Tane, dem Gott der Wälder, und Tangaroa, dem Gott des Ozeans; Tangaroa verzieh seinem Bruder nie, daß einige seiner Nachkommen in dessen Reich Zuflucht gesucht hatten, und er führt einen immerwährenden Krieg gegen Tane, der seinerseits wiederum Krieg gegen Tangaroa führt.
So nagen die Wasser der Ozeane denn unentwegt an den Ufern von Tanes Reich, in der Hoffnung, daß die mächtigen Bäume eines Tages ins Meer geschwemmt werden und samt allen Vögeln, Insekten und anderen Tieren der Wälder Tangaroa zur Nahrung gereichen.
Tangaroas Meere verschlingen die Kanus aus Tanes Holz und überschwemmen die Häuser und Felder seines Reiches. Tane dagegen versorgt die Nachkommen von Tu mit Kanus, Speeren und Angelhaken, und in ihren Kanus fahren sie hinaus aufs Meer und spießen die Nachkommen von Tangaroa mit

ihren hölzernen Speeren auf, fangen sie an hölzernen Angelhaken und werfen Netze aus, die aus Tanes fasrigen Pflanzen gewoben sind.
Nachdem Tawhiri, der Gott der Winde und Stürme, nun Tane und Tangaroa besiegt und obendrein Zwietracht zwischen den beiden Brüdern gesät hatte, stob er weiter zu seinen friedlichsten Brüdern, Rongo-ma-tane, dem Gott der Nutzpflanzen und der Kumara, und Haumia-tikitiki, dem Gott der wildwachsenden Pflanzen und der Farnwurzeln.
Papa, die Erde, wollte diese beiden jedoch ihren Nachkommen zugute kommen lassen, und so verbarg sie sie sorgsam. Ja, sie verbarg sie derart gut, daß Tawhiri vergeblich nach ihnen suchte.
Nun blieb nur noch Tu, der Gott des Krieges; doch sosehr Tawhiri auch gegen Tu wütete, Tu widerstand ihm. Mit beiden Füßen fest auf der Brust seiner Mutter Erde trotzte er als einziger dem ungestümen Bruder.
Er, der die Eltern erschlagen wollte, blieb ungeschlagen. Tawhiris Wüten ließ endlich nach, und die Winde und Stürme legten sich; Ruhe zog ein zwischen Himmel und Erde.

3. Tus Kampf gegen die Brüder

Es dauerte jedoch nicht lange, da besann Tu sich darauf, daß ihn seine Brüder im Kampf mit Tawhiri allein gelassen hatten und er sann auf Rache.
Tane war der erste, an dem er sich für dessen Feigheit rächen wollte. Ohnehin war er ihm ein Dorn im Auge, vermehrten sich doch seine Nachkommen so stetig, daß Tu fürchten

mußte, sie könnten eines Tages zu seinen Feinden werden. So sammelte er denn die Blätter des Whanake-Baumes und drehte Schlingen daraus, und als er damit fertig war, legte er sie als Fallen für Tanes Nachkommen in den Wäldern aus. Die Kinder Tanes verirrten sich in den Schlingen und konnten sich nicht befreien: sie wurden zur Nahrung für Tu, und können seither nicht mehr in Sicherheit leben.

Der nächste Bruder, dem Tus Rache galt, war Tangaroa. Auch über dessen Nachkommen fiel er her, was in diesem Falle nicht sonderlich schwer war, denn unbekümmert hüpften und sprangen sie im Wasser umher.
Tu aber hatte aus den fasrigen Blättern des Flachses Netze geknüpft, und mit denen fing er sie ein und schleppte sie ans trockene Land, wo er sie kochte und aß.

Dann machte er sich auf, um Rongo und Haumia zu finden. Doch trotz ihres Verstecks im Schoße der Erde erkannte er sie an ihren Blättern, die aus der Erde ragten.
Er ging und schnitzte eine Hacke aus Holz, und aus Flachs flocht er einen Korb. Mit der Hacke grub er dann Rongo und Haumia aus und trug sie in seinem Korb davon, um auch sie zu kochen und anschließend zu essen.
Alle seine Brüder hatte er nun besiegt, und deren Nachkommen sich zur Nahrung gemacht.
Nur Tawhiri, den Gott des Windes, konnte er weder besiegen noch in Nahrung verwandeln, und darum ist Tawhiri, der letztgeborene Sohn von Rangi und Papa, noch heute ein Feind des Menschen, und von Zeit zu Zeit überfällt er die Menschheit mit seinen Stürmen und Orkanen.

Tu aber steht für Mensch, und der hat viele Namen:

> Er heißt Tu-ka-riri, Tu-ka-nguha, Tu-ka-taua,
> Tu-whaka-heke-tangata, Tu-mata-wha-iti und
> Tu-mata-uenga.

Und jeder dieser Namen steht für eine seiner Eigenschaften, die ihm halfen, die Brüder zu besiegen.

Tu ersann auch verschiedene Karakia, auf daß die Nachkommen seiner Brüder ihm Nahrung in Hülle und Fülle böten. Und neben den Karakia für die Nachkommen von Tane, Tangaroa, Rongo und Haumia gibt es auch Karakia, die sich an Rangi, den Himmel, richten und ihn um gutes Wetter bitten – Karakia an Tawhiri mit der Bitte um günstige Winde – und Karakia an die Mutter Erde, auf daß sie die Pflanzen wachsen läßt.

Andere Karakia sind für die Menschen selbst und all die verschiedenen Gegebenheiten ihres Lebens gedacht: Die Namensgebung eines Kindes, Stärke im Krieg, aber auch Schutz gegen Krankheit, Bitten um Reichtum und viele andere Gegebenheiten.

4. Die Entstehung der Frau

Te Matorohanga hat die Geschichte von der Schaffung der Frau weitergegeben:

Eines Tages begannen die Söhne von Rangi und Papa darüber nachzudenken, wie das Ira Tangata, das menschliche Leben, geschaffen werden könne.

Da sie alle männlichen Geschlechts waren, beschlossen sie, in der Natur nach Uha, dem weiblichen Element zu suchen, um das männliche mit dem weiblichen Element zu verbinden und so menschliches Leben zu schaffen.

Tane leitete die Suche nach Uha, und bei seiner Suche übte er sich in der Zeugung.

So tat er sich zum Beispiel mit Hine-waoriki zusammen, dem Mädchen des Niederwaldes, und die gebar alsbald Zwillinge, den Kahika-Baum und den Matai.

Dann tat er sich mit Mumuhanga zusammen, und die gebar den Totara.

Und so ging es weiter, bis neun verschiedene Baumarten entstanden waren und das Farnkraut.

Seine Verbindung mit Punga schuf Insekten und Ungeziefer, die Verbindung mit Parauri den Tui.

Viele andere Vogelarten entstanden in der Folge, ja selbst Parawhenuamea, das Wasser, entstand, nachdem Tane Hine-tuparimaunga, dem Mädchen des Berges beigewohnt hatte. Die Nachkommen aus dieser Verbindung zeugten andere Nachkommen, und Tane wurde der Großvater der Taniwhas, Eidechsen, Felsklippen und des Gesteins, des Sandsteins, der Steine, des Kieses und des Sandes.

Noch immer aber hatte er nicht das weibliche Element gefunden.

Verzweifelt wandte sich Tane da an Papa-tu-a-nuku, seine Mutter, die Erde, und fragte sie, wo und wie er das Uha finden könne.

Papa sagte ihm, daß er zum Strand von Kuruwaka gehen solle, und dort, auf dem mons veneris der Mutter Erde, würde er roten Lehm finden; aus diesem Lehm sollte er dann eine Frau nach der Gestalt der Götter formen.

So geschah es auch: Tane und seine Brüder machten sich auf zum Strand von Kurawaka und formten eine Frau nach dem Vorbild der Götter.

Der »bush« bei Waipa

Die Götter schufen auch die Organe der ersten Frau – Raho, die labia majora, und Werewere, die labia minora. Tawhiri, Gott des Windes, schuf die Lungen.
Es blieb jedoch Tane überlassen, die Frau aus Erde zum Leben erstehen zu lassen. Er beugte sich über Hineahuone, was soviel bedeutet wie »Frau aus Erde«, und atmete in ihre Nasenlöcher. Da begann die Frau aus Erde zu atmen, nieste, und war ganz offensichtlich lebendig.
Ira Tangata, das menschliche Leben, war entstanden.
Obwohl nun Tane und seine Brüder die erste Frau geformt und auch die Organe ihres Körpers geschaffen hatten, wußten sie noch nichts über das Wesen der Fortpflanzung.
Tanes Versuche, Hineahuone beizuwohnen, schlugen lange fehl; sie sind jedoch die Ursache der verschiedenen Sekrete des Körpers, die überall da entstanden, wo Tane sich in der Fortpflanzung versucht hatte. Das Ohrenschmalz entstand auf diese Weise, und auch der Speichel, der Schweiß der Achselhöhlen und die Ausscheidungen des Körpers.
Endlich aber gelang es Tane doch noch, das männliche mit dem weiblichen Element zu verbinden, und aus dieser sexuellen Verbindung ging Hinetitama, das Mädchen der Morgendämmerung und Mutter der menschlichen Rasse, hervor.

5. Hinetitama

Hinetitama, die Tochter von Tane und Hineahuone, der aus Erde geformten Frau, war das erste wirklich menschliche Wesen, hervorgegangen aus der Verbindung zwischen den Göttern und der Erde.
Tane schlief dann auch mit seiner Tochter Hinetitama, auf daß

die menschliche Rasse weitergeführt würde, und Hinetitama gebar ihre erste Tochter, Hinerauwharangi. Nach der Geburt ihrer ersten Tochter fragte Hinetitama Tane, wer denn ihr Vater sei. Der aber wich ihrer Frage aus: »Frag die Pfosten des Hauses«, antwortete er ihr, und Hinetitama ahnte das Schreckliche: Tane war nicht nur ihr Mann und Vater ihrer Tochter, er war auch ihr eigener Vater!

Voller Enttäuschung und Scham verließ sie Tane und machte sich auf nach Rarohenga, der Unterwelt.

An der Pforte zur Unterwelt traf sie auf Te Kuwatawata, den Wächter, der ihr befahl, noch einmal zurückzublicken auf Te Ao, die Welt des Lichts, die sie für immer verlassen wollte. Da sah sie Tane, ihren weinenden Mann, der ihr gefolgt war. Ihr Entschluß stand aber fest und sie rief ihm zu: »Tane, geh und sorge du für unsere Kinder zu deren Lebzeiten! Ich werde nach ihrem Tod für sie da sein.« Und mit diesen Worten schritt sie über die Schwelle zur Unterwelt und wurde Hine-nui-te-po, die große Göttin des Todes.

Hinetitamas Weg nach Rarohenga ist der Pfad, den alle Menschen gehen müssen, jeder, ohne Ausnahme.

6. Papa-tu-a-nuku wird umgedreht

Die große Liebe von Rangi-nui und Papa-tu-a-nuku blieb auch nach ihrer Trennung bestehen, und Rangi weinte unendlich viele Tränen. Er weinte soviel, daß endlose Regen das Land überschwemmten und alles trockene Land in den Fluten zu versinken drohte.

Da taten sich einige Götter zusammen, von denen wir noch nichts gehört haben, und beschlossen, Papa umzudrehen, damit sie nicht ständig Rangis Schmerz sehen müsse, und Rangi nicht ihren.

Es war Mataaho, der schließlich veranlaßte, daß die Mutter umgedreht wurde, und darum heißt diese Begebenheit auch »Te Hurihanga a Mataaho«.

Seither weint der Himmel weniger; die Tränen aber, die er weint, fallen hinunter auf Papa, und die Menschen, die diese Tränen sehen, nennen sie Tautropfen.

Die Nebel aber, die morgens aus den Tälern und von den Hügeln gen Himmel steigen, sind die weichen warmen Seufzer Papas.

Einige sagen, daß Papa ihren jüngsten Sohn Ruaumoko noch stillte, als die Brüder daran dachten, sie umzudrehen. Sie entschieden, daß Ruaumoko an ihrer Brust bleiben sollte, und so kam es, daß er unter seiner Mutter lag.

Damit es ihm da nicht kalt werde, gaben ihm die Brüder das Feuer, und dieses Feuer ist Ahi-Komau, das vulkanische Feuer, das zusammen mit Ruaumoko, der zum Gott der Erdbeben wurde, dieses Land so unruhig macht.

7. Mauis Geburt und Rückkehr zu seiner Familie

Maui war der fünfte Sohn seiner Mutter Taranga. Als sie eines Tages am Strand entlang ging, überkamen sie dort die Wehen und sie gebar ihn vor der Zeit. Sie glaubte, daß ihr Kind tot sei, und so schnitt sie sich ihren tiki tiki ab und wickelte das Neugeborene sorgfältig darin ein, bevor sie es in die schäumenden Wogen des Ozeans warf.

Der Seetang aber legte sich mit seinen weitverzweigten Armen um Maui und schützte ihn, und die endlos wogende Brandung, die über ihn hinwegrollte und ihn von einer Seite zur anderen warf, konnte ihm nichts anhaben.

Eines Tages trieben ihn die Winde und Böen wieder zurück an Land. Dort legten sich die weichen Quallen der langen Sandstrände um ihn herum und gaben ihm Schutz.

Doch bald schon ließen sich ganze Fliegenschwärme auf ihm nieder und legten ihre Eier auf ihm ab, und die schlüpfenden Maden drohten ihn zu zerfressen; Seevögel kamen und pickten an ihm herum und hätten ihn mit ihren spitzen Schnäbeln fast in tausend Stücke zerhackt.

In diesem Augenblick größter Not erblickte Tama-nui-ki-te-rangi, Mauis großer Ahne, das Bündel am Strand, und er rannte so schnell er nur konnte, und schälte Maui aus seiner Hülle aus Quallen.

Behutsam hob er ihn auf und trug ihn zu seinem Haus, wo er ihn unter den Dachfirst hängte, genau übers Feuer, damit er sich in der Wärme des Feuers erhole.

Und so kam es, daß das Leben von Maui gerettet wurde durch die Güte des alten Tama-nui-ki-te-rangi.

Maui wuchs nun im Haus seines Ahnen heran.

Nach einer Zeit hörte er jedoch von einem Versammlungshaus und seinen weithin berühmten Tänzern, und beschloß, sich auf den Weg zu machen, um dieses Versammlungshaus zu finden. Er fand es auch, und was er da sah und hörte, konnte er zuerst kaum glauben. Da hatten sich vier Jungen zum Tanze aufgestellt, und ihre Mutter rief sie nacheinander bei ihren Namen.

Maui aber hatte die Namen der Jungen schon einmal gehört, damals, als er noch im Leib seiner Mutter Taranga ruhte; nun wußte er, daß er seine Familie wiedergefunden hatte! Vorsichtig schlich er sich ins Haus und setzte sich hinter die Brüder. Wieder rief die Mutter ihre vier Söhne beim Namen, und dieses Mal zählte sie: »Nummer eins: Maui-taha, Nummer zwei: Maui-roto, drei: Maui-pae, vier: Maui-waho.« Und dann: »Hallo, wo kommt denn dieser fünfte her?« Und Maui, der sich einfach mit dazu gestellt hatte, antwortete: »Auch ich bin dein Kind!«

Daraufhin zählte Taranga ihre Söhne noch einmal durch, und als sie mit dem Zählen fertig war, meinte sie: »Nein, es sollten wirklich nur vier sein, das ist das erste Mal, daß ich dich sehe!«

Da stand nun der kleine Maui mit seiner Mutter inmitten all der Tänzer und stritt sich mit ihr darüber, ob er wohl Tarangas Kind sei oder nicht.

Schließlich aber wurde Taranga wütend und schrie: »Genug jetzt! Verlasse mein Haus! Du bist keines von meinen Kindern, du gehörst nicht hierher!«

Maui erhob sich jetzt und sprach mit fester Stimme: »Nun gut, dann geh ich wohl lieber, dann muß ich wohl das Kind von jemand anderem sein, wie du sagst! *Ich* aber glaube immer noch, daß ich dein Kind bin, denn ich weiß, daß ich am Strand geboren wurde und daß du mich in die Wogen des Ozeans warfst, nachdem du mich in das Haar deines tiki tiki eingewickelt hattest!«

Und Maui erzählte seine Geschichte bis hin zu dem Tag, an dem er von dem Versammlungshaus und seinen berühmten Tänzern gehört hatte.
Er erklärte, wie er seine Brüder an ihren Namen erkannt hatte, und zum Beweis, daß er ihre Namen sehr gut kannte, sprach er sie alle der Reihe nach an: »Du bist Maui-taha, du bist Maui-roto, du bist Maui-pae, du bist Maui-waho, und ich bin Maui-der-Jüngste, und sitze hier vor euch!« Taranga hatte Maui voller Erstaunen zugehört, und als er mit seiner Geschichte fertig war, rief sie mit Tränen in ihren Augen: »Du bist es wirklich, mein geliebtes Kind, mein Letztgeborener, den ich in hohem Alter gebar! Du sollst von nun an Maui-tiki-tiki-a-Taranga heißen, Maui-der-im-tiki-tiki-Geformte!«
Nach langem Reden neigte sich der Abend seinem Ende zu. Da rief Taranga ihren jüngsten Sohn zu sich und sprach: »Komm zu mir, mein Kind, und schlafe neben mir, deiner Mutter, die dich geboren hat, damit ich dich küssen kann und du mich!« Und Maui lief auf seine Mutter zu und schlief an ihrer Seite.
Das machte seine älteren Brüder jedoch eifersüchtig, und sie wurden mürrisch und sprachen untereinander: »Uns fragt die Mutter nie, ob wir bei ihr schlafen wollen, und das, obwohl wir die Kinder sind, über deren Herkunft sie sicher sein kann! Als wir noch jünger waren, da war sie zärtlich zu uns, und legte uns vorsichtig auf die großen weichen Matten, die sie für uns ausgebreitet hatte! Warum können wir jetzt nicht mehr bei ihr schlafen?
Ja, als wir noch jünger waren, war sie liebevoll zu uns; nun sind wir älter und sie streichelt uns nicht mehr. Aber was diese kleine Frühgeburt angeht – wie kann man denn mit Sicherheit wissen, ob ihn die Seealgen wirklich beschützt

haben, oder ob er nicht doch das Kind von jemand anderem ist? Und hier ist er nun und schläft bei unserer Mutter! Das soll man nun glauben, daß eine kleine Frühgeburt, die in den Ozean geworfen wurde, wieder zurückkommt als lebendiges Lebewesen! Und jetzt besitzt er auch noch die Frechheit, sich als unser Blutsverwandter zu bezeichnen!«
Doch die beiden älteren Brüder sprachen zu den beiden jüngeren: »Laßt gut sein, wir sollten ihn als unseren lieben Bruder annehmen. Denkt an das Sprichwort: In Friedenszeiten kläre deine Streitigkeiten auf freundliche Art und Weise, in Kriegszeiten antworte mit Stärke! Brüder, es ist besser für uns, freundlich zu anderen Leuten zu sein, wollen wir doch nicht wie die Kinder von Rangi und Papa sein, die sogar daran dachten, die eigenen Eltern umzubringen! Und wie furchtbar zerstritten sie sich hinterher! Wir wollen uns Mühe geben, damit es uns nicht genauso geht!«
Die jüngeren Brüder sahen dies ein, und so beschlossen alle vier, Maui als ihren jüngsten Bruder zu akzeptieren.

8. Maui spioniert seiner Mutter nach

Maui schlief nun jede Nacht an Tarangas Seite. Eines Morgens jedoch, vor Anbruch des Tages, und lange bevor die Brüder aufwachten, verließ Taranga das Haus.
Mauis Brüder waren schon daran gewöhnt, aufzuwachen und festzustellen, daß die Mutter gegangen war, und sie machten sich weiter keine Gedanken darüber.
Maui aber war äußerst beunruhigt darüber, doch dachte er

sich, daß Taranga vielleicht nur nach draußen gegangen war, um Speisen vorzubereiten.
Als sie aber den ganzen Tag nicht zurückkam, da begriff er, daß sie weit weg gegangen sein mußte.
Am Abend, als sich alle zu Gesang und Tanz im Versammlungshaus zusammengefunden hatten, kam Taranga zurück. Sie wartete bis ihre Kinder mit dem Tanzen fertig waren, und dann rief sie Maui, ihren Jüngsten, zu sich. Wieder bat sie ihn, an ihrer Seite zu schlafen.
Am nächsten Morgen jedoch, als Maui erwachte, war die Mutter wieder verschwunden, und so ging es Tag für Tag.
Maui wurde nun recht mißtrauisch über das Verhalten seiner Mutter und wollte herausfinden, was wohl dahintersteckte.
Eines Tages fragte er seine Brüder, wo denn die Mutter und der Vater lebten, und erklärte, daß er seine Eltern besuchen wolle.
Die Brüder aber antworteten ihm: »Woher sollen wir das wissen? Wir haben keine Ahnung, ob sie dort droben oder dort unten oder gar dort drüben leben!«
Da entschloß sich Maui, auf eigene Faust nach den Eltern zu suchen. Die Brüder aber rieten ihm ab: »So ein Unsinn: Wie kannst du, der Jüngste von uns, herausfinden, wo unsere Eltern leben, wenn nicht einmal wir wissen, wo sie sind?
Du weißt doch, daß unsere Mutter seit deiner Ankunft hier jede Nacht bei uns schlief und bei Anbruch des Tages verschwunden war! Und du weißt doch, daß das jede Nacht und jeden Morgen so war, und daß sie jeden Abend zurückkam! Das ist doch immer so gewesen, darum: woher sollen wir plötzlich wissen, wohin sie geht?«
Maui aber ließ sich nicht von seinen Brüdern entmutigen. Er hatte bereits eine Entdeckung gemacht, von der er glaubte, daß sie ihn auf die Spur der Mutter bringen würde.

Eines Nachts, als alle schliefen, war Maui heimlich aufgestanden und hatte den Gürtel, den Schurz und die Kleider der Mutter versteckt. Dann hatte er jeden nur denkbaren Spalt im Haus so gut verstopft, daß bei Tagesanbruch kaum ein Lichtstrahl ins Haus drang.

Doch obwohl er wirklich jeden Spalt abgedichtet hatte, konnte er vor Aufregung kaum schlafen, hing das Gelingen seines Planes doch ganz davon ab, daß die Mutter wegen der Dunkelheit um sie herum nicht aufwachte. Der Morgen kam, und das erste schwache Licht drang durch die Ritzen am gegenüberliegenden Ende des Hauses, und Maui konnte die Füße derer sehen, die am entfernten Ende des Hauses schliefen.

Taranga aber schlief tief und ruhig weiter, und erst als die Sonne schon hoch am Himmel stand, begann sie sich langsam zu bewegen und schien ein wenig aufzuwachen. Ehe sie jedoch begann, sich über diese außergewöhnlich lange Nacht zu wundern, da schlief sie auch schon wieder ein. Wenig später wachte sie wieder auf; diesmal jedoch sprang sie von ihrem Lager, und da sie nackt war, begann sie nach ihren Kleidern zu suchen. Mit einem Mal wußte sie, daß etwas nicht mit rechten Dingen zuging!

Alle Türen, Fenster und Ritzen waren verstopft!

Da ging sie und riß wütend alles aus den Ritzen und – o weh! – die Mittagssonne flutete ihr entgegen!

Sie griff sich das Stück des alten Flachsmantels, mit dem Maui die Tür verstopft hatte, hielt es sich vor und rannte davon, weinend und wimmernd vor Enttäuschung über ihre Kinder, die sie so schlecht behandelt hatten.

Kaum aber hatte Taranga das Haus verlassen, da kroch Maui schon auf allen vieren zur Tür, um zu sehen, in welche Richtung die Mutter verschwand. Und siehe da, nicht allzu

weit vom Haus entfernt hielt sie an, hob einen Binsenstrauch hoch und verschwand an der Stelle, an der der Strauch gestanden hatte, nach unten. Und von unten setzte sie den Strauch wieder an seinen alten Platz zurück.
Maui rannte aus dem Haus und zu dem Strauch, unter dem die Mutter verschwunden war, und als er den Strauch hochhob, da lag eine wunderschöne tiefe Höhle vor ihm, die weit in die Erde hinunterragte.
Schnell rannte er zurück ins Haus und weckte seine Brüder: »Los, los, wacht auf, unsere Mutter hat uns schon wieder überlistet!«

Der Knabe Taiyata aus Otaheite in der landesüblichen Kleidung

Die aber richteten sich nur langsam auf, und während sie sich den Schlaf aus den Augen rieben, hatten sie nur wenig übrig für Mauis Anliegen.

Ja, sie bezweifelten sogar den Sinn von Mauis Suche nach den Eltern: »Was bedeutet dir die Sache überhaupt? Und was kümmern uns unsere Eltern? Hat uns unsere Mutter ernährt und sich um uns gekümmert, als wir aufwuchsen? Kein bißchen:

Jeden Morgen verschwand sie, genau wie heute!

Unser wirklicher Vater ist Rangi, der Himmel! Er war gut zu uns, er hat uns seine Nachkommen geschickt: Hau-whenua, die sanften Brisen, die die Erde und die jungen Pflanzen kühlen – Hau-ma-ringiringi, die Nebel, die sie befeuchten – Hau-ma-rotoroto, das schöne Wetter, das alles wachsen läßt – Touarangi, den Regen, der alles bewässert, und Tomairangi, den Tau, der die Pflanzen nährt! Er schickte uns diese seine Nachkommen, damit unsere Nahrung wachsen konnte, und Papa-tu-a-nuku, die Erde, ließ ihre Samen sprießen und wachsen und ernährte uns, ihre Kinder!«

Da entgegnete Maui seinen Brüdern: »Ich stimme euch zu, weiß ich doch viel besser, wovon ihr redet.

Ich war es doch, der in den schäumenden Wogen der See aufwuchs, während ihr an der Brust unserer Mutter großwurdet! All die Speisen, von denen ihr da redet, die habt ihr doch erst gegessen, als die Mutter euch nicht mehr stillte!

Ich aber habe niemals ihre Milch oder ihre Speisen gekostet. Trotzdem liebe ich sie, denn ich habe in ihrem Leib geruht, und weil ich sie liebe, möchte ich wissen, wo sie und mein Vater leben.«

Die Brüder waren sehr überrascht, aber auch erfreut, ihren kleinen Bruder so reden zu hören, und als sie sich von ihrer ersten Überraschung etwas erholt hatten, stimmten sie seinen

Plänen zu und hatten nichts mehr dagegen, daß er sich aufmachen wollte, die Eltern zu suchen.

Nun war es schon eine Weile her, daß Maui der Familie seine Verwandlungskünste vorgeführt hatte: genauer gesagt war es an dem Abend gewesen, an dem er das erste Mal im Versammlungshaus erschienen war und sich als Tarangas jüngster Sohn vorgestellt hatte; damals hatte er sich in allerlei Vögel verwandelt, doch keine seiner Verwandlungen hatte den Anwesenden sonderlich gefallen.

Jetzt aber verwandelte er sich vor seinen Brüdern in ein Kereru, und dieses Mal waren die Brüder tief beeindruckt von seinen Verwandlungskünsten: »Wirklich, du siehst wunderschön aus, Bruder, so viel schöner als in all den anderen Vogelgestalten!« sagten sie bewundernd.

Sie wußten natürlich nicht, womit sich Maui geschmückt hatte: was so weiß leuchtete auf der Brust des Kereru war der breite Gürtel der Mutter, den er des nachts von ihr gestohlen hatte.

Er trug auch ihren Schurz aus dem glänzenden Haar eines Hundeschweifes, und die schwarzseidenen Federn an seiner Kehle waren in Wirklichkeit der Verschluß ihres Gürtels. Maui setzte sich auf einen Ast in der Nähe der Brüder, und dort saß er nun in seiner vollen Schönheit und rührte sich nicht, sondern gurrte nur leise vor sich hin, ganz wie es der Kereru tut, der nicht wie die anderen Vögel von Ast zu Ast springt; aber das erinnerte die Brüder an folgendes Sprichwort: »Die dumme Taube sitzt auf einem Aste nur, hüpft nicht von Zweig zu Zweig.«

Am nächsten Morgen war Maui dann soweit.

Bevor er sich jedoch auf den Weg machte, der ihn zu seinen Eltern bringen sollte, hielt er noch eine kleine Rede vor seinen Brüdern: »Nun, ihr werdet hierbleiben, aber ich versi-

chere euch, daß ihr von mir hören werdet, nachdem ich gegangen bin. Es ist die große Liebe zu meinen Eltern, die mich sie suchen läßt! Sagt, waren die Verwandlungen, die ich euch vorführte, nicht außerordentlich? Nur jemand, der in der Kunst der Magie bewandert ist, kann sich in Vögel verwandeln, und ich bin es, der jüngste unter euch, der sich vor euch in alle Vögel des Waldes verwandelt hat!
Jetzt aber drohe ich alt und schwach zu werden und meine Kunst zu verlieren, denn die Reise, die vor mir liegt, ist lang und anstrengend.«
Da antworteten ihm die Brüder: »Das wäre in der Tat der Fall, würdest du in den Krieg ziehen; du aber machst dich doch auf, um unsere Eltern zu finden, die wir alle so gern sehen möchten. Und wenn du sie findest, dann werden wir glücklich sein, und unser Schmerz wird ein Ende haben! Wir werden dann zwischen unserem Zuhause und dem Zuhause unserer Eltern hin- und hergehen können und sie besuchen, sooft wir wollen. Du solltest dich wirklich nicht sorgen!«
»Ja, gewiß, ich unternehme diese Reise aus gutem Grund«, gab Maui da zu bedenken, »und wenn ich am Ziel ankomme und alles ist in bester Ordnung, dann werde ich bestimmt sehr zufrieden sein – was aber, wenn dem nicht so ist? Was, wenn ich das, was ich am Ziel sehe, verabscheue?« Obwohl die Brüder seine Zweifel verstanden, verabschiedeten sie ihn in der Gewißheit, daß sein großes Wissen und seine magischen Fähigkeiten den Weg zu den Eltern ebnen und ihm helfen würde, alle Schwierigkeiten seines Unternehmens sicher zu meistern. Maui flog ein Stück in den Wald hinein, und dann kam er noch einmal zurück zu den Brüdern.
Wirklich, er sah aus wie eine richtige Taube!
Voller Bewunderung für den kleinen Bruder blieben seine Brüder zurück und sahen ihm nach, als er davonflog.

9. Maui findet seine Eltern

Maui ließ sich an der Stelle nieder, an der die Mutter verschwunden war. Er hob den Strauch hoch, der den Eingang zur Höhle verdeckte, und nachdem er den Eingang zur Höhle wieder sorgfältig zugedeckt hatte, flog er so schnell er nur konnte in die Höhle hinunter.

Die Höhle war jedoch recht eng, und einige Male schlug er mit seinen Flügeln gegen die Wände; erst am Fuße der Höhle wurde sein Weg breiter und er konnte mühelos fliegen. Bald sah er in der Ferne eine Gruppe von Leuten in einem Manuka-Hain, und er flog in deren Richtung und setzte sich in die Krone des Baumes, unter dem die Gruppe Platz genommen hatte.

Und tatsächlich, da war Taranga, seine Mutter, und neben ihr lag ein Mann im Gras! Maui wußte sofort, daß das nur sein Vater sein konnte! Da saßen also sein Vater und seine Mutter direkt unter ihm, und die Freunde der Eltern nannten den Vater und die Mutter beim Namen: es gab keinen Zweifel mehr, er hatte die Eltern gefunden!

Maui hüpfte nun auf einen tieferen Ast und pickte eine der kleinen Beeren des Baumes. Sachte ließ er sie nach unten fallen, so daß sie auf der Stirne des Vaters landete. Die Freunde der Eltern sahen das und fragten sich, ob es wohl ein Vogel gewesen sei, der die kleine Beere heruntergeworfen hatte; der Vater aber glaubte, daß die Beere rein zufällig auf seiner Stirn gelandet war.

Maui pickte jetzt noch ein paar Beeren mehr und schleuderte sie mit aller Kraft nach unten, und der Vater und die Mutter wurden mit solcher Wucht getroffen, daß sie aufschrien, und alle, die um sie herumsaßen, sprangen auf und schauten zum Baum hinauf.

Ein leises Gurren verriet der Gesellschaft, wo der Vogel saß. Sogleich machten sie sich daran, mit Steinen nach dem Vogel zu werfen, verfehlten ihn jedoch alle. Erst als der Vater nach ihm warf, wurde Maui, ganz wie er es geplant hatte, getroffen. Gegen seinen Willen hätte kein Stein ihn treffen können.

Der Steinwurf des Vaters traf sein linkes Bein, und Maui stürzte vom Baum. Flatternd und zappelnd blieb er auf der Erde liegen. Als die Gesellschaft sich jedoch über ihn hermachte und versuchte, ihn einzufangen, da verwandelte sich der Vogel vor ihren Augen in einen jungen Mann mit wilden leuchtenden Augen, die so rot waren, als wären sie mit rotem Ocker gefärbt.

Die Umstehenden erschraken über seinen Anblick und sprachen zueinander: »Kein Wunder, daß er so lange im Baum sitzen blieb; wäre er ein Vogel gewesen, dann wäre er längst davongeflogen, aber er ist ja ein Mensch!«

Und einige sagten: »Schaut euch nur seine Gestalt an! Er sieht fast aus wie ein Gott! Seht nur, so eine Gestalt hat die Welt nicht mehr gesehen seit der Trennung von Rangi und Papa!«

Und Taranga sprach: »Ich sehe einen, der diesem jungen Mann hier sehr ähnlich sieht, sehr oft, ja jeden Abend, wenn ich zu meinen Kindern zurückkehre! Hört euch meine Geschichte an!«

Und sie erzählte die Geschichte, wie sie einst am Strand entlanggegangen war und Maui geboren hatte. Sie erzählte sie mit fast denselben Worten, mit denen Maui seinen Brüdern und ihr die Geschichte seiner Herkunft erzählt hatte. Als sie ihre Geschichte beendet hatte, da fragte sie den wundersamen jungen Mann, der neben ihr auf der Erde saß: »Sag, woher kommst du? Kommst du von Westen oder

kommst du von Nordosten? Kommst du von Südosten oder von Süden?« Maui verneinte all diese Fragen und sie fragte weiter: »War es etwa der Wind, der um mich herum weht, der dich zu mir brachte?« Diese Frage bejahte Maui.
Da rief Taranga aus: »Dann bist es du, mein Kind! Bist du es denn wirklich, Maui-tiki-tiki-a-Taranga?«
Und wieder bejahte Maui ihre Frage.
Jetzt hieß Taranga ihn willkommen: »Ja, du bist es wirklich, mein Kind. Sei mir willkommen, mein Kind, sei mir willkommen! Eines Tages wirst du die Schwelle zum Hause deiner großen Ahnin Hine-nui-te-po überschreiten, und der Tod wird fortan keine Macht mehr haben über die Menschen.« Mit diesen Worten geleitete Taranga den jungen Maui hinüber zu seinem Vater Makea-tu-tara, der ihn als seinen Sohn annahm.
Makea-tu-tara zelebrierte alsdann das Tohi-Zeremoniell für seinen Sohn, auf daß dieser gereinigt würde von allen Unreinheiten, bevor er vor die Götter trat.
Der Vater machte jedoch einen Fehler bei den Karakia: Aus Versehen ließ er einen Teil aus.
Doch als er seinen Fehler bemerkte, da war es schon zu spät, und er wußte, daß die Götter ihn strafen würden, indem sie seinem Sohn Maui vorbestimmten, zu sterben, und nicht, wie Taranga es prophezeit hatte, den Tod zu besiegen.
So waren Makea-tu-taras Kummer und Schmerz unendlich groß. Maui aber kehrte nach einer Weile zurück zu seinen Brüdern und erzählte ihnen, daß er die Eltern gefunden hatte.

10. Maui und der magische Kieferknochen

Maui verweilte nun eine Zeit bei seinen Brüdern und erzählte ihnen vom Land der Eltern.

In dieser Zeit zeigten sich seine magischen Kräfte aber auch auf zerstörerische Weise: Er erschlug die Tochter von Maru-te-whare-aitu und vernichtete dessen Ernte durch Beschwörungen, die die Früchte des Feldes verdorren ließen. Danach kehrte er ins Land der Eltern zurück.

Dort beobachtete er einen seltsamen Vorgang: Jeden Tag trugen die Leute eine Reihe von Speisen zusammen, die alsdann weggebracht wurden.

Nach ein paar Tagen fragte Maui, für wen diese Speisen denn bestimmt seien und wohin sie gebracht würden.

»Sie sind für deine Ahnin, Muri-ranga-whenua, und die lebt dort drüben!« antwortete ihm einer der Leute.

»Nun«, sagte Maui da, »heute werde ich die Speisen zu ihr bringen«, und machte sich auf den Weg zu der Alten. Von diesem Tage an war er es, der die Speisen zu Muri trug. Jedes Mal jedoch stellte er sie lediglich in einem Gebüsch ganz in der Nähe von Muri ab, nie überreichte er selbst der blinden Ahnin die Speisen.

Die blieb denn einige Tage lang hungrig; bald aber begann sie, Verdacht zu schöpfen: irgend etwas war zweifellos nicht in Ordnung. Und als Maui das nächste Mal den Pfad entlangkam, um die Speisen wieder einmal in ihrer Nähe abzustellen, da roch sie, daß ein Mensch in ihrer Nähe war, und ihr Magen blähte sich riesengroß auf, bereit, diesen Menschen mit Haut und Haaren zu verschlingen.

Sie versuchte, dem Geruch zu folgen, nach Süden hin, dann nach Norden und Osten – nichts!

Doch als sie schon glaubte, sich geirrt zu haben, da schlug

ihr plötzlich der Geruch eines menschlichen Wesens von Osten her entgegen – und sie wußte, daß es der Geruch eines ihrer Nachfahren war, und ihr Magen fiel in sich zusammen. Mit lauter Stimme sprach sie: »Ich kann riechen, daß jemand in meiner Nähe ist!«, und dann, als Maui seine Zustimmung murmelte: »Bist du es, Maui?«

»Ja, der bin ich!« antwortete Maui.

Da fragte ihn Muri-ranga-whenua, warum er seine alte Ahnin habe täuschen wollen, und Maui erklärte ihr unerschrocken den eigentlichen Grund seiner Besuche: Er wollte Muris magischen Kieferknochen haben.

Die Alte war jedoch keineswegs überrascht über Mauis Anliegen: »Der war für dich bestimmt, hier, nimm ihn«, sprach sie zu Maui, und Maui nahm den magischen Kieferknochen und kehrte nach Hause zurück, dahin, wo seine Brüder lebten.

11. Maui verlangsamt den Lauf der Sonne

Maui war noch nicht allzu lange wieder bei seinen Brüdern, da begann er sich über den Lauf der Sonne Gedanken zu machen.

Es schien ihm, daß die Sonne allzu bald unterging und daß es zu früh Nacht wurde, und das war jeden Tag so. Die Sonne ging auf, aber bald schon verschwand sie wieder hinter dem Horizont, und die Tage waren sehr, sehr kurz. Er schlug darum seinen Brüdern vor, mit ihm zusammen die Sonne in einer Schlinge zu fangen, und sie dann dazu zu bringen, sich langsamer zu bewegen, auf daß die Menschheit längere Tage habe; Tage, die lang genug waren, um die notwendigen Arbeiten im Tageslicht zu verrichten. Die Brüder aber waren skeptisch: »Das ist völlig unmöglich, niemand kann sich der Sonne nähern, denn sie ist unendlich heiß!« Maui entgegnete ihnen jedoch: »Könnt ihr euch nicht an all das erinnern, was ich schon vollbracht habe? Habt ihr nicht gesehen, wie ich mich in jeden Vogel des Waldes verwandelte? Ich mag euch wohl gleichen und wie ein Mensch aussehen, aber ich habe außerdem magische Kräfte, die mir helfen! Warum sollte ich wohl dieses Mal nicht erreichen, was ich mir vorgenommen habe?«

Als seine Brüder ihn so reden hörten, stimmten sie ihm zu und versprachen ihm zu helfen, die Sonne zu bändigen. Alle zusammen begannen sie nun, starke Taue zu fertigen, um daraus eine riesige Schlinge zu machen, und mit der wollten sie die Sonne einfangen.

Dabei lernten sie, wie man den Flachs zu starken, vierkanten Tauen verarbeitet, und diese Kunst heißt seither tuamaka. Sie lernten auch, wie man flache Taue herstellt, und das Fertigen von flachen Tauen nennt man seit dieser Zeit paharahara. Obendrein fertigten sie kräftige runde Taue für die Schlinge.

Endlich waren alle Taue fertig und Maui machte sich mit seinen Brüdern auf den Weg, die Sonne einzufangen; Muriranga-whenuas magischen Kieferknochen nahm er mit auf die Reise. Die ganze Nacht waren sie unterwegs, und als der Morgen graute, versteckten sie sich, damit die Sonne sie nicht bemerkte.

Des nachts setzten sie ihre Reise fort, und wieder versteckten sie sich im Morgengrauen.

So ging es mehrere Tage, und weiter und weiter gingen sie in Richtung Osten, bis sie schließlich an die Stelle kamen, an der das Land zu Ende war.

Ein Wahi tapu: heiliger Platz,
Landstück eines verstorbenen Häuptlings

Ein steiler Abgrund tat sich vor ihnen auf, und das war die Stelle, wo sich die Sonne jeden Morgen aus ihrer tiefen Höhle erhob.

Sogleich machten sie sich an die Arbeit: Zu beiden Seiten des Abgrundes bauten sie eine lange und hohe Mauer aus Lehm, und an beiden Enden der Mauer bauten sie kleine Hütten aus Zweigen und allerlei Geäst; in diesen kleinen Hütten versteckten sie sich am Tage.

Dann legten sie die riesige Schlinge zurecht, in der sich die Sonne verfangen sollte.

Mauis Brüder legten sich nun auf der einen Seite des Abgrundes auf die Lauer und Maui auf der anderen. Und während Maui den Brüdern letzte Anweisungen gab, hielt er den magischen Kieferknochen fest in seiner Hand: »Gebt acht!«

sprach er, »bleibt in eurem Versteck, und seht zu, daß euch die Sonne nicht sieht, denn sie wird sich bei eurem Anblick erschrecken!

Wartet, bis sie mit Kopf und Armen in der Schlinge steckt! Wenn ich euch dann rufe, dann müßt ihr die Schlinge so fest wie möglich zuziehen! Ich werde dann aus meinem Versteck kommen und sie angreifen.

Haltet die Taue so lange wie eben möglich straff, solange, bis die Sonne fast tot ist; dann erst wollen wir sie wieder freilassen! Und merkt euch, egal wie sehr sie auch schreien mag, laßt euch nicht abbringen von eurer Aufgabe!« So sprach Maui zu seinen Brüdern, bevor sich alle versteckten, um darauf zu warten, daß sich die Sonne aus ihrem Verlies erhob.

Schließlich ging sie auf – ein Feuerball, der sich weit über Berge und Wälder erhebt, so stieg sie langsam empor – und ihr Kopf ging tatsächlich durch die Schlinge, und dann auch ihr Oberkörper, ihre Schultern, ihre Arme!

Just in dem Augenblick zogen die Brüder die Taue mit aller Kraft straff, ganz so, wie Maui es ihnen gesagt hatte; und die mächtige Sonne drehte und wendete sich und versuchte verzweifelt sich zu befreien, aber umsonst! Sie war gefangen!

Da kam Maui aus seinem Versteck hervor mit seiner magischen Waffe, dem Kieferknochen der Ahnin, und gnadenlos schlug er auf die Sonne ein.

Die schrie voller Schmerz auf, Maui ließ jedoch nicht nach: erbarmungslos schlug er weiter auf sie ein, und all ihr Heulen und Wimmern erweichten ihn nicht.

Endlich, nach langer langer Zeit, als die Sonne längst schwach war und fast keinen Widerstand mehr leistete, ließ Maui sie wieder gehn; und gezeichnet von all den Wunden, die Maui ihr beigebracht hatte, machte sich die Sonne schleppend auf ihren Weg – langsamer als je zuvor. Bis heute aber ist ihr Lauf langsam geblieben.

Bei dieser Gelegenheit erfuhren die Menschen den zweiten Namen der Sonne.

Inmitten ihres tiefsten Schmerzes rief sie nämlich: »Warum nur behandelt ihr mich so, wißt ihr denn, was ihr da tut? Warum nur wollt ihr Tama-nui-te-ra töten, warum nur?«

Und so kennen die Menschen nun den zweiten Namen der Sonne, Tama-nui-te-ra.

Maui aber und seine Brüder, denen es gelang, den Lauf der Sonne zu verlangsamen, kehrten wieder in ihre Heimat zurück.

12. Maui angelt Land

Einige Zeit später, nachdem die Brüder von ihrem Abenteuer mit der Sonne zurückgekehrt waren, fuhren sie eines Tages zum Fischen hinaus aufs Meer.

Maui blieb an Land zurück, denn seine Brüder wollten ihn nicht mitnehmen.

So blieb ihm gar nichts anderes übrig, als müßig zu Hause herumzusitzen und sich von seinen Frauen und Kindern sagen zu lassen, daß sie unzufrieden seien mit seiner Faulheit und damit, daß er keinen Fisch nach Hause brachte. Er aber antwortete ihnen: »Glaubt ihr wirklich, daß ich nach all dem, was ich schon vollbracht habe, eine so einfache Sache wie das Fischen nicht meistern könnte? Ich sage euch, wenn *ich* zum Fischen hinausfahre, dann werde ich einen Fisch zurückbringen, der so groß sein wird, daß er euch verdirbt, bevor ihr ihn ganz aufessen könnt!« Mit diesen Worten machte er sich daran, einen Angelhaken zu fertigen: vom magischen Kieferknochen seiner Ahnin brach er ein Stück ab, um daraus die Spitze des Angelhakens zu schnitzen und dann befestigte er eine kräftige Leine an seiner Angel.

Zur gleichen Zeit machten die Brüder ihr Boot für eine weitere Fahrt in die Fischgründe fertig.

Kaum stießen sie jedoch vom Ufer ab, da sprang Maui einfach mit aufs Boot. Umsonst!

Die Brüder hatten genug von seinen Zaubereien!

Erzürnt schrien sie ihn an: »Los, raus mit dir! Wir wollen dich nicht dabei haben! Deine magischen Kräfte bringen uns noch in Schwierigkeiten!«

So mußte Maui wieder zu Hause bleiben.

Am Abend kehrten die Brüder wie immer mit ihrem Fang zurück. In jener Nacht aber schlich sich Maui zum Boot und versteckte sich unter den Planken.

Als die Brüder am nächsten Tag mit dem Boot hinausfuhren, entdeckten sie ihn nicht. Wohlweislich blieb Maui in seinem Versteck, bis das Boot auf hoher See war; dann jedoch kroch er unter den Planken hervor. Die Brüder sahen ihn und wollten zuerst sofort zum Ufer zurückrudern, so unheimlich war ihnen der kleine Bruder inzwischen geworden!

Der aber ließ seine magischen Kräfte walten und das Meer wurde weit und weiter und das Ufer schien mit einem Male endlos weit entfernt. Und als die Brüder Kurs in Richtung Land nehmen wollten, da war es bereits ihren Augen entschwunden.

Maui sprach nun zu seinen Brüdern: »Es wäre besser, wenn ihr mich mitnehmen würdet! Ich kann mich auch nützlich machen, indem ich das Wasser aus dem Boot schöpfe!« Damit waren die Brüder denn auch einverstanden; beruhigt paddelten sie weiter in Richtung der Fischgründe, in denen sie gewöhnlich fischten.

An der bewährten Stelle angekommen, riet ihnen Maui jedoch davon ab, die Anker zu werfen und schlug statt dessen vor, weiter hinaus zu einem Fischgrund zu fahren, den die Brüder als den am weitesten vom Land entfernten kannten. Dort angekommen, überredete Maui sie, noch weiter hinauszufahren. Er erzählte ihnen von Fischgründen, die sie noch nicht kannten, und wo man nur die Angeln auswerfen müsse, und schon würden die Fische in Scharen anbeißen!
Im Nu sei dort ein ganzes Boot gefüllt!
So ruderten Maui und seine Brüder immer weiter aufs Meer hinaus.
Als Maui die Brüder endlich anhalten ließ und das Boot festmachte, da hatten sie längst das Land aus den Augen verloren!
Aber kaum waren die Angeln ausgeworfen, da geschah genau das, wovon Maui gesprochen hatte: Im Handumdrehen hatten die Brüder derart viele Fische gefangen, daß das Boot bis oben hin voll war, so voll, daß die Brüder gleich wieder zurückrudern wollten.
Maui jedoch bat sie, noch eine Weile zu bleiben; auch er wollte seine Angel auswerfen.
Die Brüder, erstaunt darüber, daß Maui eine Angel besaß, fragten ihn neugierig, woher er denn die Angel habe; er aber antwortete nur ganz ausweichend: »Macht euch keine Sorgen, ich habe meine eigene Angel!«
»So mach schon vorwärts und wirf deine Angel aus!« drängten die Brüder ihn da, und Maui holte seine Angel unter seinen Kleidern hervor.
Welch ein Angelhaken! Das Licht brach sich in der schimmernden Paua, die den Hohlraum des Angelhakens auskleidete! Voller Erstaunen sahen die Brüder, daß der Haken kunstvoll geschnitzt und mit Haaren vom Schwanze eines

Hundes verziert war! Es war wirklich ein Haken von seltener Schönheit! Doch als Maui seine Brüder nun bat, ihm etwas Köder für seine Angel zu geben, da weigerten sie sich. Maui aber schlug sich darauf mit Wucht die Nase auf und schmierte das Blut, das aus seiner Wunde schoß, an seinen Angelhaken. Und ehe sich die Brüder versehen hatten, war Mauis Angel schon ausgeworfen!

Tiefer und tiefer sank sein Angelhaken.

Nach einer Weile strich der Haken an der Tekoteko-Figur vorbei, die auf dem Dach eines Hauses stand; dieses Haus aber stand auf dem Meeresboden.

Noch tiefer sank der Haken, vorbei an den geschnitzten Dachbalken des Hauses, bis hinunter zum Eingang des Hauses, und dort verfing er sich in der Türschwelle.

Maui spürte nun, daß sich sein Haken verfangen hatte und er begann, an der Angel zu ziehen. Er zog und zog, und langsam, ganz langsam brachte er seinen Fang nach oben: Es war das Haus des alten Tonga-nui.

Weiter und weiter zog er es aus dem Wasser, doch das Gewicht am Ende seiner Angel schien unermeßlich schwer. Um Maui herum schäumte und blubberte die See, und je mehr von seinem Fang sichtbar wurde, desto mehr schien es, als ob da eine große Insel aus dem Wasser erstände.

Mauis Brüder wurde allmählich ängstlich zumute bei diesem ungewöhnlichen Anblick, und während Maui sich mit seinem Riesenfisch abmühte, heulten und schrien sie: »Da seht ihrs, er hat uns hier herausgebracht, damit wir umkommen und die Fische uns verschlingen!« Maui murmelte nun ruhig seine Karakia vor sich hin, denn diese Karakia namens Hiki sollten schwere Lasten leichter machen.

Jetzt sprach er sie laut und deutlich, so daß seine Brüder jedes Wort verstehen konnten.

Er begann mit den Worten: »Oh Tonga-nui, warum hältst du dich so fest dort unten?«
Kaum hatte Maui seine Karakia beendet, da kam sein Fang ganz leicht nach oben: es war ein Teil von Papa-tu-a-nuku, ein Teil der Mutter Erde, den wir noch heute als Te Ika a Maui kennen, Mauis Fisch.
Und Te Ika a Maui ist die Nordinsel von Aotearoa.
Nachdem die Brüder den Riesenfisch zusammen ins Dorf gebracht hatten, verabschiedete sich Maui von ihnen. Bevor er jedoch ging, sprach er zu ihnen: »Seid vernünftig und geduldet euch! Und nehmt in meiner Abwesenheit keine Speisen zu euch. Vor allen Dingen schneidet den Fisch auf keinen Fall in Stücke! Erst muß ich einen Priester finden und den Göttern mit einem Opfer danken! Das ist meine heilige Pflicht. Wenn ich dann zurückkomme, können wir den Fisch in Stücke schneiden und gerecht untereinander verteilen. Jeder von euch soll haben, was ihm gebührt; was wir nicht mit uns nehmen können, das heben wir für später auf.« So sprach Maui und machte sich auf den Weg.
Kaum aber war er gegangen, da taten die Brüder genau das, wovon Maui ihnen abgeraten hatte: Sie begannen zu essen, und den Fisch schnitten sie in Stücke.
Zur selben Zeit war Maui immer noch auf dem Weg zu dem heiligen Ort, wo er den Göttern opfern wollte.
Wäre er dort angekommen, bevor seine Brüder die heiligen Regeln verletzten, so hätte er die Götter mit dem Versprechen versöhnen können, daß er ihnen einen Teil seines Fanges opfern würde; so aber waren sie erzürnt, und in ihrem Zorn sorgten sie dafür, daß sich der riesige Fisch krümmte und wand und mit seinem Schwanze um sich schlug.
Vor allem Tangaroa, der Gott der Meere, war erbost über das Handeln der Brüder von Maui.

Und dies ist der Grund, warum Aotearoa so uneben ist: Hier ein Berg und dort eine Ebene – hier ein Tal, und dort ein steiler Abgrund!
Wären die Brüder Mauis Rat gefolgt, dann wäre Aotearoa heute eben und glatt, ein Muster für den Rest der Welt, und für alle Menschen!
Indem sie den Fisch zerschnitten, ohne die heiligen Regeln zu beachten, hatten Mauis Brüder die zweite große Sünde in der Geschichte der Menschheit begangen.

Dies war die Geschichte, wie Maui das trockene Land, das einst in Rangis und Tawhiri-ma-teas Rachefeldzug gegen deren Brüder unter den Fluten der Ozeane versank, wieder hervorholte.

Mauis Angelhaken, der aus einem Stück vom Kieferknochen seiner Ahnin Muri-ranga-whenua geschnitzt war, kann man heute noch sehen: Im Heretaunga-Distrikt gibt es eine Landzunge, die weit ins Meer hinein reicht, und das ist Te matau a Maui, Mauis Angelhaken.

13. Maui und die Göttin des Feuers

Maui hatte viel von seiner Ahnin Mahu-ika, der Göttin des Feuers gehört.
Eines Tages begann er sich zu fragen, was wohl wäre, wenn er alle Feuer zum Erlöschen brächte.
Des Nachts stand er denn auch heimlich auf und löschte sämtliche Feuer, die in den Kochstellen des Dorfes vor sich hinglühten. Am nächsten Morgen rief er in aller Frühe nach

seinen Dienern: »Ich bin so hungrig, ich bin so hungrig, schnell kocht für mich, kocht für mich!«

Einer der Diener rannte daraufhin so schnell er nur konnte, um das Feuer zum Kochen anzuzünden – das Feuer seiner Kochstelle aber war erloschen!

Da rannte er von Haus zu Haus, durch das ganze Dorf, um von irgendwoher Feuer zu bekommen, doch wohin er auch kam, fand er nur erloschene Feuer!

Mauis Mutter hörte davon, und unverzüglich rief sie ihre Diener zu sich, um sie zur Göttin des Feuers zu schicken: »Macht euch bereit, um zu meiner großen Ahnin Mahu-ika zu gehen!« sagte sie ihnen. »Sagt ihr, daß das Feuer auf der Erde verloren ging, und fragt sie, ob sie uns wieder Feuer geben könnte!«

Die Diener aber fürchteten sich sehr vor Mahu-ika und weigerten sich, den Anweisungen von Mauis Mutter zu gehorchen; ja selbst den Anweisungen der Dorfältesten wollten sie nicht folgen! Sie weigerten sich beständig, den Weg zur Göttin des Feuers anzutreten.

Schließlich jedoch trat Maui hervor und sprach: »Nun, dann werde *ich* eben das Feuer auf die Erde zurückbringen! Sagt mir nur, welchen Weg ich nehmen muß, um zu Mahu-ika zu gelangen.«

»Folge dem breiten Pfad, der vor dir liegt, und du wirst dort ankommen, wo deine Ahnin lebt«, erklärte ihm die Mutter, und fuhr fort: »Wenn sie dich fragt, wer du bist, dann nenne deinen Namen, damit sie weiß, daß du ein Nachfahre von ihr bist. Aber sei vorsichtig, und spiele ihr keine Streiche! Wir alle kennen deine Heldentaten, aber wir wissen auch, daß es dir Spaß macht, andere zu überlisten und zu verletzen! Solltest du dir vorgenommen haben, deine alte Ahnin zu täuschen, dann kann ich dir nur davon abraten!« Maui aber tat ganz entrüstet: »Nein, nein – ich will bloß Feuer für die Menschen holen, das ist alles. Ich werde so bald wie möglich zurück sein!«

Mit diesen Worten machte er sich auf den Weg zu Mahu-ika. Was er dort aber sah, verschlug ihm für eine ganze Weile die Sprache. Erst als er sich wieder gefangen hatte, sprach er die große Ahnin an: »Meine Ahnin, würdest du dich bitte erheben und mir sagen, wo du das Feuer verbirgst? Ich bin gekommen, um dich um Feuer zu fragen!«

Mahu-ika erhob sich langsam und fragte: »Aue! Wer ist dieser Sterbliche?« – »Ich bin's!« antwortete Maui.

»Und woher kommst du?« fragte sie weiter.

»Ich bin von diesem Land«, antwortete Maui.

»Nein«, entgegnete Mahu-ika, »du bist nicht von diesem Land, du siehst anders aus als die Bewohner dieses Landes! Kommst du von Nordosten oder von Südosten?«

»Nein«, sprach Maui.

»Kommst du dann von Süden?« Wieder verneinte Maui ihre Frage.

»Kommst du von Westen?« – »Nein.«

»Kommst du etwa aus der Richtung des Windes, der um mich herum weht?« fragte Mahu-ika da, und Maui antwortete ihr: »Ja, daher komme ich!«

»Oh«, rief Mahu-ika erfreut, »dann bist du mein Enkelkind! Sag, was willst du hier?«

»Ich bin gekommen, um Feuer von dir zu erbitten«, sprach Maui, und Mahu-ika antwortete: »Sei mir willkommen! Hier! Hier ist Feuer für dich!«

Und mit diesen Worten riß sich die Alte einen ihrer Fingernägel aus, und während sie das tat, floß Feuer aus ihrem Nagel, und sie überreichte ihn ihrem Enkel. Der hatte seine Ahnin genau beobachtet und fand diesen Vorgang gar wundersam.

Doch kaum hatte er den Nagel in Empfang genommen, da wandte er sich auch schon von der Ahnin ab und löschte das Feuer des Nagels.
Dann ging er zurück zu Mahu-ika und sagte: »Das Feuer, das du mir gegeben hast, ist erloschen! Gib mir doch noch einmal Feuer!«

Klage über einen verstorbenen Häuptling

Wieder riß sich Mahu-ika einer ihrer Fingernägel aus, und wieder reichte sie Maui den Nagel. Abermals wandte der sich zur Seite und löschte das Feuer des Nagels, und so ging es, bis sich die Ahnin alle Nägel ihrer beiden Hände ausgerissen hatte.
Maui aber war noch längst nicht fertig mit seinem Spiel: Immer wieder fragte er nach Feuer, und nun begann Mahu-ika damit, sich ihre Fußnägel auszureißen, einer nach dem anderen. Bald blieb ihr nur noch der Fußnagel ihres kleinen Zeh, und da hatte sie endlich genug von Maui.
Wütend riß sie sich auch diesen ihren letzten Nagel heraus,

doch anstatt ihn, wie zuvor, ihrem unverschämten Enkel zu reichen, schleuderte sie den feurigen Nagel auf die Erde, und um sie herum begann alles zu brennen, während sie schrie: »Hier! Da hast du nun alle meine Nägel!«

Maui versuchte, so schnell wie möglich davonzurennen, das Feuer aber folgte ihm und blieb ihm dicht auf den Fersen, und selbst als er sich in einen Adler verwandelte, um dem Feuer zu entkommen, folgte es ihm in die Lüfte und fast verbrannte es ihn im Flug.

Da stürzte er sich in ein Gewässer, doch selbst das Wasser war kochend heiß!

Die Wälder um ihn herum standen in Flammen, ja, die ganze Erde brannte lichterloh!

In seiner Verzweiflung rief Maui da seine Vorfahren Tawhiri-ma-tea und Whatiri-matakataka an und bat sie, doch eine gewaltige Flut von Wasser auf die Erde hinunterzusenden und das Feuer zu löschen, das ihn zu verschlingen drohte.

Und siehe da, Böen und Sturmwinde kamen auf, und Tawhiri-ma-tea sandte gewaltigen Regen, der das Feuer in letzter Minute bezwang.

Mahu-ika versuchte, sich vor den Fluten in Sicherheit zu bringen und schrie verzweifelt, als sie sich durch das Wasser hindurchkämpfte.

Ihre Schreie aber glichen den Schreien Mauis, als dieser zu verbrennen drohte.

Das große Feuer Mahu-ikas wurde gelöscht. Bevor es jedoch ganz erlosch, warf Mahu-ika ein paar Funken in den Kaikomako-Baum und andere Bäume, die wir noch heute an ihrem trockenen Holz erkennen, das den Menschen sehr nützlich ist, wenn sie ein Feuer zum Brennen bringen wollen.

14. Maui verwandelt seinen Schwager in einen Hund

Maui hatte auch eine Schwester, von der bisher noch nicht die Rede war.

Ihr Name war Hinauri, und sie war wunderschön.

Hinauri war mit Irawaru verheiratet, und den konnte Maui nicht leiden.

Eines Tages fischten Maui und sein Schwager Irawaru zusammen. Doch statt seines Angelhakens mit der Spitze aus Muriranga-whenuas Kieferknochen hatte Maui einen Angelhaken ohne jeden Widerhaken dabei und fing nicht einen einzigen Fisch.

Irawaru dagegen fing eine Menge Fische, und Maui begann sich zu fragen, wie das wohl möglich sei.

Je länger er da saß und darüber nachdachte, warum Irawaru mehr Glück beim Fischen hatte als er, desto wütender wurde er darüber.

Wieder biß ein Fisch bei Irawaru an; der zog hastig seine Leine ein, so hastig, daß sie sich mit Mauis Leine verfing.

Nun spürte Maui seinerseits ein Gewicht an seiner Angel, und in dem Glauben, endlich auch einen Fisch gefangen zu haben, begann er seine Leine einzuziehen.

Da zogen und zerrten sie nun, Maui in Richtung Heck, und Irawaru in Richtung Bug, und jeder glaubte, daß der Fisch bei ihm angebissen hatte.

Es dauerte aber nicht lange, da verlor Maui seine Geduld und schrie den Schwager an: »Laß meine Leine los, der Fisch ist an meinem Haken!«

Irawaru schrie zurück: »Das stimmt nicht, das stimmt nicht, er ist an meiner Leine!«

Maui wurde jetzt noch ärgerlicher und bestand darauf, daß es sein Fisch sei, der da an der Leine festhing. Schließlich gab Irawaru nach und Maui zog den Fisch nach oben ins Boot.

Jetzt sah Maui, daß der Schwager recht gehabt hatte. Als der ihn nun abermals bat, die Leine loszulassen, hatte Maui bereits einen anderen Vorschlag: »So warte doch einen Moment, bis ich den Haken aus dem Fisch entfernt habe!« meinte er. Und welche Überraschung!

Die Angel des Schwagers hatte einen Widerhaken an ihrem Ende! Endlich war klar, warum der Schwager so viel erfolgreicher gewesen war beim Fischen!

Vollends verärgert fiel Maui nun nichts anderes mehr ein, als zurückzukehren ans Land, und damit erklärte sich Irawaru auch einverstanden.

Die beiden paddelten zurück an Land, Irawaru mit seinem stolzen Fang, und Maui voller Wut auf den Schwager.

Als sie am Strand ankamen, ging es darum, das Kanu an Land zu hieven. Maui hatte sich schon ausgedacht, wie das wohl am besten zu bewerkstelligen sei: »Kannst du unter das Boot kriechen, Irawaru, und es mit deinem Rücken hochheben?« fragte er den Schwager, der Mauis Vorschlag auch sogleich folgte.

Kaum war er jedoch unter das Boot gekrochen, da sprang Maui ins Boot und preßte das Gewicht des Bootes mit aller Kraft auf Irawaru nieder, so daß dieser dabei fast ums Leben kam.

Dann sprang er auf den Körper des schwer Verletzten und trampelte solange auf ihm herum, bis die Wirbelsäule ganz langgestreckt war, und mit Hilfe verschiedener Karakia formte er das Ende von Irawarus Wirbelsäule zu einem Schwanz.

So wurde aus Irawaru ein Hund – der erste Hund in der Geschichte der Menschheit.

Doch nicht genug – Maui ließ Irawaru nun auch noch Dreck essen; dann erst ließ er von seinem unglücklichen Schwager ab und ging zurück ins Dorf.

Im Dorf verhielt er sich so, als sei alles in Ordnung und nichts Außergewöhnliches geschehen.

Seine Schwester Hinauri wartete schon auf die Rückkehr ihres Mannes, und als sie Maui allein daherkommen sah, fragte sie ihn, wo Irawaru wäre.

»Er ist unten beim Boot geblieben!« log Maui.

»Ich soll dir sagen, daß du hinunter kommen und ihm helfen sollst, den Fisch ins Dorf zu bringen!

Geh jetzt Hinauri! Falls du ihn nicht findest, dann ruf ihn, und wenn er nicht antwortet, dann rufe ihn so: Moi, moi, moi!«

Hinauri rannte, so schnell sie nur konnte, zum Strand hinunter, und als sie ihren Mann nicht sah, und er ihre Rufe auch nicht beantwortete, da rief sie ihn, so wie Maui es ihr gesagt hatte: »Moi, moi, moi!«

Irawaru, der ganz in ihrer Nähe im Gebüsch herumschnüffelte, erkannte Hinauris Stimme und heulte auf, ganz wie ein Hund: »Ao, ao, ao!«

Schwanzwedelnd folgte er Hinauri zurück ins Dorf, glücklich darüber, sie endlich wiederzusehen. Hinauri aber war tief unglücklich darüber, daß ihr Mann in einen Hund verwandelt worden war, und sie weinte bitterlich auf ihrem Weg.

Ohne mit jemandem zu reden, ging sie in ihr Haus und legte ihren magischen Gürtel an. Dann rannte sie zurück ans Meer, um in den Wogen des Ozeans zu sterben.

Sie setzte sich auf einen Felsen, der weit ins Meer hinausragte und beklagte ihr grausames Schicksal.

Bevor sie sich aber ins Meer warf, sprach sie ein Karakia vor sich hin, das ihr das Ende erleichtern sollte.

Bald schon trugen die Fluten ihren Körper weit hinaus ins Meer.
Irawaru aber wurde zum Stammvater aller Hunde, und noch heute rufen die Maoris ihre Hunde, wie damals Hinauri nach ihrem Mann: »Moi, moi, moi!«
Einige sagen, daß Maui die Lippen des ersten Hundes tätowierte, und darum sei die Schnauze eines jeden Hundes bis zum heutigen Tage schwarz.

15. Wie der Tod in die Welt kam

Nachdem Maui seinen Schwager Irawaru in einen Hund verwandelt hatte und seine Schwester Hinauri sich aus Gram darüber in die Fluten des Ozeans geworfen hatte, dachte er sich, daß es an der Zeit sei, das Dorf der Schwester zu verlassen.
Wieder kehrte er zu den Eltern zurück und blieb dort eine Weile.
Eines Tages nahm ihn der Vater zur Seite und sagte: »Mein Sohn, von deiner Mutter und vielen anderen Leuten habe ich gehört, daß du außergewöhnlich tapfer bist, und daß dir bisher alles gelungen ist, was du dir vorgenommen hast. Ich muß dich jedoch warnen: Jetzt bist du im Land deines Vaters, und es könnte durchaus sein, daß nun auch du besiegt werden wirst.«
Verblüfft fragte Maui den Vater nach der Bedeutung dieser Worte, konnte er sich doch nicht vorstellen, wer oder was ihn nach all seinen Heldentaten besiegen könne.
»Ich spreche von deiner mächtigen Ahnin Hine-nui-te-po«,

sprach der Vater da. »Wenn du ganz genau hinschaust, dann siehst du sie ganz dort hinten am Horizont aufleuchten!«
Maui aber ließ sich durch die Worte seines Vaters nicht einschüchtern, sondern antwortete voller Zuversicht: »Laß uns doch solch müßige Gedanken beiseite legen, und statt dessen herausfinden, ob es den Menschen bestimmt ist zu sterben oder ewig zu leben!«
Nun mußte Makea-tu-tara seinem Sohn von dem schicksalhaften Fehler erzählen, den er bei Mauis Tohi-Zeremoniell gemacht hatte, und daß er seit jener Zeit ahnte, daß dieser Fehler einmal die Ursache für Mauis Tod sein würde.
Maui wollte jetzt mehr über seine Ahnin Hine-nui-te-po wissen.
»Was ganz dort hinten leuchtend rot aufflammt, das sind ihre Augen, mein Sohn«, begann Makea-tu-tara.
»Ihre Pupillen sind aus Jade, und ihre Zähne so hart und scharf wie Glas. Ihr Körper ist wie der einer Frau und ihr Haar ist aus Seetang. Ihre Vagina aber gleicht dem Maul eines Barracuda.«
Maui fragte weiter: »Glaubst du, daß sie so stark ist wie Tama-nui-te-ra, der alles Leben und Sein zerstören kann mit seiner unendlichen Hitze? Hätte er sich nicht so schnell bewegt, dann wäre doch wahrlich alles verbrannt! Ich aber bezwang Tama und nun bewegt er sich langsam, ohne seine zerstörerische Hitze zu verbreiten.
Ich war es, der ihn mit der magischen Waffe schlug und seine Hülle an tausend Stellen aufriß, und aus seinen Wunden dringen nun seine Strahlen und verteilen sich in alle Richtungen. Und war nicht das Meer so viel größer, bevor ich Land mit meinem magischen Angelhaken fischte?«
Es gab keinen Zweifel: Maui ließ sich nicht davon abbringen, den Besuch bei Hine-nui-te-po zu wagen.

So sprach denn der Vater zu ihm: »All das stimmt ja, du mein Letztgeborener und Stütze meines Alters!
So geh denn und suche deine große Ahnin, die so wild leuchtet dort hinten, wo Horizont und Himmel sich treffen!«
Nicht lange nach diesem Gespräch mit dem Vater begann Maui, sich nach Begleitern für seine Reise umzusehen. Schon bald hatte er eine Gruppe von Vögeln um sich versammelt, die sich mit ihm auf den Weg machen wollten: der Miromiro war unter ihnen, und auch der Tataeko, und vor allem natürlich das neugierige Fächerschwänzchen, das ganz besonders anhänglich war.
Maui weihte alle seine Begleiter in seinen großen Plan ein, bevor sie sich zusammen auf den Weg zu Hine-nui-te-po machten, der mächtigen Göttin der Nacht und Wächterin der Unterwelt.
Zweifellos hatte er sich sehr viel mit diesem Abenteuer vorgenommen, hatte er sich doch weder von den Beschreibungen und Warnungen des Vaters noch von all dem, was er sonst noch so über Hine-nui-te-po gehört hatte, von seinem Vorhaben abbringen lassen.
Hine-nui-te-po war wahrhaftig eine mächtige Göttin. Maui wollte durch die scharfzahnig umrandete Vagina der Hine in ihren Uterus vordringen, um so dem Geheimnis von Leben und Tod auf die Spur zu kommen; durch ihren Mund wollte er wieder aus ihrem Körper austreten, und ihr Tod sollte das ewige Leben für die Menschen bringen.
Maui hatte seinen Begleitern genaue Anweisungen gegeben, wie sie sich nach der Ankunft bei Hine-nui-te-po, und vor allem dann verhalten sollten, wenn er schließlich in Hine eindränge: »Auf keinen Fall dürft ihr lachen oder sonstige Geräusche machen, denn ich werde in sie eindringen, wenn sie schläft, und sie könnte von eurem Gelächter aufwachen!

Das wäre mein sicheres Ende!«

Und tatsächlich lag Hine-nui-te-po da und schlief, als Maui und seine Begleiter bei ihr ankamen, und ihre Beine lagen weit auseinander.

Maui verlor nun keine Zeit: Er trat zur Seite, und legte seine Kleidung ab. Die Haut an seinen Hüften und Schenkeln schimmerte so wunderschön wie die Haut einer Makrele; das waren die Tätowierungen, die ihm mit dem Meißel von Uetonga in die Haut geritzt worden waren!

Den magischen Kieferknochen fest in seiner Hand, versuchte er sich nun in vielen Verwandlungen, doch keine schien ihm und seinen Begleitern der Aufgabe, die vor ihm lag, angemessen.

Schließlich verwandelte er sich in eine Eidechse, und als alle damit zufrieden waren, begann er, zwischen die Beine der Hine-nui-te-po zu kriechen und in sie einzudringen.

Derweil versuchten die Vögel, Mauis Anweisungen zu folgen und nicht zu lachen, obwohl ihnen das bei Mauis Anblick, der mit ungeübten Bewegungen in Hine hineinschlüpfte, wahrlich nicht leicht fiel.

Doch oh weh! Der kleine Tiwakawaka konnte nicht länger an sich halten und platzte los, als Maui gerade mit dem Kopf in Hine eingedrungen war, sein Hinterteil aber noch immer nach draußen ragte!

Und da konnten sich auch die anderen Vögel nicht länger beherrschen und fingen zu lachen an!

Mit einem Male erwachte Hine-nui-te-po, und als sie sah, was vor sich ging, zerquetschte sie Maui zwischen ihren Schenkeln.

So fand Maui, der sich allzu weit hervorgewagt hatte, den Tod.

Die Menschen sind seither sterblich, und so wollte es Hine-

nui-te-po: Sie glaubte, daß es besser für die Menschen sei, zu sterben und dann dahin zurückzukehren, von wo sie ursprünglich einmal herkamen.
Es ist die große Hine-nui-te-po, die die Verstorbenen in der Unterwelt willkommen heißt, und ihr Reich ist ein Reich des Friedens und der Zuflucht.
Maui aber ließ seine Söhne und Töchter zurück, die heute noch in Hawaiki, der ursprünglichen Heimat der Maoris, oder in Aotearoa leben.

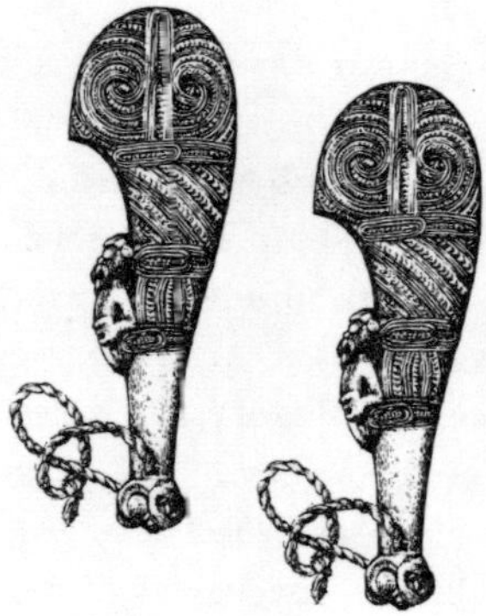

16. Hinauri heiratet Tinirau

Als wir das letzte Mal von Hinauri hörten, da trieb sie in den Wellen des Ozeans.
Voller Schmerz und Verzweiflung über den Verlust ihres geliebten Mannes und die Grausamkeit ihres Bruders Maui hatte sie sich ins Meer gestürzt, um zu sterben.
Mehrere Monate lang trieb sie im Meer, und ihr Körper

überzog sich mit Seealgen, in denen sich kleine Muscheln verfingen.
Eines Tages aber wurde Hinauri bei Wairarawa an Land geschwemmt, und dort fanden sie die beiden Brüder Ihu-atamai und Ihu-wareware.
Sie trugen den leblosen Körper in ihr Haus und legten ihn sorgfältig neben der Feuerstelle nieder.
Dann begannen sie ganz vorsichtig, die Seealgen von ihrem Körper zu lösen.
Und siehe, Hinauri war nicht tot, sie lebte!
Die Brüder taten nun alles, um Hinauri wiederherzustellen, und als sie sich einigermaßen erholt hatte, da sahen sie die Schönheit der Unbekannten und waren sehr angetan von ihr. Hinauri entschloß sich, eine Weile mit den Brüdern zu leben, und machte sie beide zu ihren Geliebten; ihren Namen und ihre Herkunft verriet sie den Brüdern jedoch nicht. Sie ließ sich von ihnen Ihu-ngaru-paea nennen, »die gestrandete Nase«.
Eine ganze Weile lebten die drei glücklich und zufrieden zusammen, und bald erwartete Hinauri ein Kind, dessen Vater Ihu-atamai war.
Ihu-wareware beschloß nun, sich zu Tinirau, dem Häuptling seines Stammes aufzumachen und ihm zu erzählen, was sich ereignet hatte, und wie es dazu gekommen war, daß die beiden Brüder ihr Leben mit der schönen Hinauri teilten. Der Häuptling Tinirau war weithin bekannt für seine schöne Gestalt und seine Eitelkeit, und er lebte mit seinen beiden Frauen Harataunga und Horotata in einem prächtigen Anwesen auf der heiligen Insel Motutapu.
Als er nun Ihu-warewares Geschichte und vor allem dessen Schilderung der schönen Hinauri hörte, da wollte er Hinauri selber zur Frau haben. Diese war ihrerseits auch nicht abge-

neigt; es beeindruckte sie, was sie über Tinirau gehört hatte, und außerdem wurde ihr das Leben mit den beiden Brüdern jeden Tag langweiliger.

So kam es denn, daß Hinauri Tinirau Frau wurde.

Harataunga und Horotata aber waren gar nicht darüber erfreut, daß Tinirau eine neue Frau ins Dorf brachte, und die beiden eifersüchtigen Töchter von Mangamangai-atua taten fortan alles, um Hinauri das Leben zur Hölle zu machen. Sie versuchten sogar, Hinauri zu schlagen oder sie gar zu töten.

Hinauri wurde dabei immer schwermütiger, und eines Tages, als Harataunga und Horotata sie wieder aufs übelste beschimpften, da stieß sie einen mächtigen Fluch aus, und wiederholte ihn ein zweites Mal.

Das war das Ende von Harataunga und Horotata; sie fielen flach auf die Erde, und ihre Fußsohlen zeigten leblos nach oben.

Hinauri mußte Tinirau nicht länger mit den Töchtern von Mangamangai-atua teilen.

17. Rupes Suche nach Hinauri

Seit dem Tag, an dem Maui seinen Schwager Irawaru in einen Hund verwandelt hatte und Hinauri voller Gram das Dorf verließ, um zu sterben, trauerte Hinauris Bruder Maui-mua seiner geliebten Schwester nach.

Er war überzeugt davon, daß sie noch lebte, war doch ihr magischer Gürtel seit jenem Tag aus ihrem Haus verschwunden.

Die ganze Umgebung hatte er schon nach ihr abgesucht,

Freundestreffen

aber nirgendwo hatte er die Schwester gefunden, und niemand hatte sie gesehen.
Nur eine Möglichkeit blieb ihm, die Schwester zu finden: Er wollte in die Himmel emporsteigen und seinen großen Ahnen Rehua, einen der Söhne von Rangi und Papa, um Rat fragen.
Tatsächlich machte sich Maui-mua auch auf den Weg zu Rehua. Rehua lebte im obersten, der Erde entferntesten Himmel, an einem Ort namens Te Putahi-nui-o-Rehua.
Nach einer Weile kam Maui-mua an einem Ort an, an dem er auf eine Gruppe von Leuten traf.
Die fragte er: »Sind die Himmel dort droben bewohnt?«
»Ja«, antworteten die Leute, »sie sind bewohnt.«
»Und kann ich wohl dort hinkommen?« fragte Maui-mua weiter. »Nein, das kannst du nicht, denn die Grenzen dieser Himmel hat Tane festgelegt.«

Maui-mua jedoch stieg weiter nach oben.

Wieder kam er zu einem Ort, an dem er Leute traf. Er fragte auch diese Leute, ob die Himmel weiter oben bewohnt seien, und wieder bekam er dieselbe Antwort. Immer weiter stieg er empor, durch viele Himmel hindurch! Schließlich kam er im zehnten Himmel an, und hier lebte sein großer Ahne Rehua. Als Rehua den Fremden auf sich zukommen sah, trat er ihm entgegen und begrüßte ihn, wie es Sitte war.

Rupe erwiderte Rehuas Willkommensgruß mit einem Karanga, das Rehua ahnen ließ, woher der Fremde kam.

Das Mihi nahm seinen Lauf, und als es abgeschlossen war, befahl Rehua seiner Dienerschaft, die Feuer zu entfachen und das Essen für den Gast vorzubereiten.

Bald brannten überall die Feuer, und die Diener schleppten große hohle Flaschenkürbisse heran, und stellten sie vor Rehua auf.

Zu Maui-muas großem Erstaunen waren diese Kürbisse jedoch nicht mit Speisen gefüllt, wie er es erwartet hatte, sondern sie waren leer.

Er begann sich zu fragen, wo wohl all die Speisen herkommen sollten, die nötig schienen, all die großen Kürbisse zu füllen; während er aber noch überlegte, da sah er, wie Rehua das Band, das um seinen Tikitiki geschlungen war, langsam löste. Seine langen Locken fielen nun lose auf seine Schultern. Mit einem Male schüttelte er seine dichte Haarpracht, und aus seinen Locken erhoben sich Scharen von Tuis, die in Rehuas Tikitiki genistet und sich dort von Läusen ernährt hatten!

Die Dienerschaft machte sich nun daran, die Tuis zu fangen. Sie töteten die Vögel, kochten sie in ihrem eigenen Fett und füllten diese Speise, die als Huahua bekannt ist, in die Flaschenkürbisse.

Dann wurden die Speisen dem Gast als Geschenk dargeboten; doch als Rehua seinen Gast Maui-mua bat zu essen, lehnte dieser ab: »Nein, ich kann diese Speisen nicht essen, sah ich doch, wie die Vögel aus deinem Haarschopf flogen! Wie könnte ich es wagen, die Vögel zu essen, die sich von den Läusen des heiligsten Teils von Rehuas Haupt genährt haben?« Und er ließ die Speisen unberührt.

Schließlich faßte er sich ein Herz und trug seinem Ahnen den Grund seines Besuches im zehnten Himmel vor.

»Sag, Rehua, ist es möglich, daß gewisse Gerüchte über eine Sache, die mir sehr wichtig ist, ihren Weg von der Welt dort unten zu deinen Ohren gefunden haben?«

»Ja«, entgegnete Rehua, »mir ist etwas zu Ohren gekommen, und es schien von der Insel Motu-tapu zu kommen!«

Das war es, was Maui-mua hören wollte, und unverzüglich verabschiedete er sich von Rehua, verwandelte sich in eine Taube, und flog schnurstracks hinunter durch all die Himmel, die er mühsam erklommen hatte, in Richtung der heiligen Insel Motu-tapu.

Und von nun an ist Maui-mua als Rupe bekannt, die große Taube. Bald sah er die Insel und Tiniraus prächtiges Haus vor sich. Geradewegs flog er darauf zu und ließ sich auf dem Fenstersims nieder.

Einige von Tiniraus Leuten sahen die große Taube auf dem Fenstersims und lachten über sie, andere aber rannten los, um ihre Speere zu holen. Als einer von ihnen jedoch seinen Speer nach Rupe warf, da wehrte der den Speer mit seinem Schnabel ab und die Speerspitze brach, bevor der Rest des Speeres im harten Holz des Fenstersimses steckenblieb.

Tiniraus Leute wollten den Vogel nun mit einer Schlinge fangen, doch vergebens – keinem gelang es, den seltsamen Vogel zu fangen.

Hinauri hatte all dies beobachtet, und sie wußte, daß dies kein gewöhnlicher Vogel war. So bat sie die Umstehenden, die Taube doch einen Moment in Ruhe zu lassen, damit sie Gelegenheit habe, das Tier genauer zu betrachten.
Sie ging auf den Vogel zu, und plötzlich wurde ihr klar, daß diese Taube nur ihr Bruder sein könne, und sie fragte ihn:

Kopf eines Häuptlings

»Sag, warum bist du hier?« Und die Taube klappte ihren Schnabel in einem fort auf und zu, ganz so, als ob sie Hinauri antworten wollte.
»Du bist es, mein Bruder Rupe!« rief Hinauri da, und fing vor Freude zu weinen an.
Rupe begrüßte die geliebte Schwester jetzt mit einem Willkommensgruß, der als Toetoetu bekannt ist:

»Hinauri heißt die Schwester
Und Rupe ist ihr Bruder
Wie kam er bloß hierher?
Kam er auf dem Landweg?
Oder kam er durch die Lüfte?
Durch die Lüfte führt der Pfad!«

Hinauri entgegnete den Gruß des Bruders:

»Rupe heißt der Bruder
Und Hinauri seine Schwester
Wie kam er bloß hierher?
Kam er auf dem Landweg?
Oder durch die Lüfte?
Durch die Lüfte zu Rehua
Nach oben führt der Pfad!«

Kaum jedoch hatte Hinauri den Gruß des Bruders erwidert, da nahm Rupe Hinauri und ihr Kind, das erst ein paar Stunden alt war, bei der Hand, und sie erhoben sich und flogen den Himmeln entgegen.
Tinirau aber schrie ihnen nach: »Komm zurück, Hinauri, komm zurück mit deinem Kind!« Und obwohl Tinirau nicht sehr gut zu ihr gewesen war, hatte Hinauri Mitleid mit

ihm und entschied, ihrem Mann den gemeinsamen Sohn zu lassen. Sanft ließ sie das Neugeborene fallen und Tinirau fing es auf.

Rupe und Hinauri hatten aber auch Whenua, den Mutterkuchen, mitgenommen, um ihn, wie es Sitte war, zu begraben. Bei ihrem Aufstieg zu den Himmeln jedoch verloren sie ihn, und er fiel ins Meer.

Dort verschlang ihn ein Haifisch, und das ist auch der Grund, warum man noch heute eine Menge großer Eier im Innern des weiblichen Haifisches findet.

Hinauris Sohn aber wuchs bei Tinirau auf, und der nannte ihn Tuhuruhuru.

18. Rupe säubert Rehuas Marae

Nach einer Zeit kamen Hinauri und Rupe in Te Putahinui-o-Rehua, der Heimat von Rehua, an.

Dort fand Rupe die Marae in einem schrecklichen Zustand: wo er auch hinsah, nur Schmutz, und keiner von Rehuas faulen Leuten schien sich daran zu stören.

Der alte Rehua aber war selbst zu hinfällig, um die Säuberung der Marae zu übernehmen, und so bot ihm Rupe seine Hilfe an.

Bei dieser Gelegenheit äußerte er sich über Rehuas Leute mit einer Feststellung, die später zum Sprichwort wurde.

Er sagte: »Rehua, deine Leute sind so faul, daß wenn jedes Stückchen Dreck eine Eidechse wäre, sie sich wahrscheinlich nicht mal die Mühe machen würden, die Eidechsen am Schwanz zu berühren, um sie aus dem Weg zu scheuchen!«

Rupe machte sich nun daran, Rehuas Marae zu säubern und

zu diesem Zweck schnitzte er zwei Schaufeln: Tahitahia oder Fege-weg, und Rake-rakea oder Kratze-weg.
Mit denen machte er sich ans Werk, und bald schon war die Marae vom Schmutz befreit.
Als nächstes baute er ein Turuma, das helfen sollte, das Dorf sauber zu halten, befestigte aber einen der Balken des Turuma so schlecht, daß Rehuas Sohn das Gleichgewicht verlor und in die Tiefe stürzte, als er sich an dem Balken festhalten wollte.
Sein Blut ergoß sich über die Himmel und so entstand, was wir heute Morgenröte und Abendröte nennen.
Die Maoris aber sagen noch heute: »Da! Kaitangata hat die Himmel gefärbt mit seinem Blut!«

19. Kae stiehlt den Walfisch

Tuhuruhurus Vater Tinirau dachte derweil daran, den besten Tohunga für das Tohi-Zeremoniell seines Sohnes zu finden.
Tuhuruhuru sollte aufwachsen mit dem Glück auf seiner Seite, und er sollte ein mutiger und unbesiegbarer Krieger werden.
Tinirau Wahl fiel auf Kae, einen alten erfahrenen Tohunga, der weit und breit für seine Kunst bekannt war, und den auch Tiniraus Freunde empfohlen hatten.
Kae wurde eingeladen, und bald darauf kam er mit seiner Gefolgschaft in Tiniraus Dorf an.
Das Neugeborene wurde nach alter Sitte zum Fluß getragen, und dort nahm der alte Tohunga einen heiligen Zweig und sprenkelte Wasser über das Kind. Dann stimmte er seine

Karakia an, mit denen er den kleinen Tuhuruhuru dem Kriegsgott Tu-matauenga weihte.

Das Tohi-Zeremoniell war zur Zufriedenheit aller Anwesenden abgelaufen, und so ließen sie sich zum Festmahl nieder, um die Aufnahme eines neuen Mitgliedes in den Stamm zu feiern.

Allerlei delikate Speisen wurden aufgetragen; Tinirau aber wollte dem alten Kae mit einer ganz besonders delikaten Speise für dessen Dienste danken, und so ging er hinunter zum Strand und rief nach Tutunui.

Tutunui war der Name des Walfisches, den Tinirau als Spielgefährten für Tuhuruhuru gezähmt hatte.

Sobald der die Stimme seines Herrn hörte, unterbrach er sein Spiel, schwamm zum Land hin und ließ sich neben seinem Gebieter am Strand nieder.

Tinirau schnitt ein Stück von Tutunis Fleisch ab und ging, um es für Kae zuzubereiten.

Kae fand diese besondere Delikatesse denn auch sehr schmackhaft und lobte das Gericht über alle Maßen.

Bald neigte sich das Festmahl seinem Ende zu und Tinirau nahm an, daß Kae jetzt wohl nach Te Tihi-o-Manono zurückkehren wollte; Te Tihi-o-Manono war der Name des Ortes, an dem der alte Tohunga lebte.

Doch als Tinirau ein Kanu für Kae vorbereiten ließ, da fing der plötzlich an, Ausflüchte zu finden, und schien ganz offensichtlich nicht im Kanu nach Te Tiho-o-Manono zurückkehren zu wollen.

Dies war natürlich nur ein Trick; in Wirklichkeit nämlich wollte Kae auf Tutunuis Rücken zurückreiten, denn das Fleisch des jungen Walfisches hatte es ihm sehr angetan. Tinirau aber ließ Tutunui nicht allzu gerne aus den Augen. Als der Alte jedoch anders nicht zufriedengestellt werden konnte, gab er schließlich nach und überließ Kae seinen zahmen Walfisch. Bevor Kae aber auf Tutunui davonritt, gab ihm Tinirau eine Reihe von Regeln mit auf den Weg, die Kae unbedingt befolgen sollte.

So sagte er zum Beispiel: »Wenn ihr so nahe am Ufer seid, daß Tutunuis Bauch den Grund berührt, dann wird er sich schütteln, um dich wissen zu lassen, daß es Zeit für dich ist, abzuspringen.

Das solltest du dann auch unverzüglich tun, Kae, und zwar solltest du von der rechten Seite des Tieres abspringen!« Und tatsächlich, am Strand, ganz in der Nähe von Kaes Dorf, schüttelte sich Tutunui ganz so, wie es Tinirau beschrieben hatte. Anstatt jedoch unverzüglich abzuspringen, hielt sich Kae mit aller Kraft an Tutunui fest und preßte das wehrlose Tier nach unten in den Sand.

Tutunui drehte und wendete sich, um Kae loszuwerden, doch je mehr er zappelte, desto tiefer sank er in den Sand. Bald waren seine Nasenlöcher mit Sand gefüllt und er erstickte jämmerlich.

Da ging Kae und holte seine Leute, und mit vereinten Kräften schleppten sie das große schwere Tier an Land und schnitten es in Stücke. Ein Hangi wurde vorbereitet, und Tutunuis Fleisch wurde zusammen mit den aromatischen Blättern des Koromiko hinzugefügt.

Das Fett von Tutunuis Fleisch aber sammelte sich in den Koromiko-Blättern, und darum fühlen sich die Blätter des Koromiko auch heute noch fettig an.

Und die Maoris sagen, wenn sie die Speisen in einem Hangi mit Koromiko-Blättchen würzen: »Das ist die Würze Tutunuis.« Kaes Leute machten sich alsbald über ihr Festmahl her; währenddessen hielt Tinirau ungeduldig Ausschau nach Tutunui.

Es dauerte jedoch nicht lange, da wehte ein Wind von weit her übers Meer, und der Wind kam aus der Richtung von Kaes Dorf; er trug den unverwechselbaren Geruch von Tutunuis gekochtem Fleisch mit sich, und Tinirau wußte sofort, was passiert war: Kae hatte seinen geliebten Tutunui, den er, Tinirau, für seinen Sohn Tuhuruhuru gezähmt hatte, getötet und verspeist!

Tinirau und seine Leute verloren keine Zeit.

Sofort begannen sie, Pläne zu schmieden, wie die Grausamkeit Kaes auf gebührende Weise beantwortet werden könne. Eine von Tiniraus Frauen besaß ein großes Kanu, und es wurde beschlossen, daß sich vierzig Frauen in dem Kanu zu Kaes Dorf aufmachen sollten, den alten Tohunga entführen und ins Dorf von Tinirau bringen.

Der Grund, weshalb die Aktion von Frauen durchgeführt werden sollte, war einfach: Tiniraus Leute glaubten, daß eine Gruppe von Frauen unverdächtiger sei, und Kaes Leute besser über ihre feindseligen Absichten täuschen könne. So paddelten die vierzig Frauen denn los; unter ihnen waren viele Frauen von hohem Ansehen, so wie Hine-i-te-iwaiwa, Rau-kata-uri, Rau-kata-mea, Itiiti, Rekareka, Ruahau-a-Tangaroa und viele andere.

Vor ihrer Abfahrt hatten sie mit Tinirau alles genau durchgesprochen. Ihre Hauptsorge war, wie sie Kae denn unter all seinen Leuten erkennen könnten; Tinirau aber hatte ihnen gesagt, daß er unverwechselbar sei: »Haltet nach seinen Zähnen Ausschau, die sind alle krumm und schief und stehen übereinander!« – »Nun aber was, wenn er seine Zähne nicht zeigt?« hatten sie da zurückgefragt.

»Dann müßt ihr ihn eben zum Lachen bringen!« war Tiniraus Antwort gewesen.

Am Abend desselben Tages kamen sie in Kaes Dorf an. Dort

Rangihaetos berühmtes Haus
auf der Insel Mana

hatte sich der ganze Stamm versammelt, um die fremden Frauen willkommen zu heißen. Sie wurden zu dem prächtigen Versammlungshaus geleitet und nahmen entlang einer Seite des Hauses Platz.

Kaes Leute saßen ihnen gegenüber, und in der Mitte des Versammlungshauses brannte ein Feuer.

Unter dem Hauptpfeiler des Hauses, der das Dach trug, hatte Kae Platz genommen, und seine Diener brachten ihm Matten, auf denen er ruhen sollte.

Es waren aber so viele Leute in dem Versammlungshaus, daß die Frauen nicht mit Sicherheit wußten, welcher von ihnen Kae sei; sie begannen deshalb mit einer Reihe von Witzen und Späßen, um ihre Gastgeber zum Lachen zu bringen, und in der Hoffnung, Kaes schiefe Zähne ausfindig machen zu können.

Rau-kata-uri war die erste: Sie führte ihre besten Kniffe und Spiele vor, und dann brachte sie alle Versammelten zum Singen. Die ganze Runde untermalte den Rhythmus ihrer Lieder mit Kastagnetten aus Knochen und Holz, sie spielten auf der Putorino, warfen sich im Rhythmus des Gesanges gegenseitig kurze Stöcke zu, eine Art Maultrommel wurde in die Runde eingeführt, kurz: die Frauen gestalteten ein Programm, das ihre Gastgeber sichtlich genossen. Nur der Mann unter dem Hauptpfeiler des Hauses, von dem sie annahmen, daß er Kae sei, verzog während der ganzen Zeit keine Miene.

Nach all der Anstrengung waren sie in ihrer Absicht, Kae zu finden, keinen Schritt weitergekommen. Da setzten sie sich zusammen und beratschlagten, wie sie Kae wohl endlich zum Lachen bringen könnten, und ihre Wahl fiel auf ein urkomisches Lied.

Zurück in der Runde stimmten sie ihr Lied an, unterlegt von allerlei Grimassen und Gesten mit Armen und Händen.

Da verzog Kae sein stockernstes Gesicht zum ersten Mal an diesem Abend, und er lachte aus vollem Halse über die Darbietung der Frauen. Es gab nun keinen Zweifel mehr, welcher der Männer im Versammlungshaus Kae war: nicht nur waren seine Zähne wirklich furchtbar krumm und schief, nein, er hatte sogar noch kleine Stückchen von Tutunuis Fleisch zwischen den Zähnen.

Dieses Ereignis wiederum wurde zu einem Sprichwort:

Wenn einer über die Geschichte eines anderen lacht, dann sagt der dritte: »Guck mal, wie Kae lacht!«

Die Frauen erklärten jetzt, daß sie müde von ihrer Reise und ihren Darbietungen seien, und daß sie bald schlafen wollten; in Wirklichkeit aber wollten sie einen Zauber über Kae legen und bei den Vorbereitungen dazu nicht gesehen werden. Der alte Tohunga schöpfte jedoch Verdacht, und bevor er sich schlafen legte, steckte er sich zwei runde Paua-Stücke in die Augenhöhlen, die das schwache Licht des Feuers spiegelten und wie das Weiße des Augapfels aussahen. Die Frauen sollten denken, daß er immer noch wach sei, und so von jedem möglichen Vorhaben abgebracht werden. Die ließen sich aber nicht täuschen, sondern begannen leise ihr Rotu zu murmeln, das bald alle, auch den alten Kae, in einen tiefen Schlaf verfallen ließ. Dies war der erste Teil des Planes der Frauen; der zweite Teil bestand darin, Kae aus dem Haus und zu ihrem Kanu zu tragen, ohne daß weder er noch irgend jemand anders etwas davon bemerkte.

Zu diesem Zweck bildeten die Frauen eine Menschenkette: eine nach der anderen stellte sich auf, beim Hauptpfeiler des Versammlungshauses angefangen, bis hinunter zu ihrem Kanu.

Dann hoben zwei von ihnen den alten Kae auf, rollten ihn in seine Schlafmatte und reichten ihn vorsichtig von Frau zu Frau weiter.

Bald lag er im Kanu der Frauen, immer noch in tiefstem Schlaf versunken.

So kam es denn, daß Kae ein zweites Mal ins Dorf Tiniraus kam, diesmal aber gegen seinen Willen.

Sorgfältig hoben ihn die Frauen nach ihrer Ankunft aus dem Kanu und trugen ihn ins Versammlungshaus.

Dort legten sie ihn unter den Hauptpfeiler, und sein neuer Schlafplatz sah dem eigenen in Te Tihi-o-Manono auf den ersten Blick recht ähnlich.

Als Tinirau vom erfolgreichen Abschluß des Plans hörte, war er hocherfreut. Er hatte sich schon ausgedacht, wie es mit Kae weitergehen solle, und wies seine Leute an, am nächsten Morgen alle zum Versammlungshaus, in dem Kae

schlief, zu gehen, und zu rufen: »Da kommt Tinirau, da kommt Tinirau!«
Kae sollte glauben, daß er zu Hause sei, und daß Tinirau zu Besuch käme.
Und so geschah es dann auch: Am nächsten Morgen ging Tinirau durchs Dorf, und seine Leute riefen: »Hier kommt Tinirau, hier kommt Tinirau!«
Der alte Kae hörte das. Langsam erwachte er aus seinem Zauberschlaf und rieb sich die Augen.
Noch glaubte er, daß er zu Hause sei, und Tinirau auf dem Weg zu ihm, um ihn nach Tutunui zu fragen.
Derweil schritt Tinirau schnurstracks auf das Versammlungshaus zu, setzte sich so vor die Tür, daß er ins Innere des Hauses sehen konnte, und sprach zu Kae: »Sei mir gegrüßt, oh Kae! Sag, wie kommst du denn hierher?«
Etwas verwirrt knurrte der Alte zurück: »Die Frage sollte doch wohl lauten ›Wie kommst *du* hierher‹, oder?«
Da entgegnete ihm Tinirau: »Dann sieh dir doch mal das Haus genauer an und sag mir, ob du es erkennst!«
Kae, immer noch recht schlaftrunken, sah sich um und bemerkte mit einem Blick auf den Hauptpfeiler: »Es ist mein Haus!«
Tinirau fragte ihn jetzt: »Wo ist denn das Fenster in deinem Haus?«
Da sah sich der Alte etwas genauer um, und er entdeckte die Unterschiede zu seinem Haus: Sein Haus in Te Tihi-o-Manono war groß und rund und hatte keinen First, sondern Sparren, die strahlenförmig vom Hauptpfeiler ausgingen und auf die niedrigeren Seitenpfosten an der runden Wand zuliefen. In dem Haus, in dem er jetzt war, gab es aber einen Balken, der das Dach in seiner ganzen Länge abstützte, und das Haus war langgestreckt; lediglich ein Pfeiler, unter dem

er geruht hatte, erinnerte an seinen Schlafplatz in Te Tihi-o-Manono.
Mit einem Male wußte er, wo er war, und daß sein letztes Stündchen geschlagen hatte.
Er senkte sein Haupt, und ein paar von Tiniraus Männern gingen auf ihn zu und schleppten ihn aus dem Haus, um ihn zu töten.
Das war das Ende vom alten Kae.
Tiniraus Stamm hatte den Tod von Tutunui gerächt, indem sie ihrerseits töteten.
Dies aber war der Beginn einer Reihe von kriegerischen Auseinandersetzungen: Als die Leute vom Stamme Kaes von dessen Ermordung hörten, sandten sie ihre Krieger ins Dorf Tiniraus und rächten Kaes Tod mit der Ermordung von Tiniraus Sohn Tuhuruhuru.

20. *Whakatau vernichtet Kaes Nachkommen*

Hinauris Sohn Tuhuruhuru wurde, wie wir wissen, von seinem Vater Tinirau großgezogen; seine Mutter hatte zusammen mit ihrem Bruder Rupe das Dorf von Tinirau am Tage seiner Geburt verlassen.
Als Tuhuruhuru zum Mann geworden war, heiratete er eine Frau namens Apakura, und die beiden hatten viele Kinder zusammen.
Diese Geschichte handelt von dreien ihrer Kinder:
Tu-whaka-raro, dem ältesten Sohn, Mairatea, der ältesten Tochter, und Whakatau-potiki, dem jüngsten Sohn der Familie. Mairatea heiratete einen der Söhne von Popo-horokewa,

dem Häuptling des Ati-Hapai-Stammes, und dieser Stamm war der Stamm von Kae.

Nach ihrer Heirat verließ sie ihr Dorf, um im Dorf ihres Mannes zu leben.

Ihr ältester Bruder Tu-whakararo aber vermißte seine Schwester so sehr, daß er sich eines Tages ins Dorf des Schwagers aufmachte.

Da saß er denn in demselben Versammlungshaus, in dem die Frauen seines Stammes vor nur zwei Generationen ihre Schläue und ihren Mut bewiesen hatten, als sie Kae aus dessen Dorf ins Dorf Tiniraus verschleppten, um den Tod von Tutunui zu rächen.

Maurea, die junge Schwester seines Schwagers, fand bald großen Gefallen an Tu-whakararo, und machte aus ihrer Sympathie für ihn auch keinen Hehl. Nun bemühte sich aber auch ein junger Mann aus dem Ati-Hapai-Stamm um Maurea, und es dauerte nicht lange, bis Maureas Sympathie für Tu böses Blut schaffte.

Bei nächster Gelegenheit forderten die jungen Männer des Ati-Hapai-Stammes Tu-whakararo zu einem Ringkampf auf. Tu nahm die Herausforderung an.

Unter den Ati-Hapai war aber auch der enttäuschte Verehrer der Maurea, und der trat nun als erster hervor, um sich mit Tu zu messen. Tu war jedoch viel stärker als sein Herausforderer, und warf seinen Gegner mehrere Male zu Boden, ohne daß der richtig zum Zuge kam.

Die anderen Männer standen derweil um die beiden Kämpfenden herum und kommentierten den Ringkampf der beiden mit Gelächter für ihren Stammesgenossen. Besiegt und gedemütigt schied dieser bald aus dem Kampf aus; seine Wut auf den Fremden war größer denn je zuvor.

Und als sich Tu nach dem Kampf wieder ankleidete und

gerade dabei war, seinen Kopf durch den Halsausschnitt seines Umhangs zu stecken, da rannte der verbitterte junge Mann auf ihn zu und warf ihm eine Handvoll Sand in die Augen. Schmerzerfüllt versuchte Tu, sich den Sand aus den Augen zu reiben, doch es war schon zu spät für ihn: Sein Gegner tötete ihn mit einem einzigen Schlag auf den Kopf. Wie ein Signal schien Tus Tod auf die anderen zu wirken: Sie rannten auf den leblosen Körper zu, schnitten ihn in Stücke, kochten ihn und verspeisten ihn dann.

Die Knochen von Tu hängten sie unter das Dach von Te Uru-o-Manono. Dort klapperten sie im Wind, und jedes Mal, wenn Mairatea das Versammlungshaus betrat, wurde sie an das schreckliche Ende ihres Bruders erinnert.

Je genauer sie aber dem Klappern der Knochen zuhörte, desto mehr schienen ihr die Knochen zu sprechen: ›Tauparoro! Tauparoro!‹ schienen sie zu sagen, und wieder: ›Tauparoro! Tauparoro!‹

Eines Tages wandte sie ihr gramerfülltes Gesicht nach oben, zu den Knochen hin, und sagte: »Oh Knochen, ihr klappert vergebens, denn es gibt niemanden, der euch rächen könnte!«

Doch die Kunde vom Tode des Tu drang nach einer Weile bis hin ins Dorf der Apakura, und Tus Mutter und seine jüngeren Brüder waren sehr erbost über das Ende von Tuwhakararo.

Unverzüglich berieten sie sich über eine mögliche Rache, und Whakatau-potiki, der jüngste, ergriff die Führung und übernahm die Verantwortung.

Mit dem Einverständnis aller traf er die nötigen Vorbereitungen: tausend Kanus wurden für die Reise ins feindliche Land gebaut, und alle hatten verschiedene Namen.

Ein Kanu hieß Whiritoa, ein anderes Tapatapahukarere, wieder andere hießen Toroa-i-taipakihi, Hakirere, Mahuna-awatea und so weiter.

Die Frauen bereiteten Farnwurzeln als Reiseproviant für die Krieger vor, und bei ihrer Arbeit sangen sie allerlei Lieder, die Tus Tod beklagten. Diese Klagegesänge waren dazu angetan, die Krieger anzuspornen und in die richtige Stimmung für ihr Vorhaben zu versetzen.

Dann machten sich die Krieger auf die Reise. Tausend Kanus stießen vom Ufer ab und paddelten hinaus aufs Meer in Richtung Te Uru-o-Manono.

Auf halber Strecke aber ließ Whakatau-potiki die Kanus anhalten und teilte seine Krieger in verschiedene Gruppen: Die einen sollten nach einem Haka einen imaginären Feind angreifen; die anderen sollten der ersten Rückendeckung geben.

Danach sammelte sich die erste Gruppe aufs neue, und so übte eine Gruppe nach der anderen den Angriff auf den Feind. Nach diesen Übungen war Whakatau jedoch immer noch nicht zufrieden: jetzt ließ er einen Krieger nach dem anderen unter den prüfenden Augen einer Gruppe auserwählter Krieger über einen kleinen Fluß springen.

Keinem von ihnen gelang es, und nun traten die Auserwählten hervor und bewiesen, daß sie in der Lage waren, ihre Aufgabe mit Leichtigkeit zu meistern.

Das war das Ende des Manövers, und Whakatau sprach zu seinen Kriegern: »Ihr Krieger! Hört mir zu! Wir wollen unsere Feinde mit unserem Angriff überraschen und deshalb müssen wir vermeiden, daß sie uns vorzeitig sehen. Wir werden aus diesem Grunde erst nach Einbruch der Dunkelheit aufbrechen und dann bis tief in die Nacht hinein unterwegs sein.«

Als es aber dunkel geworden war, da befahl Whakatau seinen

Auserwählten, die Zapfen aus den Kanus der gemeinen Krieger zu ziehen, und wenig später gab er den Befehl zum Aufbruch. Unter großem Getöse und in bester Stimmung strömten Whakataus Krieger hinunter zum Strand und sprangen in ihre Kanus, um in Richtung Te Uru-o-Manono zu paddeln.
Kaum hatten sie das Ufer verlassen, als ein Kanu nach dem anderen langsam zu sinken begann. All ihre Energie mußten die Krieger darauf verwenden, das Wasser, das in die Kanus drang, wieder herauszuschöpfen, und mit Müh und Not schafften sie es, sicher ans Land zurückzukehren.
Nur Whakataus Kanu paddelte weiter voran, und mit ihm die kleine Gruppe von Kriegern, die er eigens für diese Reise ausgesucht hatte.
Am Ziel angekommen, schlichen sie lautlos an Land und begaben sich zu dem berühmten Versammlungshaus mit Namen Te Uru-o-Manono; sie umzingelten es, und vor jeden der acht Ausgänge stellten sie eine Gruppe von Kriegern auf. Wider Erwarten blieben sie jedoch nicht unbemerkt: ein Mann namens Hioi trieb sich vor dem Versammlungshaus herum, und den sprach Whakatau denn auch sogleich an.
»Sag, wo ist meine Schwester?« fragte er den verdutzten Alten, und der antwortete ihm, daß Mairatea im Versammlungshaus sei.
»Und in welchem Teil des Hauses schläft Popo-horokewa, der Häuptling?« wollte Whakatau weiter wissen, und wieder gab der Alte bereitwillig Auskunft: »Er schläft unter dem großen Pfosten, der den First des Hauses trägt.«
»Gibt es etwas, woran wir ihn erkennen können?«
»Ja«, antwortete Hioi, »einer seiner Zähne ist abgebrochen.«
»Und in welchem Teil des Hauses schläft meine Schwester?«

»Sie schläft bei der Tür dort drüben.«
Whakatau wußte nun, was er wissen wollte, und er ging auf Hioi los und schnitt ihm die Zunge ab.
Zur Verwunderung aller konnte der aber trotz der abgeschnittenen Zunge immer noch klar und deutlich reden.
Wieder ging Whakatau auf Hioi los, und dieses Mal schnitt er ihm die Zunge ganz nahe an der Wurzel ab. Jetzt brachte der Unglückliche nur noch ein undeutliches Gemurmel hervor. Whakatau hieß ihn nun, ins Haus gehen und Mairatea zu ihm hinauszuschicken, und Hioi tat, wie ihm befohlen.
Im Versammlungshaus fragten ihn die Ati-Hapai sogleich, wo er denn die ganze Zeit gewesen sei, doch Hioi konnte nur noch mit einem undeutlichen Gemurmel antworten.
Einige unter den Versammelten fanden das recht merkwürdig, und vor allem Whakataus Schwester schöpfte Verdacht. Sie ahnte, daß dies ein Trick ihres Bruders sein könne, und so trat sie aus dem Haus, um sich zu vergewissern. Und tatsächlich! Ihr geliebter Bruder wartete vor dem Eingang des Versammlungshauses auf sie, und überglücklich begrüßten sie einander und weinten voller Freude, aber auch vor Traurigkeit und Kummer über Tu-whakararos Tod. Dann wollte Whakatau von der Schwester wissen, wo Popo-horokewa zu ruhen pflegte, und Mairatea antwortete, wie schon Hioi vor ihr: »Er schläft zu Füßen des großen Pfostens, der den First des Hauses trägt! Aber höre, mein Bruder!« fügte sie hinzu, »viele der Ati-Hapai haben dich schon einmal gesehen, und sie werden dich wiedererkennen!« – »Und was, meinst du, soll ich tun?« fragte Whakatau, und Mairatea riet ihm, seine Haare so kurz wie möglich zu schneiden.
So geschah es denn auch, und obendrein rieb sich Whakatau das Gesicht mit Holzkohle ein. Dann erst betraten die beiden zusammen das Versammlungshaus.

Das Feuer im Haus war schon ziemlich heruntergebrannt, und darum riefen einige Ati-Hapai, die den Fremden näher betrachten wollten: »Laßt das Feuer wieder brennen, hier ist ein Fremder, hier ist ein Fremder!«

Im Licht des neu entfachten Feuers schauten sie sich den Fremden genauer an, und wirklich, er sah furchtbar komisch aus mit seinem schwarzen Gesicht und kurzen Haaren!

»Schaut mal, was für ein schwarzer Bursche!« riefen sie und brachen in lautes Gelächter aus, ja selbst Popo-horokewa lachte kräftig mit, was Whakatau nur recht war, konnte er doch den Häuptling ganz deutlich an seinem abgebrochenen Zahn erkennen.

Dem aber verging das Lachen im Nu: Kaum hatte Whakatau ihn erkannt, da warf er auch schon das Seil aus, das er in seiner Hand verborgen hatte, und die Schlinge am Ende des Seiles legte sich um Popo-horokewas Hals.

Hastig zog Whakatau die Schlinge zu und lief mit seiner Schwester nach draußen, das Seil immer noch fest in seiner Hand.

Er stieg auf das Dach von Te Uru-o-Manono und sprach machtvolle Karakia, und das war das Zeichen für seine Krieger, aus ihren Verstecken rings ums Haus zu kommen und das Gebäude an mehreren Stellen gleichzeitig anzuzünden. Einige der Ati-Hapai versuchten, den Flammen zu entkommen, doch gnadenlos wurden sie von Whakataus Kriegern niedergemacht.

Bald brannte Te-Uru-o-Manono lichterloh, und alle Ati-Hapai kamen jämmerlich in den Flammen um.

Tu-whakararos Tod war gerächt, und Whakatau und seine Krieger kehrten in ihr Dorf zurück, um Apakura die freudige Kunde zu überbringen.

21. *Tawhaki und seine Schwäger*

Tawhaki war der Sohn von Hema und Urutonga. Sein jüngerer Bruder hieß Karihi, und seine Frau, die ihrerseits vier Brüder hatte, hieß Hinepiripiri.

Eines Tages ging Tawhaki mit den Brüdern seiner Frau zum Fischen auf ein flaches Riff, das weit ins Meer hinausragte. Zwei der Brüder wurden bald müde und wollten ins Dorf zurückkehren. Tawhaki schloß sich ihnen an, und zusammen machten sich die drei auf den Heimweg. Unweit vom Dorf entfernt aber begannen die Brüder seiner Frau auf Tawhaki einzuschlagen, ja sie schlugen solange auf ihn ein, bis sie dachten, daß Tawhaki tot sei.

Dann verscharrten sie ihn in aller Eile, und gingen weiter ihres Weges, zurück ins Dorf.

Ihre Schwester Hinepiripiri wartete schon auf sie und wollte wissen, wo ihr Mann sei.

»Oh«, sprachen die beiden, »die anderen fischen noch!« So wartete Hinepiripiri denn, bis die anderen Brüder zurückkamen; wieder aber war Tawhaki nicht unter ihnen, und wieder fragte sie nach Tawhaki.

»Warum fragst du, die anderen sind doch schon lange vor uns nach Hause gegangen«, sagten die anderen Brüder, und in Hinepiripiri stieg ein schrecklicher Verdacht hoch. Sofort rannte sie los, um nach Tawhaki zu suchen, und bald kam sie auch zu der Stelle, wo die Brüder Tawhaki verscharrt hatten.

Als sie sich ihren Mann jedoch etwas genauer ansah, bemerkte sie, daß er nicht tot, sondern nur bewußtlos war, und mit aller Kraft hob sie ihn auf und trug ihn auf ihrem Rücken zurück ins Dorf, wo sie seine blutenden Wunden stillte und wusch.

Taupo Pa Porirua

Nach einer Zeit hatte sich Tawhaki etwas erholt, und er bat seine Frau, in den Wald zu gehen und Feuerholz zu holen, und dann ein Feuer für ihn zu machen.
Bevor die sich auf den Weg machte, sagte er zu ihr:
»Wenn du einen hohen Baum siehst, dann fälle ihn und bringe ihn her für unser Feuer!«
Hinepiripiri ging nun in den Wald, und bald schon sah sie einen Baum, auf den Tawhakis Beschreibung paßte.
Sie fällte ihn, trug ihn auf ihren Schultern nach Hause und legte ihn, ohne ihn vorher in Stücke zu hacken, in seiner ganzen Länge aufs Feuer.
Ihr Sohn, den sie zu dieser Zeit noch in ihrem Leibe trug, sollte später in Erinnerung an dieses Ereignis Wahieroa heißen, was soviel bedeutet wie »langes Feuerholz«.
Der Name sollte an das Unrecht erinnern, das die Brüder Tawhaki angetan hatten und den Sohn an die Pflicht zur

Rache erinnern. Tawhaki aber verließ mit seinen Leuten wenig später das Dorf, in dem seine treulosen Schwäger lebten, und machte sich auf zu einem hohen Berg.
Auf dem Gipfel des Berges errichtete sein Stamm ein befestigtes Dorf, das Schutz vor allen Feinden gewähren sollte. Und dort oben rief Tawhaki seine Vorfahren, die Götter an, auf daß sie Rache übten an denen, die ihm Unrecht getan hatten, und die Götter öffneten die Himmel und ließen den Regen zu Fluten werden, die die Erde und alle Menschen unter sich begruben.

22. *Tawhaki und die Ponaturi*

Tawhakis Vater Hema aber war einst von einem gar merkwürdigen Volk namens Ponaturi verschleppt und erschlagen worden; Tawhakis Mutter Urutonga war zwar zusammen mit ihrem Mann verschleppt, jedoch nicht getötet worden. Sie lebte fortan als Gefangene der Ponaturi in deren Wharepuni.
Jede Nacht kamen die Ponaturi von ihrem Reich unter dem Meer ans trockene Land, um in ihrem Wharepuni zu schlafen, und in diesem Schlafhaus namens Manawa-tane hatten sie auch die Knochen von Tawhakis Vater Hema aufgehängt.
Die Zeit kam, da machten Tawhaki und sein jüngerer Bruder Karihi sich auf, den Tod des Vaters zu rächen und seine Knochen heimzuholen.
Als sie eines Morgens in der Nähe von Manawa-tane ankamen, sahen sie, daß außer ihrer Mutter niemand im Haus

war. Da sprach Tawhaki ein mächtiges Karakia, und die Knochen des Vaters, die unter dem Dach des Schlafhauses hangen, spürten die Kraft des Karakia und begannen voller Freude aneinanderzuschlagen: der Vater wußte, daß nun die Stunde für Utu gekommen war.

Urutonga hörte die Knochen aneinanderschlagen, und sie lauschte aufmerksam. Plötzlich hörte sie die Stimmen ihrer Söhne und war überglücklich über deren Ankunft in Manawa-tane. Tawhaki und Karihi gingen jetzt auf das Haus zu und begrüßten die alte Mutter, und sie weinten und klagten zusammen und hießen einander willkommen.

Nach der Begrüßung jedoch warnte Urutonga die beiden: »Meine Kinder, geht jetzt, denn sonst werdet ihr sterben. Die Leute, die hier leben, sind eine grausame Rasse!« Karihi aber fragte die Mutter: »Sag Mutter, wie tief steht die Sonne gewöhnlich, wenn die, von denen du sprichst, zum Schlafen nach Hause kommen?« Und Urutonga antwortete: »Wenn die Sonne hinter dem Horizont versinkt, dann kommen sie hierher zurück.«

»Und warum haben sie dich leben lassen, Mutter?« fragte Karihi weiter.

»Sie haben mich leben lassen, damit ich ihnen sage, wenn es Morgen wird. Dann nämlich machen sie sich auf zu ihrem Land unter dem Wasser, denn schiene die Sonne auf ihre Körper, so würden sie sterben. Ich muß hier beim Eingang für sie sitzen, und darum nennen sie mich Tatau, was soviel heißt wie Tür. Die ganze Nacht rufen sie: ›Ho, Tatau – dämmert es schon?‹ Und ich antworte ihnen: ›Nein, nein, es ist tiefste Nacht! Nein, nein, es ist immer noch Nacht, schlaft ruhig weiter!‹«

»Könnten wir uns nicht irgendwo hier verstecken?« wollte Karihi jetzt wissen, die Mutter aber entgegnete:

»Nein, das geht nicht. Ihr könnt euch hier nicht verstecken, denn sie werden euch riechen! Kehrt besser nach Hause zurück!« Karihi aber gab sich nicht geschlagen: »Aber wir können uns doch im Dachstroh verstecken, das ist dick genug!« Nach wie vor war Urutonga nicht umzustimmen. Da hatte Karihi eine Idee: »Mutter, wir können uns *doch* hier verstecken! Wir kennen Karakia, die uns unsichtbar machen.«

Diesem Vorschlag stimmte Urutonga endlich zu, und im Nu waren Tawhaki und Karihi auf das Dach von Manawa-tane geklettert und dabei, Löcher in das dicke Dachstroh zu machen. In ihrem Versteck warteten sie die Dämmerung ab. Die Mutter hatte ihnen geraten, bei Dämmerung nach unten zu kommen und sämtliche Ritzen des Schlafhauses abzudichten. Die Ponaturi sollten am nächsten Morgen nicht merken, daß es Tag wird. So kamen Tawhaki und Karihi denn auch aus ihrem Versteck und verstopften sorgfältig jede einzelne Ritze des Hauses; dann krochen sie wieder zurück ins Dachstroh.

Bald darauf ging die Sonne unter, und das merkwürdige Volk entstieg nach und nach dem Wasser.

Wie jeden Abend ging einer von ihnen vor, um den Weg zum Wharepuni zu prüfen und sicherzustellen, daß keine Feinde in der Nähe waren.

Und tatsächlich! Der Kundschafter kam zum Schlafhaus und schon roch er Tawhaki und Karihi! Aufgeregt begann er, überall im Haus herumzuschnüffeln, und er hätte Tawhaki und Karihi auch bestimmt gefunden, wäre nicht einen Augenblick später der ganze Stamm der Ponaturi zur Tür hineingequollen. Die lange Zeit der Sicherheit hatte sie leichtsinnig gemacht, und an diesem Abend hatten sie nicht einmal mehr auf die Rückkehr des Kundschafters gewartet. Sie

waren aber so viele, daß der Geruch der beiden Fremden im Dachstroh im Nu verloren war.
Voller und voller wurde das Haus, und bis alle Ponaturi endlich ihren Platz gefunden hatten, da schliefen die ersten von ihnen schon ein.
Um Mitternacht krochen Tawhaki und Karihi aus ihrem Versteck nach unten und fanden, daß auch die Mutter ihren Platz verlassen hatte; Urutonga war aus der Tür geschlichen, um die beiden zu treffen. Flüsternd saßen die drei zusammen.
»Wie können wir dieses Volk am besten zerstören?« fragte Karihi, und die Mutter antwortete ihm: »Die Sonne soll sie umbringen! Ihre Strahlen werden sie alle zerstören!«
Und mit diesen Worten ging die Alte zu ihrem Platz bei der Tür zurück, und schon hörte man einen der Ponaturi nach ihr rufen: »Ho, Tatau – wird es schon Tag?«
»Nein, nein«, rief Urutonga zurück, »es ist tiefste Nacht, schlaf nur weiter!«
Wenig später rief ein anderer: »Ho! Tatau! Dämmert der Morgen schon?« Wieder verneinte Urutonga die Frage und hieß ihn, weiterzuschlafen.
Schließlich brach der Tag an und die Sonne begann, ihr Licht über die Erde zu ergießen.
Zum dritten Mal rief einer der Ponaturi Urutonga an:
»Ho! Tatau! Ist es denn immer noch nicht Tag?«
Und dieses Mal antwortete die Alte: »Doch, es ist Tag!« Ihren Kindern rief sie gleichzeitig zu: »Beeilt euch, entfernt alles, was ihr in die Ritzen gestopft habt!«
Genau das taten Tawhaki und Karihi denn auch, und die hellen Strahlen der Sonne strömten durch das Wharepuni der Ponaturi, und der ganze Stamm kam elendig um, ohne daß Tawhaki und Karihi auch nur einen Finger zu krümmen brauchten.

Nachdem auch der letzte Ponaturi gestorben war, nahmen Tawhaki und Karihi die Knochen des Vaters sorgfältig vom Dachbalken des Hauses herunter; dann brannten sie das Haus nieder.
Bevor sie aber mit der alten Mutter und den Knochen des Vaters den Heimweg antraten, verbrannten sie auch noch die Leichen der Ponaturi.

23. Tawhaki und Tangotango

Die Kunde von Tawhakis Schönheit und Mut, und davon, daß es ihm gelungen war, die Ponaturi zu zerstören, drang bis zu den Himmeln empor.
Dort oben lebte eine Rasse, die verschieden war von der, die auf der Erde lebte.
Tangotango, eine der jungen Frauen dieser himmlischen Rasse, war so sehr beeindruckt von dem, was sie über Tawhaki hörte, daß sie eines Nachts beschloß, von den Himmeln herunterzusteigen und sich Tawhaki anzusehen.
Sie fand ihn in tiefem Schlaf versunken, und nachdem sie ihn eine Weile betrachtet hatte, legte sie sich neben ihn. Tawhaki merkte, daß sich jemand neben ihn gelegt hatte; in seinem Halbschlaf glaubte er aber, daß es eine der irdischen Frauen sei und maß der Sache wenig Bedeutung bei. Als er jedoch am Morgen aufwachte und neben sich griff, da war die junge Frau spurlos verschwunden.
So ging es nun jede Nacht: Tangotango stieg von den Himmeln herab und verbrachte die Nacht mit Tawhaki, und am frühen Morgen, wenn Tawhaki noch schlief, entschwand sie wieder in die Himmel.

Eines Tages jedoch fand sie sich schwanger, und voller Liebe für Tawhaki entschloß sie sich, in seiner Welt zu leben, und ihre Freunde in den Himmeln für ihn aufzugeben. Nachdem sie eine Zeit mit Tawhaki gelebt hatte, sagte sie zu ihm: »Sollte unser erstes Kind ein Sohn sein, dann werde ich ihn vor dem Tohi-Ritus waschen; ist es aber eine Tochter, dann wasche du sie.«

Die Zeit kam und Tangotango gebar eine Tochter, die sie Arahuta nannten.

Wie verabredet trug Tawhaki seine Tochter zu einer Quelle, um sie zu waschen. Der Geruch der Kleinen gefiel ihm aber gar nicht, und er hielt sie so weit er nur konnte von sich weg, und sagte vor sich hin: »Puh, stinkt das kleine Ding!« Tangotango hörte jedoch seine Worte und war tief verletzt. Mit Tränen in den Augen nahm sie ihre kleine Tochter an sich, erhob sich und flog den Himmeln entgegen.

Nur einen einzigen Augenblick hielt sie inne und stützte sich mit einem Fuß auf den geschnitzten Tekoteko von Tawhakis Haus. Ihr Mann rannte zu ihr hin und bat sie inständig, ihm doch zu vergeben und dazubleiben.

Sie aber antwortete ihm: »Nein, ich werde nie mehr zu dir zurückkehren!«

Und während sie davonflog, rief sie zu ihm hinunter:

»Dies sind meine Abschiedsworte an dich: Halte dich niemals an den losen Wurzeln der Schlingpflanzen fest, die in den Lüften hin- und herschwingen. Halte dich nur an denen fest, deren Wurzeln fest in der Erde verankert sind.«

Mit diesen Worten entschwand sie Tawhakis Blicken. Der blieb schmerzerfüllt zurück und bereute seine Worte bitterlich.

Viele Monde hatten zugenommen und abgenommen seit Tangotango ihren Mann verlassen hatte, und immer noch konnte sich Tawhaki nicht mit dem Verlust seiner Geliebten abfinden.

Da rief er eines Tages seinen Bruder Karihi zu sich und sprach zu ihm: »Bruder, was meinst du, sollen wir uns aufmachen und meine Frau und ihre kleine Tochter suchen?«

Karihi war einverstanden, und so machten sie sich zusammen mit zwei Sklaven auf den Weg.

Nachdem sie einen Teil ihres Weges zurückgelegt hatten, warnte Tawhaki die beiden Sklaven: »Wir werden bald am Pa von Tongameha vorbeikommen. Ihr dürft auf keinen Fall eure Augen erheben und zum Pa hinaufschauen! Der Pa ist zu tapu für die Augen eines Sklaven! Ihr werdet sterben, wenn ihr nicht auf mich hört!«

Doch kaum waren sie an der Stelle angekommen, von der aus man Tongamehas Pa sehen konnte, da schaute einer der Sklaven hinauf. Im selben Moment aber wurde ihm durch eine unsichtbare Kraft ein Auge aus dem Kopf gerissen, und er starb auf der Stelle, ganz so, wie es Tawhaki gesagt hatte. Mit einem Sklaven nur noch zogen Tawhaki und Karihi weiter.

Schließlich kamen sie zu der Stelle, an der die Schlingpflanzen vom Himmel herabhingen und die Erde berührten. Eine alte blinde Frau saß dort und paßte offensichtlich auf die Schlingpflanzen auf. Diese Alte hieß Whaitiri und war Tawhakis Urgroßmutter.

Whaitiri war gerade dabei, ihre Taro zu zählen.

Zehn Taros hatte sie vor sich auf der Erde liegen, und langsam zählte sie von eins bis zehn. Als sie aber bei der neunten angekommen war, da nahm ihr Tawhaki die zehnte Taro weg. Erstaunt darüber, daß sie die zehnte Taro nicht finden konnte, begann sie wieder von vorne.

Dieses Mal aber nahm ihr Tawhaki auch die neunte Taro

weg, und so oft sie ihre Taros auch nachzählte, zwei schienen einfach verschwunden zu sein.

Da wurde ihr klar, daß ihr jemand einen Streich spielte, und sie stand auf und holte ihr Patu unter ihrem Sitz hervor.

Wütend begann sie, mit ihrer Waffe um sich zu schlagen, und Tawhaki und Karihi konnten gerade noch rechtzeitig zur Seite springen.

Sie warteten nun, bis sich die Alte wieder beruhigt hatte und auf ihren Platz zurückgekehrt war.

Dann ging Tawhaki auf sie zu und gab ihr einen Klaps auf die Wange. Whaitiri bekam es jetzt mit der Angst zu tun. Sie warf ihre Hände vors Gesicht und schrie: »Wer war das, wer war das?« Wieder ging Tawhaki auf die Alte zu.

Dieses Mal aber berührte er ihre blinden Augen, und oh Wunder! Mit einem Male konnte Whaitiri wieder sehen, und sie erkannte ihre Enkelkinder und war überglücklich. Auf die Frage nach dem Ziel seiner Reise antwortete Tawhaki der Alten wahrheitsgetreu, und er erzählte ihr von seiner Sehnsucht nach der geliebten Frau und seiner kleinen Tochter, die ihn beide verlassen hatten.

Er erzählte auch, wie es dazu gekommen war, daß seine Frau ihn verlassen hatte, und Whaitiri hörte ihm aufmerksam zu.

Als er fertig war mit seiner Geschichte, da deutete die Alte plötzlich auf die Schlingpflanzen, die von den Himmeln herabhingen und sprach zu Tawhaki: »Hier hinauf führt dein Weg! Beginne deinen Aufstieg nicht zu spät am Tage, warte lieber bis morgen früh!«

Tawhaki war nur allzu bereit, diesem Vorschlag zu folgen, und so ließ er das Nachtlager aufschlagen, und dann kochte der Sklave das Essen.

Am nächsten Morgen ließen Tawhaki und Karihi den Sklaven wieder für sie kochen, denn sie wollten sich für den langen Aufstieg stärken; nach dem Mahl aber überließen sie ihn ihrer Urgroßmutter, zum Dank für ihren guten Rat. Dann machten sie sich auf und begannen ihren Aufstieg in die Himmel.

»Haltet euch gut an den Schlingpflanzen fest und klettert stetig nach oben!« rief die Alte ihnen nach.

»Und wenn ihr auf halber Höhe angekommen seid, schaut nicht hinunter auf die Welt unter euch, sonst könnte euch schwindelig werden und ihr fallt herunter! Haltet euch auf keinen Fall an den loseschwingenden Pflanzen fest, sondern nur an denen, die ihre Wurzeln fest in der Erde haben!«

Es waren dies dieselben Worte, die Tangotango Tawhaki zugerufen hatte, bevor sie in den Himmeln verschwunden war.

Doch kaum hatte die Alte ausgesprochen, da hielt sich Karihi aus Versehen an einer der loseschwingenden Schlingpflanzen fest, und in einem Schwung wurde er bis zum äußersten Rand des Horizonts getragen, und dann wieder zurückgeschleudert. Ein kräftiger Landwind trug ihn nach oben, aber die Luftströme dort oben drückten ihn wieder nach unten. Als er ganz nahe über der Erde schwang, rief ihm Tawhaki zu: »Jetzt, Bruder, jetzt, laß los!«

Im richtigen Moment sprang Karihi ab,und sicher landete er neben Tawhaki auf der Erde.

Nach dieser Episode dachte sich Tawhaki, daß es wohl besser für den Bruder sei, nach Hause zurückzukehren und sich um die Familie zu kümmern. Und so geschah es denn auch.

Tawhaki war jetzt bei seinem Aufstieg allein.

Strengstens achtete er darauf, daß er ja alle Ratschläge der Alten befolgte, und zudem sprach er auch verschiedene Karakia vor sich hin, die ihm helfen sollten, den schwierigen Aufstieg heil zu überstehen.

Sein Weg war lang und mühsam, doch endlich kam er in den Himmeln an. Das letzte Stück seines Aufstieges war gerade gemeistert, da verwandelte sich der schöne vornehme Tawhaki in einen häßlichen alten Mann und schlug den nächstbesten Pfad ein, der sich vor ihm auftat.

Dieser Pfad führte ihn in einen dichten Wald, und dort stieß er auf eine Gruppe von Leuten, die offensichtlich dabei waren, ein Kanu zu bauen. Die hatten ihn schon längst gesehen, und unterhielten sich über den häßlichen Alten, der da des Wegs kam: »Der Alte dort hinten! Der könnte uns nützlich sein!« Tawhaki ging derweil ruhig weiter und steuerte geradewegs auf die Gruppe zu.

Wie selbstverständlich setzte er sich zu ihnen und sah ihnen bei der Arbeit zu.

Der Abend kam und die Leute legten ihre Äxte nieder.

»Ho! Alter! Du kannst die Äxte für uns heimtragen!« sagte da einer von ihnen zu Tawhaki, und der tat, wie ihm geheißen.

Nur eine Bitte hatte er: er wollte hinter der Gruppe hergehen. »Geht ihr nur vor, ich folge schon. Ich kann nicht so schnell laufen, denn ich bin alt und meine Last ist schwer!« erklärte er, und niemand hatte etwas dagegen einzuwenden.

Die Gruppe war aber kaum außer Sichtweite, da machte Tawhaki kehrt und ging zurück zu den Kanus.

Er griff sich eine Axt, und mit großem Geschick bearbeitete er einen der Baumstämme, der für den Bau eines Kanus vorgesehen war.

Im Nu war der Rahmen für das Kanu fertig, und Tawhaki machte sich auf den Weg, um der Gruppe zu folgen.

Noch wußte er nicht, daß einige der Männer in der Gruppe die Brüder seiner Frau Tangotango waren.

Eine ganze Weile begegnete er niemanden; erst in der Nähe

des Dorfes traf er auf eine Gruppe von Frauen, die dabei waren, Feuerholz zu sammeln.
Als die ihn sahen, sprachen sie untereinander: »Schaut mal, der komische Alte dort drüben, der könnte doch das Feuerholz für uns tragen!«
Und tatsächlich gingen sie auf ihn zu und luden ihm ihr Feuerholz auf, so daß er zwei Lasten zu schleppen hatte. Im Dorf stellten sie den Alten als ihren Fund vor, und Tangotango, die mit ihrer Tochter beim Feuer saß, redete ihn an, als ob er ein Sklave wäre.
Der vermeintliche Sklave aber ging geradewegs auf Tangotango und ihre Tochter zu, und von keinem der Umstehenden, die ihm bedeuteten, daß der Platz, an dem Tangotango saß, tapu sei und er somit auf keinen Fall dort hingehen könne, ließ er sich von seinem Vorhaben abbringen.
Entschlossen setzte er sich neben Tangotango und blieb die ganze Nacht dort sitzen.
Am nächsten Morgen riefen ihn die Brüder seiner Frau wieder zu sich: »Alter, bring unsere Äxte zu der Stelle, wo wir die Kanus bauen!« Wieder lud sich Tawhaki die Äxte auf die Schultern und machte sich auf in den Wald.
Groß war die Überraschung, als die Gruppe bei den Kanus ankam, sah doch der grobe Baumstamm des Vortages so ganz anders aus! Nach einer Weile aber legte sich das Erstaunen und alle machten sich an die Arbeit, um das Innere des Kanus zu fertigen.
An diesem Abend wiederholte sich der Vorgang des letzten Tages: Tawhaki trug die Äxte, blieb jedoch ein ganzes Stück hinter den anderen zurück, und machte sich im gegebenen Augenblick auf zu den Kanus, um an ihnen zu arbeiten. Zurück im Dorf gesellte er sich zu Tangotango und blieb bis zum Morgen an ihrer Seite.

Für den dritten Tag hatten sich die Himmelsleute aber vorgenommen, herauszufinden, was der Alte trieb, wenn er hinter ihnen zurückblieb.
Nachdem alle ihre Äxte niedergelegt hatten und die meisten schon auf dem Nachhauseweg waren, versteckten sich einige von ihnen im Gebüsch nahe bei den Kanus, um den Alten zu beobachten. Und siehe da! Aus dem häßlichen Alten wurde ein edler, stattlicher junger Mann, der mit ungewöhnlichem Geschick und großer Schnelligkeit an den Kanus arbeitete! »Sieh dir das an!« sprachen sie untereinander, »das ist kein gewöhnlicher Sterblicher, das muß ein Gott sein!« Voller Aufregung rannten sie zurück ins Dorf, um ihre Schwester Tangotango zu fragen, wie denn ihr Mann ausgesehen habe. Deren Beschreibung paßte genau auf den Mann, den sie im Wald bei den Kanus gesehen hatten.
»Es muß Tawhaki sein!« rief Tangotango aus, »er ist euer Schwager!« Derweil kam der Alte wie an den Abenden zuvor ins Dorf, schleppenden Schrittes, mit den Äxten über der Schulter.
Da rannte Tangotango auf ihn zu und fragte: »Sag, bist du Tawhaki?« Tawhaki aber antwortete nicht, sondern ging auf seine kleine Tochter zu, hob sie auf und preßte sie fest an sein Herz.
All die Umstehenden wichen bei diesem ungeheuren Anblick zurück, und plötzlich verwandelte sich der Alte unter ihren Augen zurück in seine eigentliche Gestalt.
Das Staunen nahm kein Ende, war Tawhaki doch ungewöhnlich edel und schön!
Tangotango und Tawhaki aber verließen die Runde und zogen sich ins Haus zurück.
»Ich bin gekommen, um den Tohi-Ritus für unsere kleine Tochter zu zelebrieren!« sprach Tawhaki zu Tangotango.

»Die Tochter eines Häuptlings soll das Glück auf ihrer Seite haben!«
Und mit Tangotangos Einverständnis wurde am nächsten Morgen eine Öffnung durch die Rückwand des Hauses gebrochen, und die Tochter von Tangotango und Tawhaki wurde, zum Zeichen ihres hohen Ranges, durch diese Öffnung getragen, und nicht durch die gemeine Tür.
Der Tohi-Ritus wurde für die kleine Arahuta zelebriert, und Blitze schlugen aus Tawhakis Armhöhlen. Jeder im Dorf wußte nun, wer er war.

24. Rata rächt seinen Vater

Rata war der Sohn von Kura und Wahieroa, und Wahieroa war, wie wir wissen, der Sohn von Tawhaki und Hinepipiri. Kurz nach Ratas Geburt wurde sein Vater Wahieroa von Matukutakotako, einem wilden Dämon, getötet, der bei Neumond aus einem Erdloch zu kriechen pflegte, und dann durch das Land streifte, um nach Menschen zu suchen, die er verschlingen konnte.

Die heilige Pflicht des jungen Rata war es nun, den Tod des Vaters zu rächen.
Eines Tages machte er sich denn auch auf zu dem Ort, an dem Matukutakotako lebte.
Dort traf er auf einen Mann, der Matukus Höhle bewachte. Rata trat auf ihn zu und fragte ihn: »Wo ist der, der meinen Vater getötet hat?« Und der Wächter antwortete: »Er lebt hier, unter der Erde, und es ist meine Aufgabe, ihn zu rufen, wenn es Neumond wird. Er kriecht dann nach oben und zieht los, um Menschen zu fressen.«
»Und wann ist wieder Neumond?« wollte Rata da wissen.
»In zwei Nächten! Kehre jetzt lieber in dein Dorf zurück und komme in zwei Tagen hierher zurück, am besten am Morgen des zweiten Tages!«
Diesen Rat befolgte Rata, und er ging in sein Dorf, und am zweiten Tag machte er sich wieder auf zu dem Ort, an dem Matuku lebte.
Wieder fand er den Wächter vor, der Matukus Bleibe bewachte. Dieses Mal fragte Rata ihn: »Sag, kannst du mir einen Platz zeigen, wo ich mich vor meinem Feind, mit dem ich bald kämpfen werde, verbergen kann?«
Da erhob sich der Wächter und brachte Rata zu zwei Quellen, deren Wasser wunderschön klar war. »Hier, an dieser Stelle kommt Matuku aus dem Erdreich, und in dieser Quelle wäscht er sein Haar! Die andere Quelle aber benutzt er als Spiegel, um sein Gesicht zurechtzumachen. Du kannst ihn nicht töten, wenn er in seinen Spiegel schaut, denn er würde das Bild deiner Gestalt im Wasser sehen; an der anderen Quelle jedoch, wo er sein Haar wäscht, da kannst du ihn erschlagen!«
So sprach der Wächter zu Rata. Der aber fragte weiter:
»Wird er wirklich heute abend nach oben kommen?«

»Ja, das wird er«, antwortete der Wächter.
Es dauerte nicht lange, bis sich der Tag seinem Ende zuneigte und man die Umrisse des Mondes sehen konnte. Jetzt riet der Wächter Rata sich wie besprochen bei der einen Quelle zu verstecken.
Wenig später erhob er seine Stimme und rief: »Ho! Ho! Es ist Neumond, Matuku, es ist Neumond!«
Matuku hörte die Rufe des Wächters in seinem unterirdischen Reich und griff nach seinem hölzernen Schwert. Dann kam er unter furchtbarem Getöse nach oben und ging schnurstracks auf die eine der beiden Quellen zu. Er legte sein Schwert ab, löste das Band, das seine wilden Zotteln zusammenhielt, und beugte sich hinunter zum Wasser, um sein Haar im glasklaren Wasser der Quelle zu spülen.
Just in diesem Augenblick kroch Rata aus seinem Versteck und schlich sich von hinten an Matuku heran, und als dieser sein Haupt aus dem Wasser hob, da griff er ihn bei seinen wilden Zotteln und erschlug Matuku mit dessen eigenem Schwert, dem Schwert, das einst Ratas Vater Wahieroa getötet hatte.
Der Tod von Wahieroa war endlich gerächt.

25. Ratas Kanu

Ratas Aufgabe war mit dem Tod von Matukutakotako noch nicht vollendet: Die Knochen des toten Vaters mußten nun gefunden werden, um sie in die Heimat des Vaters und zu seinem Stamm zurückzubringen.
Der Wächter hatte Rata von einem merkwürdigen Volk

erzählt, das die Knochen weggeschleppt hatte, und dieses Volk lebte angeblich unter dem Meer.

So machte sich Rata denn auf in sein Dorf, und begann dort darüber nachzudenken, wie er die Knochen des Vaters wohl finden könne.

Bald hatte er sich einen Plan zurechtgelegt und er ging in den Wald, einen Baum zu finden, der ihm für den Bau eines Kanus geeignet schien.

Er fand auch einen geeigneten Baum, ja er fand einen gar mächtigen Baum, der noch dazu fast kerzengerade in seiner ganzen Länge gewachsen war; kein Baum konnte besser sein für sein Kanu. Ohne sich viel dabei zu denken, fällte er den mächtigen Baum und schlug ihm die stolze Krone ab. Er hatte es jedoch versäumt, die nötigen Gesänge an Tane, den Gott des Waldes zu richten, und all die Insekten, die in den Bäumen lebten, die Vögel und alle Geister des Waldes waren sehr erbost über Rata.

Und kaum hatte er den Wald verlassen, da kamen sie aus allen Ecken und Winkeln des Waldes, und machten sich daran, den Baum wieder aufzurichten.

Alle Lebewesen des Waldes halfen mit, und bei der Arbeit sangen sie:

»Kommt zusammen ihr Splitter und Spane
Haltet euch aneinander fest!
Richtet euch auf zu einem neuen Baum!«

Als Rata am nächsten Morgen in den Wald zurückkam, um weiter an seinem Kanu zu arbeiten, da konnte er es nicht mehr finden! Der einzige Baum, der dem Baum ähnlich sah, den er am Vortag gefällt hatte, stand an seinem alten Platz, aufrecht und stolz!

Rata wußte sich keine Erklärung für diesen ungeheueren Vorgang; nichtsdestoweniger machte er sich sogleich daran, denselben Baum noch einmal zu fällen, und wieder schlug er dem Baum die Krone ab, und wieder versäumte er es, Gesänge an den Gott des Waldes zu richten.
Auch an diesem Abend kehrte er nach getaner Arbeit ins Dorf zurück. An diesem Abend aber kamen Tausende von Insekten, Vögeln und Waldgeistern! Alle Kinder von Hakuturi kamen zusammen, und im Nu hatten sie den stolzen Baum ein zweites Mal wiederaufgerichtet.
Am nächsten Morgen wiederholte sich das Ganze noch einmal: Rata kam in den Wald zurück, sah den Baum, aus dem er ein Kanu bauen wollte, an seinem alten Platz, und tatsächlich schlug er ihn zum dritten Male nieder! Sobald der Baum jedoch am Boden lag, tat er so, als ob er nach Hause zurückkehren wollte; in Wirklichkeit verbarg er sich im Unterholz, um herauszufinden, was in seiner Abwesenheit vor sich ging. Und siehe da! Von überall her kamen die Bewohner des Waldes, und singend ließen sie sich bei dem gefällten Baum nieder. Rata wartete, bis wirklich alle saßen. Dann sprang er plötzlich aus seinem Versteck und mit großem Geschick fing er einen der flinken Arbeiter. »Ha, ha, ha! Ihr also seid es, die ihr eure Zauberkünste an meinem Baum versucht!« rief er. Die Waldbewohner aber antworteten ihm streng: »Wer gab dir das Recht, den Gott des Waldes zu fällen? Du hattest nicht das Recht, so zu handeln!«
Rata nahm sich diese Worte sehr zu Herzen, ja er bereute seine Tat und schämte sich sehr.
Doch als die Kinder des Waldes sahen, daß es ihm ernst war mit seiner Reue, und als sie erfuhren, zu welchem Zwecke Rata den Baum gefällt hatte, da sprachen sie zu ihm: »So geh denn zurück ins Dorf. Wir werden das Kanu für dich bauen!«

Kriegstanz vor einem Pati

Unverzüglich machte sich Rata auf ins Dorf, während sich die Kinder des Waldes mit vereinten Kräften daran machten, sein Kanu für ihn zu bauen.
Sie waren so zahlreich, und sie arbeiteten so gut zusammen, daß Ratas Kanu in Windeseile fertig war. Rata und seine Leute brachten das Kanu nun vom Wald zum Wasser, und einhundertundvierzig Krieger gingen an Bord des prächtigen Kanus mit Namen Punui, und paddelten davon,um ihre Feinde ausfindig zu machen.
Es war aber das Volk der Ponaturi, das sie finden wollten, denn die hatten die Knochen von Ratas Vater Wahieroa weggeschleppt.

26. *Rata und die Ponaturi*

Eines Abends, bei Einbruch der Dunkelheit erreichten Rata und seine einhundertundvierzig Krieger den Ort, an dem die Ponaturi ihr Wharepuni hatten. Rata schlich sich an Land, während seine Krieger an Bord der Kanus zurückblieben.

In der Ferne konnte Rata ein Feuer sehen, ja es sah ganz so aus, als ob dieses Feuer im Tuaahu, dem heiligen Ort der Ponaturi brannte, und die Priester der Ponaturi gerade dabei waren, ihre Götter anzurufen und ihnen Opfer zu bringen. Vorsichtig kroch er an das Feuer heran und verbarg sich in den Harakeke-Büschen nahebei.

Jetzt konnte er die alten Tohunga genau beobachten:

Mit Wahieroas Knochen schlugen sie einen seltsamen Rhythmus und dabei stießen sie mächtige Karakia aus, Karakia, die Rata nie zuvor gehört hatte; sie hießen Titikura. Rata hörte ihnen ganz genau zu, jedes einzelne Wort merkte er sich, und als er sich sicher war, die Titikura zu beherrschen, da brach er aus seinem Versteck in den Flachsbüschen hervor. Noch ehe die verdutzten Tohunga begriffen, wie ihnen geschah, da hatte Rata sie schon erschlagen und war mit den Knochen seines Vaters auf und davon. So schnell er nur konnte rannte er zum Kanu zurück und trat mit seinen Kriegern den Rückweg in die Heimat an. Am nächsten Morgen fanden die Ponaturi ihre Tohunga erschlagen bei der heiligen Feuerstelle. Sie wußten sofort, daß es Rata gewesen war, der ihre Priester erschlagen hatte. Unverzüglich nahmen sie die Verfolgung auf, und als sie in Ratas Dorf ankamen, begann eine schreckliche Schlacht zwischen den beiden Stämmen.

Es sah schlecht aus für Ratas Leute. Die Ponaturi waren

ihnen zahlenmäßig bei weitem überlegen, und bald schon lagen sechzig von Ratas Leuten tot am Boden.

Da, im Augenblick größter Not, fielen Rata wieder die Karakia der Ponaturi-Priester ein, und er sprach die Karakia mit dem Namen Titikura, und kaum hatte er sie ausgesprochen, da wurden seine toten Krieger wieder lebendig. Mit neuer Kraft stürzten sie sich in den Kampf, und alle tausend Ponaturi wurden in der Folge von Rata und seinen Kriegern getötet.

So hatte Rata denn all seine Aufgaben gemeistert:

Der Tod des Vaters war gerächt, dessen Knochen waren wieder in der Heimat, und die Feinde des Stammes für immer vertrieben.

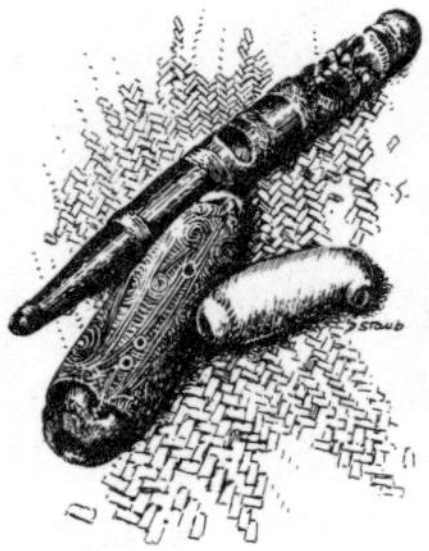

27. Kupe entdeckt Aotearoa

Eines Tages gingen Kupe und sein Vetter Hoturapa zusammen zum Fischen. Nachdem sie ihr Boot an einem geeigneten Platz geankert hatten, warf Kupe seine Leine aus. Kurz darauf sprach er zu seinem Vetter: »Hotu, ich glaube, meine Leine hat sich verfangen. Würdest du wohl für mich hinuntertauchen und sie lösen?«

Hoturapa antwortete: »Gib mir deine Leine, vielleicht kann ich sie ja losmachen!« Kupe jedoch entgegnete ihm: »Das hat keinen Zweck, Hotu, das geht nicht so! Tauche lieber nach unten und bring die Leine für mich nach oben!« Dahinter stand natürlich ein Plan: Kupe begehrte Hoturapas Frau Kura-maro-tini, und wollte seinen Rivalen aus dem Wege schaffen. Hoturapa, gutgläubig wie er war, schöpfte keinerlei Verdacht und tauchte tatsächlich nach unten, um Kupes Leine nach oben zu bringen.

Kaum aber war er unter der Wasseroberfläche verschwunden, da durchschnitt Kupe das Seil, an dem der Anker des Bootes festgemacht war, und paddelte zurück ans Land. Sodann machte er sich auf zu Kura-maro-tinis Haus. In der Zwischenzeit war Hoturapa wieder aufgetaucht, und als er sah, daß Kupe und das Boot verschwunden waren, schrie er verzweifelt: »Oh Kupe, so bring doch das Boot hierhin zurück und nimm mich auf!« Kupe blieb jedoch ungerührt und ließ Hoturapa umkommen.

Danach setzte er alles daran, um der sicheren Rache von Hoturapas Verwandten zu entkommen.

In aller Eile rüstete er zur Flucht aus Hawaiki.

Kura-maro-tini besaß ein Kanu, das ihr Vater Toto aus der einen Hälfte des Baumstammes vom Ufer des Waiharakeke-Sees für seine Tochter geschlagen hatte, und dieses Kanu hieß Matahorua.

Aus der anderen Hälfte des Baumstammes hatte Toto ein Kanu für seine Tochter Rongorongo, Kura-maro-tinis Schwester, geschlagen. Rongorongo sollte später mit ihrem Mann Turi auf diesem zweiten Kanu mit Namen Aotea die Reise nach Aotearoa antreten.

Auf der Matahorua nun stießen Kupe und Kura-maro-tini in See und erkundeten den Ozean.

Und so kam es, daß sie schließlich Aotearoa fanden, das Land der langen weißen Wolke; einige Berichte sprechen aber davon, daß es Hine te aparangi war, Kupes Frau, die als erste das neue Land sichtete.

Die Überlieferung erklärt uns die Umstände der Entdeckung von Aotearoa durch Kupe auf vielfältige Weise.

Eine Version spricht davon, daß Kupe an der Ostküste der Nordinsel entlangfuhr, bis er an dem Ort ankam, der heute Castle Point heißt:

Dort lebte ein riesiger Tintenfisch, und der hatte noch nie ein Kanu, geschweige denn einen Menschen gesehen. So sehr erschrak er bei Kupes Anblick, der mit seinen Leuten in der Matahorua daherkam, daß er seine Höhle verließ und in Richtung Raukawa, der heutigen Cook-Straße, floh.

Kupe folgte ihm, und so fand er die Seestraße, die die Nordinsel von der Südinsel trennt.

Weiter flüchtete der Tintenfisch namens Te Wheke a Muturangi, quer über die Seestraße und tief hinein in Te Awaiti, den heutigen Tory-Kanal.

Wieder folgte ihm Kupe, und trotz Kura te au, der starken Brandung, die sich seinem Kanu entgegenstemmte, fand er den Eingang zur Südinsel.

Te Wheke aber hatte sich in Te Awaiti verborgen, und als er Kupes Kanu näher kommen hörte, warf er seine riesigen Arme in die Höhe, um das Kanu zu überwältigen und dessen Besatzung zu verschlingen.

Kupe hatte Te Wheke schon von weitem gesehen und darüber nachgedacht, wie er dieses Riesentier wohl unschädlich machen könne.

Zuerst versuchte er, die Arme Te Whekes, deren Saugnäpfe schon bald an Kupes Kanu festhingen, abzuschlagen, doch ohne Erfolg! Te Wheke schien das gar nichts auszumachen!

Dann aber nahm Kupe die riesige Kalebasse, in der das Süßwasser für die Besatzung aufbewahrt wurde, und warf sie über Bord.

Tatsächlich stürzte sich Te Wheke auf die Kalebasse und gab so Kupe die Gelegenheit, ihn von oben herab mit seiner Axt zu erschlagen.

Te Wheke a Muturangi war besiegt.

Die Version von Te Matorohanga berichtet ausführlicher vom Grund der Reise Kupes:

Kupe und seine Leute gingen eines Tages zum Fischen; alle Fischer verloren jedoch ihre Köder, ohne auch nur einen einzigen Fisch zu fangen, und verwirrt von diesem ungewöhnlichen Vorgang kehrten sie zurück an Land. Am nächsten Tage wiederholte sich dieser Vorgang, und so beschlossen die Fischer, einen Priester um Rat zu fragen. Der sprach eine Beschwörung über ihre Haken und Leinen, und als sie das nächste Mal zum Fischen hinausfuhren, erfuhren sie, wo ihr Köder an den beiden anderen Tagen geblieben war: eine Unzahl von Tintenfischen trieb sich in ihren Fischgründen umher, und der größte unter ihnen, der Muturangi, einem Feind Kupes gehörte, feuerte die Kleineren an, den Köder von den Haken der Fischer zu beißen. Kupe ging nun und beschwerte sich bei Muturangi über das Benehmen des großen Tintenfisches, ja er forderte, daß Muturangi den Tintenfisch tötete.

Dazu war Muturangi aber nicht bereit, und so machte Kupe die Matahorua fertig und zog mit einigen anderen Kanus los, um Muturangis Tintenfisch selbst zu töten. Wieder warfen die Fischer in ihren Fischgründen die Angeln aus, dieses Mal aber zogen sie sie wieder ein, bevor das Senkblei den Meeresboden berührte. Die Tintenfische, die dem Köder nachschwammen, kamen bis hoch zur Wasseroberfläche, und dort wurden sie schon von Kupe und seinen Fischern erwartet, die sie der Reihe nach erschlugen. Der größte der Tintenfische, dem die ganze Aktion galt, beobachtete aus sicherer Entfernung, was vor sich ging. Jedes Mal aber, wenn ihm die Fischer näher kamen, schwamm er ins offene Meer hinaus und entzog sich so seinen Verfolgern. Da beauftragte Kupe seinen Freund Ngahue damit, den Tintenfisch im Auge zu behalten, während er ans Land zurückpaddelte, um Vorräte zu laden.

Er hatte sich geschworen, den Tintenfisch zu töten und bereitete sich auf eine langwährende Jagd vor. Neben den Vorräten nahm er auch seine Familie und sechzig Besatzungsmitglieder an Bord, und dann erst machte er sich auf zu der Stelle, an der er Ngahue verlassen hatte. Ngahue und Kupe nahmen nun die Verfolgung des Tintenfisches auf. Der wartete sogar manchmal, bis die Verfolger ihn eingeholt hatten, dann aber machte er sich wieder davon, solange, bis sie plötzlich bei einer Landmasse mitten im Ozean ankamen, und diese Landmasse war Aotearoa.

Kupe verfolgte Te Wheke bis zur Cook-Straße, und nach einem Kampf mit dem Tintenfisch erschlug ihn Kupe mit seiner Axt Rakatuwhenua.

Kupes Reise zurück nach Hawaiki ging über das heutige Wellington, das die Maoris Whanganui a Tara nennen – Taras großen Hafen –, und ihm wird nachgesagt, daß er die beiden kleinen Inseln inmitten dieses prächtigen Hafens nach seinen beiden Töchtern Matiu und Makaro benannte. An der Mana- und der Kapiti-Insel vorbei führte ihn seine Reise der Westküste der Nordinsel entlang nach Norden, und dort stieß er auf die Flußmündung des Patea-Flusses. An dieser Flußmündung vernahm er die beiden einzigen Bewohner des neuen Landes, den Kokako und den Tiwaiwaka.

Von Hokianga nui a Kupe aus, weiter im Norden, trat er schließlich die Heimreise an, und verließ die Ufer von Aotearoa.

Mit ihm zusammen war, wie wir schon wissen, Ngahue nach Aotearoa gekommen.

Der Grund seiner Reise war weniger die Verfolgung des Tintenfisches, als der Streit um Pounamu, den grünen jadeähnlichen Stein, und Whaiapu, den Feuerkiesel oder Sandstein.

Der Ahne und Hüter von Pounamu war Poutini, und Hinetu-a-hoanga hütete Whaiapu. Nun besaß aber Ngahue ein Stück des wertvollen Pounamu und das erzürnte Hine-tu-a-hoanga so sehr, daß ein großer Streit zwischen den beiden entbrannte. Dieser Streit trieb Ngahue schließlich aus Hawaiki, und er machte sich auf, einen Ort zu finden, an dem sein Pounamu Frieden finden würde.

Seine erste Station war Tuhua, und dort gedachte er den Stein zu lassen. Hine hatte ihn aber bis dorthin verfolgt, und so zog Ngahue denn weiter, immer noch auf der Suche nach einem sicheren Flecken für Pounamu.

Diesen Flecken fand er am Ende in Arahura, an der Westküste der Südinsel von Aotearoa, und noch heute kann man da den wertvollen Stein finden.

Sodann kehrte auch Ngahue nach Hawaiki zurück, und seine Reise zurück soll über Wairere, Whangaparaoa und Tauranga geführt haben.

Bevor er Arahura verließ, brach er ein Stück des Steines Pounamu ab, und dieses Stück begleitete ihn zurück in die Heimat.

Dort fertigte er scharfe Äxte aus dem Stein, und eine seiner Äxte nannte er Tutauru, die andere Hauhau-te-rangi. Aus einem Reststück des Steines fertigte er edlen Schmuck, und eines der Schmuckstücke war das Ohrgehänge Kaukaumatua, das sich im Jahre 1846 im Besitz von Te Heuheu befand. Als Te Heuheu jedoch mit vielen seiner Leute bei einem Erdrutsch ums Leben kam, ging Kaukaumatua verloren.

Ngahue wußte von dem neuen Land, das Kupe und er besucht hatten, nur Gutes zu berichten.
Kupe erzählte von den beiden einzigen Bewohnern, die er getroffen hatte, und Ngahue erzählte, daß es dort Moa und Pounamu im Überfluß gäbe.
Sie beschrieben die Schönheit des Landes, und ihr Bericht bewegte viele Bewohner von Hawaiki, dem Streit und den Kriegen ihrer Heimat zu entkommen, und einige von ihnen machten sich in der Folge auf in dieses Land. Eines der ersten Kanus, die die Reise wagten, war die *Aotea* mit ihrem Häuptling Turi und dem Priester Tapo an Bord.
Das größte Kanu von allen jedoch, die nach Aotearoa kamen, war die *Arawa,* und mit ihr kamen Tama te kapua und Ngatoro i rangi ins neue Land.
Tainui war der Name eines anderen Kanus, das die Ufer von Aotearoa etwa zur gleichen Zeit wie die Arawa erreichte. Aber neben diesen Kanus, deren Geschichte in den folgenden Kapiteln ausführlicher erzählt wird, kamen auch andere Kanus nach Aotearoa: Die *Mataatia* zum Beispiel, die *Kurahaupo,* die *Takitimu* und die *Tokomaru.*
Alle, die auf den einzelnen Kanus nach Aotearoa kamen, formten Stämme und Unterstämme und ließen sich an verschiedenen Stellen des neuen Landes nieder. Ihre Nachfahren leiten ihre Herkunft und Abstammung noch heute von den verschiedenen Kanus ab, mit denen ihre Vorfahren von Hawaiki, der Heimat der Maoris, nach Aotearoa kamen.

28. *Turis Reise nach Aotearoa*

Dies ist die Geschichte von Turi, dem Vorfahr der Whanganui-Stämme, und sie erzählt, warum er von Hawaiki nach Aotearoa zog.

Hoimatua war ein naher Verwandter von Turi und er hatte einen kleinen Sohn namens Potiki-roroa.

Eines Tages wurde der Kleine mit einer Botschaft zum Ariki Uenuku geschickt. Er sollte den Teil einer Opfergabe überbringen, der für den Ariki bestimmt war. Unglücklicherweise stolperte der Kleine in der Tür zu Uenukus Haus Wharekura und fiel. Uenuku nahm dies als ein schlechtes Omen und wurde so ärgerlich, daß er Potiki-roroa tötete und aß, ohne ihn vorher zu kochen. Als Turi dies hörte, war er entschlossen, diesen Akt zu rächen, und nachdem er eine Weile überlegt hatte, wie er wohl am besten Rache üben könne, entschied er sich dafür, Uenukus Sohn Hawe-potiki zu töten.

Nicht lange danach forderte er alle Kinder des Dorfes auf, an einem Ort, den Hawe-potiki vom Haus seiner Eltern aus überschauen konnte, zusammen zu spielen.

Die Kinder kamen denn auch zusammen und spielten mit ihren Kreiseln, warfen ihre Teka, ließen Drachen steigen und vieles mehr – der kleine Hawe-potiki ließ sich jedoch nicht blicken.

So wartete Turi denn einen Tag ab, an dem es sehr heiß war, so heiß, daß die Sonne die Haut verbrannte.

An diesem Tag schlug er den Kindern des Dorfes vor, doch zum Wai-matuhi-rangi-Fluß hinunter zu gehen und zu baden. Diesem Vorschlag folgten die Kinder nur gar zu gerne, und sie rannten zum Fluß hinunter und sprangen und hüpften im Wasser umher. Hawe-potiki sah sie und konnte nicht länger an sich halten: auch er rannte hinunter zum Fluß, um mit den anderen Kindern zu spielen. Turi hatte auf diese Gelegenheit gewartet: Er lauerte dem kleinen Hawe-potiki auf und tötete ihn.

Dann aber schnitt er dem Kleinen das Herz aus der Brust und bewahrte es auf; den Rest des Körpers aß er mit seinen Freunden zusammen.

Bald darauf überreichten die Leute des Stammes ihrem Häuptling Körbe voller delikater Speisen, wie es Sitte war, und auch Turi hatte einen Korb mit gebackenen Kumara zurechtmachen lassen. Unter die Kumara aber legte er das Herz des Hawe-potiki, das wie die süßen Kartoffeln in Stücke geschnitten und gebacken war.

Uenuku wußte zu dieser Zeit noch nichts vom Schicksal seines Sohnes; er vermißte ihn lediglich, als er sich zu seinem prächtigen Mahl niedersetzte und sprach zu sich: »Armer Hawe-potiki! Das hätte ihm auch geschmeckt, aber er sitzt ja nicht mehr bei mir während der Mahlzeiten!« So aß Uenuku denn die Speisen, die man ihm gebracht hatte, ohne zu wissen, daß das Herz seines Sohnes eine der Delikatessen war.

Kaum jedoch hatte er sein Mahl beendet, als einer seiner Freunde, der inzwischen herausgefunden hatte, was passiert war, auf ihn zugestürmt kam und sagte: »Sie haben dir das Herz deines Sohnes zu essen gegeben!«

»Gut, so sei es denn!« antwortete Uenuku. »Er liegt im Magen von Toi-te-huatahi!«

Und dieser Satz, der zum Sprichwort wurde, bedeutete, daß die Rache schrecklich sein würde. Uenuku zeigte keine Gefühle – diese Befriedigung gab er seinen Feinden nicht.

In jenen Tagen lebte Turi mit seiner Frau Rongorongo und seinen Kindern Turanga-i-mua und Tane-roroa in einem Haus namens Rangitea.

Tane-roroa war gerade erst geboren, und so ging Rongorongo eines Abends mit ihrer kleinen Tochter vor die Tür ihres Hauses, um sie zu stillen.
Von weitem hörte sie da Uenuku in seinem Haus Wharekura vor sich hinsingen:

»Oh, laßt die Stämme vom Süden kommen
und die Stämme vom Norden!
Laßt Ngati Ruanui in voller Stärke erscheinen!
Laßt auch Rongoteas Krieger dabeisein!
Auf daß wir all unsere Feinde zerstören
und sie endgültig ausmerzen!
Oh, sie haben einen gegessen,
der so viel edler war als sie!«

Rongorongo rannte zurück in ihr Haus und sagte zu Turi: »Turi, dieses Gedicht haben sie gerade im Whare-kura gesungen!« Und sie summte das Gedicht vor sich hin, und Turi wußte nun, daß Uenuku eine Racheaktion plante, die gegen ihn gerichtet war, denn er war es, der Uenukus Sohn getötet hatte, und Uenuku das Herz seines Sohnes Hawe-potiki zu essen gegeben hatte.
In der Zwischenzeit aber war Kupe aus Aotearoa zurückgekehrt und Turi hatte von dem wunderschönen Land, in dem es Moa und Pounamu gab und in dem nur Vögel lebten, gehört.
Angesichts der sicheren Rache Uenukus entschloß sich Turi da, allem weiteren Streit aus dem Wege zu gehen und sich aufzumachen ins ferne Aotearoa.
Seine Frau Rongorongo besaß ein Kanu – die Aotea – die ihr Vater Toto für sie gemacht hatte, und auf der Aotea wollte Turi Hawaiki verlassen.

Des Nachts schleppte er das Kanu zum Ufer.
Kupe hörte, wie der Bauch des Kanus auf dem Sand entlangschleifte und machte sich auf, um nachzusehen, was da vor sich ging. Er fand Turi, und der erzählte ihm von seinem Plan. Kupe sprach zu ihm: »Hör mir gut zu, Turi! Steure in Richtung Osten – in die Richtung, in der die Sonne aufgeht – und achte darauf, daß der Bug deines Kanus immer in diese Richtung zeigt!«
Turi entgegnete: »Du solltest besser mit mir kommen, Kupe! Laß uns zusammen losfahren!« Kupe lehnte ab, und gab statt dessen weitere Ratschläge für Turis Reise. »Wenn du in Aotearoa ankommst, dann solltest du nach dem Fluß suchen, den ich gefunden habe; die Flußmündung öffnet sich nach Westen hin, und du wirst dort zwei Einwohner finden. Der eine hat einen aufrechten Schwanz, der absteht. Glaube nicht, daß die Stimme des anderen die eines Menschen ist – sie hört sich nur so an. Wenn du auf der einen Seite des Flusses stehst und nach den beiden rufst, dann werden sie dir von der gegenüberliegenden Seite aus antworten.
Daran wirst du den Ort erkennen, den ich meine!«
Der Ort, von dem Kupe sprach, war die Flußmündung des Patea-Flusses, die beiden Einwohner waren der Kokako und der Tiwaiwaka.
Kurz vor der Abfahrt machte Turis Schwager Tuau ihn darauf aufmerksam, daß die beiden Paddel, die er an Bord hatte, für sein Unternehmen nutzlos wären.
Er bot Turi an, die Paddel zu holen, die zum Kanu gehörten. Es waren dies die beiden Paddel mitNamen Rangi-horona und Kautu ki te rangi; die beiden Schöpfkellen, die Tuau ebenfalls an Bord brachte, hießen Tipua horo nuku und Rangi ka wheriko.
Turi sprach nun zu Tuau: »Komm doch ein kleines Stück

mit mir hinaus aufs Meer, wenigstens so weit, daß du sehen kannst, wie das Kanu ausläuft!« Gutgläubig ließ sich Tuau auf diesen Vorschlag seines Schwagers ein, und als die Aotea alles Notwendige für die Reise und für das Leben im neuen Land geladen hatte, stieß sie, mit Turis Schwager an Bord, vom Ufer ab.

Kumara-Saat von einer Kumara-Sorte namens Kakau, die getrockneten Kerne der Beeren des Karaka-Baumes, einige eßbare Ratten in Käfigen, zahme grüne Papageien, ein paar Pukekos und viele andere Dinge waren auf dem Kanu, und darum sagt man auch: »Aotea mit der kostbaren Fracht.« Langsam glitt das Kanu aus dem Hafen, und Tuau saß am Heck und half beim Paddeln. Als das Kanu den Hafenausgang erreichte, rief Turi Tuau zu sich und sagte zu ihm: »Tuau, komm und setze dich ein wenig in die Mitte des Kanus, und laß mich paddeln!«

Genau das tat Tuau denn auch, doch nachdem er unter den Leuten in der Mitte des Kanus Platz genommen hatte, begannen Turi und seine Leute plötzlich mit aller Kraft zu paddeln und schossen hinaus auf die offene See, den Hafenausgang weit hinter sich lassend.

Tuau sah jetzt, daß sie längst an dem Punkt vorbeigepaddelt waren, an dem er hatte kehrt machen wollen, und schrie: »Oh Turi, Turi, bitte dreh doch das Kanu und laß mich an Land gehen!«

Turi jedoch schenkte den Bitten seines Schwagers keinerlei Aufmerksamkeit und paddelte weiter drauf los.

Verzweifelt ergab sich Tuau in sein Schicksal, und als er an seine Familie dachte, weinte er: »Wie soll ich jemals zu meiner geliebten Frau und meinen Kindern zurückfinden von dem Land, in das wir fahren?«

Am nächsten Morgen gab es mehr Aufruhr auf der Aotea.

Tapo, der Priester und Steuermann des Kanus, wurde Turi gegenüber anmaßend und lehnte es ab, ihm zu gehorchen. Turi warf ihn zur Strafe ins Meer, doch von dort rief Tapo recht fröhlich: »Komm schon, Turi! Laß mich noch ein wenig länger auf dieser Welt leben!« Turi deutete Tapos ungewöhnliche Reaktion als Zeichen dafür, daß der Priester unter dem Schutz des Gottes Maru stand, und ließ Tapo wieder ins Kanu hieven.

Wenig später wurden die Fugen der Aotea plötzlich undicht und ließen große Mengen von Wasser ins Kanu, und die Schöpfer hatten alle Hände voll zu tun, das Wasser wieder aus dem Kanu zu schöpfen. Währenddessen sang Turi seine Gesänge, die das Kanu vor dem Untergang retten sollten.

Die Rettung kam schließlich in Form einer Insel, die plötzlich mitten im Ozean sichtbar wurde.

Dort legte die Aotea an, und die Besatzung machte sich daran, das Kanu auszubessern. Die Insel nannten sie Rangitahua, und sie gehört zur Inselgruppe mit dem Namen Kermadec-Inseln, die im Nordosten von Neuseeland liegen.

Außer der Aotea war noch ein zweites Kanu unterwegs, und dieses Kanu hieß Te Ririno. Der Häuptling dieses Kanus war Potoru. Auch dieses Kanu machte an den Ufern Rangitahuas halt. Die Te Ririno hatte einige Hunde an Bord, die sich in der neuen Heimat vermehren und sowohl als Nahrungsmittel dienen als auch Felle für warme Umhänge bereitstellen sollten. Auf Rangitahua nun wurden zwei der Hunde namens Whakapapa-tua-kura und Tanga-kakariki getötet, und der erste der beiden wurde gekocht und verspeist, der zweite aber in Stücke geschnitten und den Göttern im rohen Zustand geopfert.

Dann schuf man einen heiligen Ort, der den Göttern der Insel geweiht wurde.

Nachdem ein heiliger Umhang vor den Göttern ausgebreitet worden war, beteten die Reisenden zu ihnen, um sie wohlwollend zu stimmen und ihnen eine sichere Fahrt über den großen Ozean zu gewähren.
Die Gebete, die alles Unglück von den Kanus abwenden sollten, hießen Keuenga, Takanga und Whaka-inuinumanga, und nachdem sie diese gesprochen hatten, setzten sie ihre Reise fort.
Jetzt aber brach eine heftige Auseinandersetzung zwischen Potoru und Turi darüber aus, welche Richtung sie einschlagen sollten.
Turi drängte darauf, in Richtung Osten zu paddeln und sprach: »Wir sollten weiterhin in die Richtung fahren, in der die Sonne zuerst aufleuchtet!«
Potoru war anderer Meinung: »Ich sage nein! Wir sollten die Richtung einschlagen, in der die Sonne untergeht!« Da erinnerte sich Turi an Kupes Worte und bekräftigte noch einmal, was er zuvor ausgeführt hatte.
Doch auch Potoru blieb bei dem, was er gesagt hatte, und schließlich gab Turi nach und sie fuhren in Richtung Westen.
Nach einer Weile aber wurde die Ririno durch die starke Brandung gegen ein Felsenriff namens Taputapu-a-tea geworfen und zerschmettert, und darum noch heute das Sprichwort: »Du bist so starrköpfig wie Potoru, der darauf bestand, seinem Verderben in die Arme zu laufen!«
Die Aotea änderte jetzt ihren Kurs und fuhr gen Osten, der aufgehenden Sonne entgegen.
Mitten auf dem Ozean gebar Rongorongo einen Sohn namens Tutawa. Zu dieser Zeit hatten sie nur noch neun Kumaras übrig, und Turi nahm eine davon, und opferte sie aus Anlaß der Geburt eines Kindes den Göttern, die diesem Kind ihren Schutz gewähren sollten. Er berührte Tutawas

Gaumen mit der Kumara, und dabei sprach er seine Gebete. Nicht lange danach sahen sie das neue Land von weitem, doch selbst dann brach noch einmal ein Streit auf der Aotea aus.

Ein Mann namens Tuanui-a-te-ra, der einen verkrüppelten Fuß hatte, wurde aufsässig und widersetzte sich Turis Anordnungen. Auch diesen Widersacher warf Turi kurzerhand über Bord; als die Reisenden jedoch endlich in Aotearoa angekommen waren und Fuß auf das neue Land gesetzt hatten, da fanden sie ausgerechnet Tuanui-a-te-ras Fußstapfen im Sand.

Nach kurzer Rast an den Ufern des neuen Landes machten sie sich auf, den Fluß zu suchen, von dem Kupe erzählt hatte. Die Aotea ließen sie im Hafen zurück, und später sollte dieser Hafen nach dem Kanu Aotea-Hafen heißen.

Eine Gruppe machte sich mit Pungarehu auf den Weg.

Turi trug ihnen auf, unterwegs die Kerne der Karaka-Beeren zu pflanzen, die sie von Hawaiki mitgebracht hatten, auf daß dieses wertvolle Nahrungsmittel ins neue Land eingeführt werde.

Er selbst folgte Pungarehu mit einer zweiten Gruppe. Sie wählten die Route an der Westküste der Nordinsel entlang in Richtung Süden. Auf ihrem Weg gaben sie dem Hafen von Kawhia seinen Namen, benannten Marokopa, den Waitara-Fluß, Moekau und viele andere Orte, und jeder der Namen erinnerte an eine Begebenheit, die sich daselbst ereignet hatte.

An einem Ort zum Beispiel breiteten Turi und seine Gruppe einen heiligen Umhang mit Namen Hunakiko aus, und dieses Ereignis gab dem Ort seinen Namen.

Ein anderes Mal nahm Turi eine Handvoll Erde und roch daran, um festzustellen, ob die Erde gut sei.

Auch dieser Ort erhielt seinen Namen nach dem Ereignis, das dort stattfand.
Tapuwae, sechs Meilen südlich von Taranaki, ist nach Turis Fußstapfen benannt, und Oakura nach dem leuchtenden Rot des Umhangs, den Turi hier ausbreitete.
Der Waimate-Fluß erhielt seinen Namen vom Lager, das Turi an seinen Ufern aufschlug.
Als Turi endlich am Ziel ankam, baute er dort einen Pa, den er Rangitawhi nannte, errichtete den Pfosten Whakatopea, das Haus Matangirei, und nannte die Schwelle zum Haus Paepae-hakehake. Sein Pataka nannte er Paeahua, den Brunnen Parara-ki-te-uru, die Felder Hekeheke-i-papa, und den hölzernen Spaten, mit dem er das Feld bearbeitete, Tipu-i-whenua.
Der Fluß aber, an dem Turi siedelte, war der Fluß, von dem Kupe an den Ufern Hawaikis gesprochen hatte.
So gingen sie denn, das Land zu bestellen, und bei ihrer Arbeit sangen sie:

»Brechet unsere Göttin, unsere Mutter
Brechet die Urmutter Erde
Wir sprechen von dir, oh Erde!
Doch störet nicht die Pflanzen,
die wir aus Hawaiki, unseren edlen
Heimat brachten.
Maui war es, der die Erde an den Seiten
häufte, in Kuratau.«

Die acht Saat-Kumara, die ihnen von den neun aus Hawaiki geblieben waren, brachen sie in viele kleine Stücke und verteilten sie über ihr Feld.
Und als die jungen Triebe sichtbar wurden, machte Turi das

Feld tapu und sprach eine Beschwörung mit dem Namen Ahuroa, die das Wachstum der Pflanzen begünstigen sollte. Die Zeit der Ernte kam, und Turi und seine Leute sammelten ganze achthundert Körbe voller Kumara ein.
Turi wurde mit seiner Hauptfrau Rongorongo in jener Gegend seßhaft, und aus ihren Kindern und Kindeskindern wuchsen die Whanganui-Stämme und der Ngati Ruanui-Stamm.

Te Onu, Priester des Ngatimaniapoto-Stammes

29. Zwietracht in Hawaiki

Dem Zug der Maori von Hawaiki, ihrer ursprünglichen Heimat, nach Aotearoa ging sehr viel Streit und Zwietracht voraus, wie die folgende Geschichte zeigt.

Eine der großen Auseinandersetzungen fand zu Lebzeiten von Houmai-tawhiti statt, und hier folgt, was geschah: Uenuku und Toi-te-huatahi waren die Häuptlinge zweier befreundeter Stämme. In der Nähe ihres Stammesgebietes lebte ein dritter Stamm, der Stamm Houmais, und dieser war mit den ersten beiden verfeindet. Nun hatte Houmais Hund Potaka-tawhiti die Kruste einer Wunde an Uenukus Bein gefressen, und Toi-te-huatahi hatte dies beobachtet.

Es war eine unerhörte Tat, von einem Häuptling zu fressen, und so hatte dieser Zwischenfall seine Folgen. Bei nächster Gelegenheit fingen Uenuku und Toi Houmais Hund ein, töteten ihn und Toi aß ihn auf.

Houmais Söhne Tama-te-kapua und Whakaturia aber vermißten den Hund, und machten sich auf, um nach ihm zu suchen. Eine ganze Weile schon waren sie von Ort zu Ort gezogen, als sie endlich in Tois Dorf ankamen. Wie schon in all den anderen Dörfern zogen sie auch durch dieses und riefen dabei nach ihrem Hund.

Da hörten sie ihn plötzlich heulen, und als sie dem Geheule nachgingen, kamen sie zu Toi, der sich bei ihrem Anblick beide Hände vor den Mund hielt, auf daß das Geräusch in seinem Magen verstumme. Die beiden brauchten Toi gar nicht lange nach ihrem Hund zu fragen, denn so sehr der sich auch bemühte, das Geräusch in seinem Magen zu unterdrücken, Potaka heulte weiter.

Tama-te-kapua und Whakaturia wußten nun, was aus ihrem Hund geworden war, und auch Toi wußte, daß er nicht

länger leugnen konnte, was er getan hatte: er gab zu, Potaka verspeist zu haben.
Seine Worte wurden zu einem Sprichwort; man sagt noch heute, wenn etwas unerwartet ans Licht kommt: »Ich dachte, ich hätte dich gut in Tois Magen versteckt, aber da heulst du ja noch immer!«
Tama wollte jetzt von Toi wissen, warum er ihm den toten Hund nicht zurückgegeben habe: »Sag, wenn du wirklich so wütend warst, warum hast du nicht den Hund getötet und ihn mir dann wenigstens zurückgegeben? Dann wären wir beide zufrieden gewesen und hätten Freunde bleiben können. So aber wirst du noch von mir hören!«
Und mit diesen Worten verließen Tama und Whakaturia Tois Dorf und kehrten nachhause zurück, wo sie unverzüglich begannen, Rachepläne zu schmieden.
Sie fertigten Stelzen für Tama, und in der nächsten Nacht schon machten sie sich auf ins Stammesgebiet von Toi und Uenuku.
Beim Hause Uenukus stand ein prächtiger Poporo-Baum, voll mit reifen prallen Früchten. Unter diesem hielt Whakaturia Wache, während Tama auf seinen Stelzen zum Baum hin lief und mühelos die schönsten Früchte aus der Krone des Baumes pflückte. Danach kehrten die beiden wieder in ihr Dorf zurück. Von nun an aber kamen sie jede Nacht, um sich an den Früchten des Poporo-Baumes zu laben, und bald schon waren alle reifen Früchte vom Baum verschwunden.
Eines Morgens jedoch bemerkten Uenukus Leute, daß alle reifen Früchte vom Poporo-Baum verschwunden waren, und als sie nach Spuren möglicher Diebe suchten, stießen sie auf die Abdrücke von Tamas Stelzen.
In dieser Nacht legten sie sich auf die Lauer.
Sie brauchten nicht lange zu warten: Auch in dieser Nacht

kamen Whakaturia und Tama auf seinen Stelzen ins Dorf, und geradewegs gingen sie auf den Poporo-Baum zu. Doch kaum hatten sich die beiden über die Früchte hergemacht, da stürzten Uenukus Leute aus ihrem Versteck und schnappten sich Whakaturia.

Tama gelang es jedoch, sich auf seinen Stelzen davonzumachen; so schnell er nur konnte rannte er in Richtung Meer. Dort holten ihn Uenukus Leute ein und stellten ihn. Sie wußten aber nicht, was sie wohl mit ihm anstellen sollten. »Wir sollten seine Stelzen durchhacken, damit er ins Wasser fällt!« schlugen die einen vor, und dieser Vorschlag fand selbst bei Tama große Zustimmung. Von seinen Stelzen rief er hinunter: »Ja! Laßt mich ins Wasser fallen, das tut nicht so weh! Fiele ich am Ufer, dann könnte ein solcher Sturz mich töten!«

Natürlich hatte er sich ausgerechnet, daß er im Wasser keine Chance hatte zu entkommen, und auch, daß Uenukus Leute wenig Interesse daran hatten, ihn zu schonen.

Und tatsächlich! Einige von Uenukus Leuten hatten Tamas Worte vernommen, und folglich geleiteten sie ihn nun zum Ufer, um dort seine Stelzen zu brechen.

Tama stürzte, doch trotz seines tiefen Falles war er gleich wieder auf den Beinen, und bevor die Umstehenden wußten, was vor sich ging, war er schon auf und davon und in der dunklen Nacht verschwunden.

Nun hatten aber Uenukus Leute Tamas Bruder Whakaturia als Gefangenen in ihrem Dorf. Jetzt, da ihnen Tama endgültig entkommen war, machten sie sich auf den Weg ins Dorf, um ihn mit dem Tode zu bestrafen.

Wieder aber waren sie sich uneinig über die Art und Weise, wie diese Bestrafung auszuführen sei.

Einige wollten ihn sofort töten, andere aber schlugen vor,

ihn unter das Dach von Uenukus Haus zu hängen und langsam zu Tode zu räuchern.

Schließlich fanden alle an der letzten Idee Gefallen, und sie hängten Whakaturia unters Dach.

Dann legten sie das Feuer an und begannen mit ihrem allabendlichen Gesang und Tanz; das war fast die schlimmste Strafe für Whakaturia, denn ihr Singen und Tanzen war ausgesprochen miserabel.

Jeden Abend mußte er nun dieser Vorstellung beiwohnen, bis die Kunde von Whakaturias Leiden eines Tages ins Dorf von Tama und dessen Vater Houmia drang.

Sofort machte Tama sich auf den Weg zu seinem Bruder. Des Nachts kam er bei Uenukus Dorf an und kletterte aufs Dach. Genau über der Stelle, wo der Bruder hing, bohrte er ein kleines Loch ins Riedgras, und durch dieses Loch flüsterte er dem Bruder zu: »Sag, bist du schon tot?«

»Nein!« antwortete dieser. »Ich lebe noch!«

»Sag, wie ist der Gesang und wie sind die Tänze der Leute hier?« wollte Tama wissen, »tanzen und singen sie gut?«

»Nein, nein«, antwortete Whakaturia, »ihr Singen und Tanzen ist furchtbar, selbst die eigenen Leute beschweren sich die ganze Zeit!«

Das brachte Tama auf eine gute Idee.

»Warum beschwerst du dich nicht auch über ihren Gesang und ihre Tänze? Und wenn sie dich fragen, ob du es denn besser kannst, dann sage ihnen, ›ja, natürlich kann ich besser singen und tanzen!‹ Falls sie dich dann runter lassen, dann sage, du wolltest dich nur ein bißchen säubern und ölen vor dem Tanz, und deine Haare mit Federn schmücken!

Möglicherweise werden sie dir das erlauben.

Wenn sie dann aber wollen, daß du mit deinem Gesang und Tanz beginnst, so sage: ›Oh, ich sehe immer noch recht

schmutzig aus! Könnte ich wohl Uenukus roten Maro leihen, und auch sein Taiaha? Dann werde ich für euch tanzen!‹ Und dann singe und tanze für sie! Ich aber werde vor der Tür darauf warten, daß du herausgetanzt kommst.
Und dann vernageln wir zusammen Türen und Fenster, damit sie uns nicht folgen können!«
So sprach Tama zu seinem Bruder Whakaturia, und genau so geschah es dann auch.
Am Abend versammelten sich wieder alle im Versammlungshaus, stimmten ihre gräßlichen Gesänge an, und tanzten fürchterlich. Da rief ihnen Whakaturia von oben herunter zu: »Liebe Leute, die ihr dort unten tanzt, hört mir zu!«
Und die Versammelten sprachen untereinander: »Ruhe, Ruhe! Laßt uns hören, was der Kerl zu sagen hat! Wir dachten ja, er sei schon erstickt im Rauch, aber er ist ja immer noch lebendig!«
Und sie riefen zu ihm herauf: »Hallo, du dort oben! Was hast du zu sagen?«
Whakaturia antwortete: »Ich wollte sagen, daß ihr offensichtlich keine guten Tänze und Lieder kennt, jedenfalls habe ich noch keine guten gehört!«
»Habt ihr denn bessere Gesänge und Lieder bei euch?« wollten Uenukus Leute da wissen.
»Ja!« entgegnete Whakaturia, »unsere Lieder und Tänze sind wunderschön!«
»Aber kannst *du* denn singen und tanzen?« fragten sie weiter.
Wieder bejahte Whakaturia ihre Frage, und tatsächlich gab Uenuku daraufhin die Weisung, Whakaturia vom Dach herunterzulassen. Tamas Plan schien reibungslos zu gelingen. Whakaturia durfte sich säubern und ölen und sein Haar schmücken; ja, Uenuku lieh ihm sogar seine Maro und sein Taiaha!

Zum Tanze fertig rief er den Versammelten zu: »Macht ein helles Feuer, damit es keinen Rauch gibt und ihr gut sehen könnt!«

Uenukus Leute folgten seinem Vorschlag, während er sich langsam und würdevoll von seinem Sitz erhob.

Er sah wunderschön aus, als er Uenukus Schwert schwang, und seine Augen leuchteten und glitzerten wie die Pauamuscheln, die in den geschnitzten Kopf des Schwertgriffes eingelassen waren. Whakaturia tanzte an der einen Seite des Hauses entlang, bis er zur Tür kam; dann machte er kehrt, und tanzte an der gegenüberliegenden Seite entlang.

Genau gegenüber der Tür blieb er jedoch mit einem Male stehen. »Ich komme vor Hitze fast um!« sagte er, »öffnet doch bitte ein wenig die Tür, damit ich die Kühle der frischen Luft spüren kann!«

Uenukus Leute öffneten die Tür für Whakaturia, und der verschnaufte für einen Augenblick.

Seine Zuschauer ließen ihn jedoch nicht lange ruhen.

»Komm, du hast lange genug Pause gemacht!« riefen sie. »Die frische Luft hat dich doch sicher schon genug gekühlt! Steh auf und zeig uns mehr von deiner Kunst!«

Und wieder stand Whakaturia auf und begann zu tanzen, doch zur gleichen Zeit bezog der Bruder Stellung vor der Tür mit zwei Holzlatten in der Hand.

Dieses Mal drehte sich Whakaturia bei seinem Tanze nach rechts und streckte seine Zunge weit heraus, wie es die Tradition seines Tanzes erforderte.

Dann drehte er sich nach links und wiederholte das ganze, und unter den Augen seiner Zuschauer, die ihm gebannt zusahen, sprang und hüpfte er von einem Ende des Hauses zum anderen. Plötzlich doch, mitten im Tanz, nutzte er einen seiner kunstvollen Sprünge, um mit einem Satz aus der

Tür zu springen! Da wartete Tama auf ihn, und zusammen vernagelten sie in Windeseile das Versammlungshaus. Drinnen konnte man das Schimpfen und Fluchen der Eingeschlossenen hören, das dem Geplärr einer Horde junger Papageien recht ähnlich war.

Die Brüder aber machten sich so schnell wie möglich auf und davon.

Nach einer Weile kam zufällig ein Fremder an Uenukus Haus vorbei, und als der sah, daß Uenukus Leute in ihrem Versammlungshaus eingeschlossen waren, da entfernte er die Latten von Tür und Fenstern.

Fluchend strömte der ganze Stamm aus dem Haus, zu spät, um die Verfolgung der beiden schlauen Brüder aufzunehmen. Am nächsten Morgen waren Uenuku und seine Leute immer noch sehr verärgert darüber, daß Tama und Whakaturia ihnen so leicht entkommen waren.

»Hätten wir sie gleich getötet, dann wären sie uns nicht entkommen, so aber werden sie eines Tages zurückkehren und sich dafür rächen, daß wir Whakaturia unters Dach gehängt haben!« sprachen sie untereinander.

Sie beschlossen daher, den Söhnen Houmais zuvorzukommen und begannen mit den Kriegsvorbereitungen.

Tama aber hatte bereits andere Pläne. Er wollte den Kriegern Uenukus und all dem Streit endgültig entgehen, und so beschloß er, zusammen mit seinem Stamm ein neues Land zu suchen.

Er war es, der auf der Arawa nach Aotearoa kam.

Die Arawa war das größte aller Kanus, die den Weg nach Aotearoa fanden, und Ngatoro-i-rangi war der Steuermann der Arawa. Die Nachkommen von Tama und seinem Stamm aber leben noch heute in Aotearoa. Sie bilden den Arawa-Stamm, der im Herzen der Nordinsel Aotearoas siedelt.

30. Die Reise der Arawa

Tamas Kanu, die Arawa, war schon fast reisefertig; nur ein Steuermann fehlte noch.

Da dachte Tama daran, einen Tohunga namens Ngatoro-i-rangi mit der Begründung an Bord zu bitten, daß er ihn als Priester brauche.

Nun war aber Ngatoro-i-rangi nicht nur ein erfahrener Tohunga, sondern er war auch der Steuermann der Tainui, die zusammen mit der Arawa Hawaiki verlassen sollte. Tama lud auch Ngatoros Frau Kearoa ein, an Bord der Arawa zu kommen; sie sollte die Arawa mit einem Seegras-Opfer entweihen, denn diese war immer noch tapu.

Es war die Sitte, den ersten Fisch, der von einem Fischerboot aus gefangen wurde, den Göttern zu weihen, auf daß diese den Männern Schutz gewährten; der zweite Fisch wurde zum Schutz der Frauen den Göttern geweiht.

Da nun die Arawa aber kein Fischerboot war, konnte sie auch mit einem Seegras-Opfer entweiht werden.

Ngatoro-i-rangi und Kearoa folgten Tamas Einladung und kamen an Bord.

Kaum aber hatten sie das Kanu betreten, da befahl Tama seinen Leuten, die Segel zu hissen, und die Arawa schoß davon, mit Kurs auf die offene See.

Ngatoro schrie: »Zieht die Segel ein! Macht langsam, sonst verlieren wir die Tainui aus den Augen!«

Doch Tama beruhigte ihn: »Mach dir keine Sorgen, dein Kanu holt uns schon ein!«

Für eine kurze Zeit schien die Tainui auch nachzukommen. Mit Anbruch der Dunkelheit aber blieb sie mehr und mehr hinter der Arawa zurück, und bald war sie gar nicht mehr zu sehen.

So hatte Tama den Steuermann, den er wollte und auf den er sich verlassen konnte, wußte er doch, daß Ngatoro die Seinen wiedersehen wollte und somit die Arawa auf sicherem Kurs steuern würde.

Dies war nicht der einzige Trick, dessen Tama sich vor Abfahrt der Arawa bedient hatte. Obendrein hatte er Whakaoto rangi, die Frau von Ruaeo entführt, und das war so geschehen:

Whakaoto und Ruaeo wollten mit Tama auf der Arawa reisen. Sie hatten bereits all ihr Hab und Gut auf dem Kanu verstaut, als Tama Ruaeo bat, für ihn zurück ins Dorf zu laufen und seine Axt Tutauru zu holen, die er angeblich unter dem Fenstersims seines Hauses vergessen hatte. Ruaeo ging, um die Axt zu holen. Zurück am Ufer begriff er Tamas Absicht zu spät: Die Arawa war mit seiner Frau an Bord längst davongesegelt.

An diesem Abend warf sich Ruaeo ins Wasser und sprach machtvolle Karakia, die ihm die geliebte Frau zurückbringen sollten. Und die Abendsterne wurden zu Morgensternen, die Sterne des Morgens aber wurden zu Abendsternen; alle Sterne veränderten ihre Position.

Zur gleichen Zeit wunderte sich Ngatoro-i-rangi auf der Arawa über die ungeheure Geschwindigkeit des Kanus und über die Strecke, die die Arawa in der kurzen Zeit seit ihrer Abfahrt zurückgelegt zu haben schien.

Ngatoro war auf das Dach von Tamas Haus auf der Arawa gestiegen, um die Position der Sterne näher zu erkunden. Voller Mißtrauen gegenüber Tama hatte er jedoch einen Strick an Kearoas Haar befestigt und hielt das andere Ende des Strickes fest in seiner Hand, während er den Sternenhimmel erkundete.

Tama aber hatte den Strick sogleich gelöst und an einem der Sparren des Kanus befestigt, um Ngatoro in dem Glauben zu belassen, seine Frau habe sich nicht von der Stelle gerührt. Doch als Ngatoro endlich wieder nach unten kam, blieb Tama nur noch genug Zeit, in seiner Koje zu verschwinden, nicht aber, um den Strick wieder um Kearoas Haar zu winden.

So fand Ngatoro denn den Strick am Kanu befestigt, und stellte seine Frau zur Rede.

Die sprach: »Kannst du dir nicht denken, was passiert ist?« Und auf Ngatoros Frage, wer es gewesen sei, antwortete sie: »Wer kann es wohl gewesen sein? Jemand anders als Tama?«

Froh über die Ehrlichkeit seiner Frau sprach Ngatoro da: »Nachdem Tama uns entführt hat, hätte ich ja erwartet, daß er sich wenigstens anständig uns gegenüber benimmt!

So aber wird er mir für seine Taten bezahlen!«

Und mit diesen Worten stieg er wieder hinauf auf das Dach von Tamas Haus auf der Arawa, dieses Mal aber nicht, um den Sternenhimmel zu erkunden. Nein – er begann die Himmel mit denselben Karakia anzurufen, die Ruaeo am Strand von Hawaiki gesprochen hatte. Da wurden die Sterne des Abends zu Sternen des Morgens, und unwissentlich brachte Ngatoro die Arawa zurück auf ihren eigentlichen Kurs.

Er rief aber auch die Winde an, und wilde Stürme warfen alsbald den Bug der Arawa von einer Seite zur anderen. Die Besatzung wurde der Lage kaum mehr Herr!

Unbarmherzig trieb die Arawa in einen der gefürchtesten Strudel der Meere, und dieser Strudel hieß ›Die Kehle von Te Parata‹, oder auch ›Der tiefe Abgrund, an dem die Welt endet‹.

Die Wellen schlugen über dem Kanu zusammen, und Bug voraus wurde es mitten in den Strudel geschleudert und drohte darin zu versinken; so sehr sich die Besatzung auch bemühte, das Wasser aus dem Kanu zu schöpfen, es half alles nichts. Währenddessen saß Ngatoro unberührt von all dem Chaos um ihn herum hoch oben auf dem Dach und rief mit mächtiger Stimme seine Karakia. Einer rief ihm von unten zu: »Ngatoro, Ngatoro, unser Bug ist schon unter Wasser, und Kearoas Kopfkissen ist schon unter ihrem Kopf weggerollt! Rette uns, Ngatoro! Hörst du, rette uns!«

Doch Ngatoro rührte sich nicht.

Da rief Tama selbst hinauf: »Ngatoro, Ngatoro! Hörst du mich dort oben? Der Bug ist unter Wasser und Kearoas Kopfkissen ist weggeschwemmt!«

Immer noch rührte sich Ngatoro nicht.

Erst als alles Hab und Gut der Besatzung von den Wellen davongetragen zu werden drohte und alle anfingen, zu schreien und zu weinen, da erbarmte er sich und erhob sich, um die Himmel wieder anzurufen. Dieses Mal jedoch bat er sie, den Stürmen Einhalt zu gebieten und das Kanu aus seinem tödlichen Strudel zu leiten.

Und die Wellen glätteten sich, die Stürme ließen nach, die Besatzung wurde wieder Herr über das Kanu: die Arawa glitt aus den Tiefen der schrecklichen Fluten und fand zurück auf sicheren Kurs.

Viele der Vorräte und Güter jedoch, die das Kanu in die neue Heimat tragen sollte, waren für immer verloren, und dieser Umstand wurde zu einem weiteren Sprichwort.

Wenn einem Gast nur wenig Speisen angeboten werden, oder ein Geschenk allzu klein ausfällt, sagt man: »Ah, das ist der halbvolle Korb von Whakaoti-rangi – das ist alles, was sie retten konnte!«

Die Arawa setzte ihre Reise fort und erreichte schließlich den Nordosten von Aotearoa.

Dort, bei Whangaparaoa, legte das Kanu im Monat Dezember, dem Monat der Pohutukawa-Blüte an.
Das erste, was die Arawa-Leute denn auch sahen, waren die tiefroten Blüten der Pohutukawa-Bäume, die die Küste des neuen Landes säumten.
»Seht nur!« rief der junge Häuptling Tauninihi beim Anblick der Blütenpracht, die sich in den stillen Gewässern der Küste spiegelte, »seht nur, hier gibt es so viel mehr roten Kopfschmuck als in Hawaiki!« Und übermütig riß er seinen eigenen Kopfschmuck herunter und warf sein Taiwhakaea ins Meer.
Nun machten sich alle über die Blüten her, doch bald schon sahen sie, wie zerbrechlich deren Pracht war und ungeeignet für den Kopfschmuck eines Häuptlings.
Tauninihi bereute jetzt sein vorschnelles Handeln, doch zu spät: Die Wellen hatten sein Taiwhakaea hinweggetragen, und Mahina sollte es am Strand von Mahiti finden.
Der aber gab Tauninihis Bitten nicht nach und bestand darauf, seinen Fund behalten zu können.
Drum das Sprichwort: »Ich geb's nicht her, das ist der rote Kopfschmuck, den Mahina gefunden hat!«
Mit anderen Worten: Wer etwas findet, der kann es auch behalten.

Um ihren Göttern für die sichere Landung zu danken, richteten die Arawa ein Tuaahu, einen heiligen Ort ein.
Dann pflanzten sie die Kumara, die sie aus ihrer Heimat Hawaiki mitgebracht hatten. In der Folge machten sich einige von ihnen auf, die nähere Umgebung ihres Landeplatzes zu erkunden.
Zu ihrer größten Verwunderung stießen sie ganz in der Nähe auf die Überreste eines gestrandeten Spermwals oder Paraoa.

Sie wußten also nicht, daß die Tainui, die ursprünglich mit der Arawa zusammen Hawaiki verlassen sollte, auf ihrem Weg nach Aotearoa keiner der Schwierigkeiten ausgesetzt war wie die Arawa, und deshalb schon eher als diese in Aotearoa gelandet war, und zwar an derselben Küste. Auch die Tainui-Leute hatten den Wal gesehen, und waren genauso interessiert an seiner Verwertung wie die Arawa-Leute.

So kam es denn, daß die beiden Gruppen aufeinander stießen und darüber zu streiten begannen, wer zuerst gelandet war und den Wal gefunden hatte, und wem der Wal folglich zustand.

Keine der beiden Gruppen konnte jedoch die andere überzeugen, und so beschlossen beide Seiten, die Frage anders zu klären.

Den Beweis für den Zeitpunkt der Landung sollten die Pfosten der heiligen Stätten beider Gruppen liefern, und die wurden denn auch gründlichst untersucht. Die Pfosten der Arawa waren noch ganz grün, während die der Tainui braun waren; die Tainui hatten ihre Pfosten sorgfältig über dem Feuer getrocknet, bevor sie sie in den Boden rammten.

Außerdem zeigten sie den Strick, den sie am Unterkiefer des Wales befestigt hatten, und so kam man denn überein, daß die Tainui die rechtmäßigen Besitzer des Wales waren und trennte sich gütlich.

Die Bucht, in der die Arawa und die Tainui gelandet waren und den Pottwal gefunden hatten, heißt heute noch Whangaparaoa, was soviel bedeutet wie »die Bucht des Pottwals«.

Auf der Suche nach einem neuen Landeplatz zogen daraufhin einige der Arawa unter der Führung von Tama-te-kapua und Ngatoro-i-rangi weiter die Küste entlang, in Richtung

Nordwest. Andere wählten den Landweg und schlossen sich einem Häuptling namens Taikehu an.
Das nächste, was wir von den Arawa wissen, ist, daß sie schließlich nach Tauranga kamen, einem großen, fischreichen und geschützten Hafen ungefähr dreihundert Kilometer von Whangaparaoa entfernt.
Dort benannten die Häuptlinge das umliegende Land nach alter Sitte: Die Landzunge südlich von Tauranga, die heute Maketu Heads heißt, nannten sie Te Kuraetanga-o-te-ihu-o-Tama-te-kapua, was soviel bedeutet wie »Tama-te-kapuas Nasenspitze«.
Tia, ein weiterer Häuptling der Arawa, benannte den Ort, den wir heute als Rangiuru kennen, Takapu-o-tapui-ika-nui-a-Tia, was soviel bedeutet wie »Der Bauch von Tapuika a Tia«.
Die nächste Station der Arawa war Motiti, eine kleine Insel vor der Küste von Tauranga.
An diese Landung erinnert ein Sprichwort: »Kai Motiti koe e noho ana«, oder »Ich nehme an, du bist auf Motiti, kein Feuerholz weit und breit!« Dieses Sprichwort erinnert an den Umstand, daß zu Zeiten der Arawa keinerlei Feuerholz auf Motiti zu finden war.

Während die Arawa-Leute in Motiti Station machten, hörte Ruaeo in Maketu davon, daß sich Tama-te-kapua und seine Leute ganz in der Nähe aufhielten.
Des Nachts ging er denn hinunter zum Ufer und begann, mächtige Karakia zu sprechen. Dabei warf er seine Angel weit hinaus, bis hinüber nach Motiti, und dort verfing sich sein Angelhaken in einem der Balken der Arawa.
Unbemerkt von den Schlafenden auf dem Kanu hievte er die mächtige Arawa nach Maketu hinüber; dort warteten schon

Ruaeos hundertundvierzig Männer, bereit, mit Tama abzurechnen.
Alle zusammen brachten sie das Kanu an Land, und dann setzte sich Ruaeo unter den Bug und spielte auf seiner Putorino. Bald darauf erwachte seine Frau Whakaoti-rangi von den Klängen der Putorino, und erkannte Ruaeos Melodie. Sogleich erhob sie sich von Tamas Seite und ging hinaus zu Ruaeo, und die beiden verbrachten überglücklich die Nacht zusammen.
Ruaeo hatte bereits einen Plan ausgearbeitet, wie er seine Frau zurückgewinnen könne, und in dieser Nacht besprach er den Plan mit Whakaoti-rangi.
Sie sollte zu Tama zurückkehren und Ruaeo würde weiter auf seiner Putorino spielen. Wenn Tama dann den Klang der Putorini hörte, dann sollte Whakaoti Tama davon erzählen, daß sie von Ruaeo geträumt habe; Tama würde sicher sehr eifersüchtig werden und sie schlagen.
Das aber sollte Whakaoti den Anlaß geben, Tama zu verlassen und zu Ruaeo zurückzukehren.
Genauso geschah es auch: Whakaoti kehrte zu Tama zurück und erzählte ihm von ihrem Traum, und Tama wurde tatsächlich rasend eifersüchtig und schlug sie. Noch in derselben Nacht verließ Whakaoti Tama-te-kapua und kehrte zu Ruaeo zurück.
Der aber schläferte alle Leute auf der Arawa so tief ein, daß sie bis weit in den nächsten Tag hinein schlummerten. Gegen Mittag erst, als die Sonne schon hoch am Himmel stand, nahm er sein Patu und schlug mit aller Kraft gegen die Arawa. Mit einem Male erwachten die Langschläfer, und während sie noch schlaftrunken um sich blickten, stellten sich Ruaeos hundertundvierzig Männer rund um das Kanu auf.

Jeder von ihnen war prächtig geschmückt mit weißen Federn, ganz so, als wären sie gerade von der Tölpel-Insel Karewa gekommen, wo es diese Federn im Überfluß gab. Alle Arawa kamen nun an Deck, und da sahen sie Ruaeo, inmitten seiner hundertvierzig Krieger! Ruaeo rief zur Arawa hinüber: »Komm hier herüber, Tama, und laß uns kämpfen, du und ich!
Solltest du stärker sein als ich, nun gut.
Sollte ich jedoch stärker sein als du, dann werde ich dich am Boden zerschmettern!«
Da sprang Tama-te-kapua auf, und in der einen Hand hielt er ein Taiaha, dessen Griff mit roten Federn geschmückt war. Er war ein Riesenkerl, weit über zwei Meter war er groß; Ruaeo war aber noch etwas größer als er!
Ruaeo hielt ebenfalls ein Taiaha in seiner Hand, und so schritten die beiden aufeinander zu, bis Tama als erster zum Schlag ausholte!
Ruaeo aber wehrte den Schlag geschickt ab, und dann warf er zur großen Verwunderung aller Zuschauer ganz plötzlich sein Schwert weg, griff Tama bei den Armen und warf ihn auf die Erde, ohne daß der mit seiner Waffe auch nur das geringste ausrichten konnte!
Tama versuchte sich wieder aufzurichten und weiterzukämpfen, doch wieder zwang ihn Ruaeo mit bloßen Händen zu Boden! So ging es mehrere Male. Doch als Tama zum vierten Mal aufzustehen und gegen Ruaeo antreten wollte, da wurde dieser so wütend, daß er sich eine Handvoll Ungeziefer griff und das eklige Getier auf Tamas Kopf und Ohren schmierte! Diese außerordentliche Schande besiegelte nun endgültig Tamas Niederlage; er mußte neben all der Schmach auch noch ein furchtbares Jucken ertragen.
»Da siehst du's, ich habe dich besiegt!« rief Ruaeo dem

Verlierer zu. »Du kannst die Frau behalten als Trost dafür, daß ich dich so erniedrigt habe!«

Tama aber hörte Ruaeos Worte nicht, so sehr hatte er mit dem Ungeziefer zu kämpfen, das seinen Kopf bevölkerte. Ruaeo und seine hundertvierzig Krieger zogen anschließend von dannen, denn sie wollten weiteres Blutvergießen vermeiden.

Wir wissen nicht, wohin sie zogen, denn im Gegensatz zu den Arawa-Leuten und den Besatzungsmitgliedern anderer Kanus, die nach Aotearoa kamen, und die heute noch ihre Herkunft bis auf die Landung bestimmter Kanus und weiter zurückverfolgen können, hat man von Ruaeo und seinem Kanu, der Pukeatea-wainui, nicht wieder gehört.

Das war jedoch längst nicht das Ende der Streitigkeiten, in die Tama-te-kapua kurz nach seiner Ankunft im neuen Land verwickelt war.

Nach dem Kampf mit Ruaeo hatte er eine Auseinandersetzung mit einem gewissen Kahumata-momoe, und in der Folge verließ er Maketu und Motiti und zog weiter nach Tauranga.

Dort lebte Taikehu und es gab Fische in Hülle und Fülle, und deshalb nannten Tama und seine Leute diesen Ort Te Ranga-a-Taikehu, die Fischgründe Taikehus.

Am nördlichen Ende des weiten Hafenbeckens von Tauranga lag und liegt noch heute ein Ort namens Katikati.

Die Überlieferungen an diesem Ort besagen, daß Tamas Leute ihr Essen hier sehr schnell herunterschlangen, ihr Häuptling aber nur vor sich hin nibbelte. Katikati-o-Tama-te-kapua, wie der Ort mit seinem vollen Namen heißt, bedeutet in der Übersetzung »Das Nibbeln von Tama-te-kapua«.

Weiter zog Tama nach Whakahau: Dort ließ er zwar Speisen

zubereiten, blieb aber nicht lange genug, um sie auch zu verzehren.
Statt dessen machte er sich auf nach Whitianga, auf der Halbinsel, die heute Coromandel heißt.
Der Name erinnert an das Überqueren des Flusses dort. Seine letzte Station sollte Moehau sein, und hier blieb er. Moehau ist der Ort, an dem Tama-te-kapua später starb und seine letzte Ruhe fand.

31. Streifzüge durch das Innere von Aotearoa

Von der Küste aus unternahmen verschiedene Arawa Streifzüge ins Innere des neuen Landes.
Einer von ihnen war Ihenga. Der machte sich eines Tages auf in den Busch, um den Kiwi zu jagen.
Der Kiwi ist ein seltsamer Vogel: er kann nicht fliegen, aber hat dafür kräftige Beine und einen langen, gebogenen Schnabel, mit dem er des Nachts allerlei Insekten und Gewürm aufspießt und verschlingt. Bei Tag schläft er, und dank seiner bräunlichen Farbe ist er im Gehölz des Busches nicht zu erkennen; in der Nacht kann man ihn an seiner schrillen Stimme erkennen. Als Speise war er sehr begehrt, und seine Federn dienten den Häuptlingen zur Verzierung ihrer prächtigen Umhänge.
Auf dieses Tier hatte es Ihenga nun abgesehen, als er mit seinem Hund losging. Über Hakomiti kamen sie nach Paritangi, und dort landete der Hund auf der Jagd nach einem Kiwi in einem Gewässer. Bevor er jedoch mit dem Kiwi im Maul wieder an Land kam, labte er sich an den Schalentieren und Fischen des Gewässers. Kaum aber hatte er seinem

Herrn den Kiwi vor die Füße gelegt, da erbrach er auch schon das Ganze wieder.

Ihenga sah sich seinen nassen Hund und das Erbrochene genauer an, und da wurde ihm klar, daß ganz in der Nähe ein See sein mußte.

Und so kam es, daß Ihenga den See mit Namen Roto-iti fand, was soviel bedeutet wie »kleiner See«.

Um den See als sein Gebiet zu kennzeichnen, hinterließ Ihenga eine Markierung, und dann zog er weiter.

Ganz in der Nähe von Roto-iti fand er aber einen weiteren sehr viel größeren See, und diesen kennt man noch heute als Rotorua-See. Wieder hinterließ Ihenga eine Markierung.

Als er jedoch ein Stück um diesen größeren See herumging, da entdeckte er, daß er nicht der erste war, der den See gefunden hatte; jemand anders hatte schon vor ihm sein Lager dort aufgeschlagen.

Nun war Ihenga aber entschlossen, den Rotorua-See zu seinem Gebiet zu machen, und unverzüglich begann er, nach einem geeigneten Ort für ein Tuaahu Ausschau zu halten. Einen solchen Ort fand er auch, und er umrandete ihn mit großen Steinen und plazierte ein paar alte trockene Seegrasranken in seinem Tuaahu, die so aussehen sollten, als hätten sie vor langer Zeit als Opfergaben gedient. An den Pfosten des Tuaahu befestigte er Flachsbüschel, und nahe bei schuf er einen Platz, an dem Fischernetze getrocknet werden konnten.

Nachdem sein Tuaahu vollendet war und inmitten all der Koromiko- und Karamu-Büsche ganz so aussah, als sei es schon immer da gewesen, machte er sich auf zu der Siedlung, die er von weitem gesehen hatte.

»Ein Fremder! Ein Fremder!« riefen die Bewohner der Siedlung, als Ihenga auftauchte. Der setzte sich auf den Boden,

und entgegen allen Regeln für eine höfliche Begrüßung wartete er gar nicht erst die Reden der Bewohner ab, sondern sprang vor ihnen auf die Füße und schrie: »Diebstahl! Diebstahl! Wer seid ihr denn, daß ihr mein Land in Besitz nehmet?«
Doch trotz seines Geschreis, das seinen Hals immer mehr anschwellen ließ, ließ er seine Augen gleichzeitig durch die Siedlung wandern, und er sah, daß die Vorratshäuser voll waren mit getrockneten Farnwurzeln und getrocknetem Fisch, und daß die Bewohner eine Menge Fischernetze besaßen.
»Wer hat euch erlaubt, hier zu leben?« schrie er weiter. »Verschwindet, macht euch davon, und überlaßt das Land dem, dem es seit langer Zeit gehört! Und der steht hier vor euch!«
Da stand Maru-punga-nui, der Sohn Tu-a-roto-ruas, auf und sprach ganz ruhig zu Ihenga: »Wenn dies dein Land ist, sag, wo ist denn dein Dorf, und wo ist dein Tuaahu, wo sind deine Netze und Gärten?«
Ihenga aber entgegnete: »Komm mit mir und ich zeige sie dir!«
Und zusammen erklommen sie den Gipfel eines Hügels, und Ihenga deutete in die Ferne: »Siehst du? Dort drüben hängen meine Netze!« sagte Ihenga; in Wirklichkeit jedoch deutete er auf eine Stelle an der gegenüberliegenden Felswand, die nach einem Erdrutsch etwas ungewöhnlich aussah. »Und das dort drüben ist mein Dorf!« erklärte er weiter, während er auf ein paar alte Baumstümpfe deutete. »Und das da, das ist mein Tuaahu! Komm, das will ich dir jetzt zeigen!«
Er führte Maru-punga-nui zu der Stelle im Busch, an der er sein Tuaahu errichtet hatte, und der glaubte ihm nun und war bereit, sein Anrecht am Rotorua-See aufzugeben und weiterzuziehen.

Einige von Maru-punga-nuis Leuten aber blieben in der Gegend: Mit den Häuptlingen Kawaarero und Mataaho zogen sie auf die kleine Insel Mikoia, die inmitten des Rotorua-Sees liegt.

Ngatoro-i-rangi, Tohunga und Steuermann der Arawa, war ebenfalls unterwegs, um das neue Land zu erkunden. Seine Wege und Taten waren wundersam: Es wird berichtet, daß er in jedem trockenen Tal, das er durchquerte, mächtig auf die Erde stampfte und so überall Quellen entstehen ließ. An den Hügeln, die er als erster erklomm, hinterließ er Markierungen, um sie als seinen Besitz zu kennzeichnen. Aus diesen Markierungen aber wurden Patupaiarehe, kleine Geister, die seither in den luftigen Höhen der Bergwälder hausen. Es sind dies dieselben kleinen Geister, die verärgert sind, wenn man die Glut einer Feuerstelle, auf der Speisen gekocht wurden, dazu benutzt, um das Feuer in einem Haus anzulegen. In so einem Falle würden die Geister alle, die im Haus schliefen, ausnahmslos im Schlaf erdrücken. Auf seinen Streifzügen kam Ngatoro auch nach Taupo, wo er eine Weile ruhte. Von dort aus konnte er den schneebedeckten Gipfel des Berges Tongariro sehen, und eingenommen von diesem majestätischen Anblick beschloß er, den Berg zu erklimmen. Bevor er sich jedoch aufmachte, sprach er zu seinen Leuten, die am Fuße des Berges auf ihn warten sollten: »Denkt daran, unter keinen Umständen vor meiner Rückkehr zu essen. Nach meiner Rückkehr werden wir dann ein Festmahl zusammen haben.«

Er war jedoch noch nicht am Gipfel des Berges angekommen, da schlugen seine Leute die Warnung schon in den Wind und begannen zu essen.

Und unter größten Schwierigkeiten nur erreichte er den

Gipfel, ja fast wäre er bei seinem Unternehmen umgekommen. Die weiße Pracht, die er von Taupo her bewundert hatte, war tödlich kalt und drohte ihn umzubringen.
In seiner Not rief er die Götter Hawaikis an und bat sie um Feuer, auf daß er nicht erfriere.
Da sandte ihm Ruaumoko, der Gott der Vulkane, sein ungestümes Feuer, und rettete Ngatoro vor seinem sicheren Verderben.
Auf seinem Weg nach Tongariro aber kam Ruaumokos Feuer mehrere Male an die Oberfläche und spuckte und spie, und so entstanden Ngauruhoe und Ruapehu, die beiden vulkanischen Berge in Tongariros Nachbarschaft.
Tongariro selbst wurde ebenfalls zum Vulkan.
Die Stellen, an denen das Feuer damals nach oben kam, kann man noch heute an all den heißen Quellen, Geysiren und Vulkanen erkennen, die dort entstanden.
Die Geschichte von Ngatoros Aufstieg zum Berg Tongariro aber endet damit, daß Ngatoro, durch Ruaumokos Feuer gerettet, wieder nach unten stieg, und dann nach Maketu zurückkehrte.
Von dort zog er weiter zur Insel Motiti und nur Hei und Tia blieben in Maketu zurück.

Nun zurück zu den Tainui.
Sie verließen Whanga-paraoa kurz nach den Arawa und schlugen fast dieselbe Richtung wie diese ein.
Mit Hoturoa, ihrem Häuptling, und Rakataura, ihrem Priester, zogen sie hoch zum Golf von Hauraki, dann weiter nach Rakau-manga-manga, dem heutigen Cape Brett, durch den Felsbogen von Motukokako, einer kleinen Insel in der Nähe von Rakau-manga-manga, bis hin nach Muri-whenua, dem Nordkap. Dort aber war das Land zu Ende, und darum

zogen sie dieselbe Küste entlang wieder zurück, bis sie nach Tamaki kamen.

Am Oberlauf eines kleinen Flusses in der Nähe von Tamaki stießen sie auf Scharen von Möwen und Austernfischern, und als sie daraufhin die Gegend genauer erkundeten, fanden sie ganz in der Nähe einen großen flachen Hafen, der von der Stelle, an der sie die Möwen und Austernfischer antrafen, nur durch ein schmales flaches Stück Land getrennt war.

Sodann schleppten sie ihre Kanus über das flache Stück Land in den Hafen, den wir heute den Hafen von Manukau nennen; der Stelle, an der sie das Land mit ihren Kanus überquerten, gaben sie den Namen Otahuhu, und diesen Namen führt der Ort noch heute.

Das erste Kanu, das sie hinüberschleppten, war die Tokumaru; dieses Kanu und seine Besatzung war zu jener Zeit mit den Tainui zusammen.

Es schien relativ einfach, die Tokumaru über das flache Land zu schleppen. Als sie jedoch dasselbe mit der Tainui versuchten, hatten sie große Schwierigkeiten: Die Tainui wollte sich einfach nicht von der Stelle rühren.

So sehr sie sich auch bemühten und sich gegenseitig anfeuerten, das Kanu schien wie am Erdboden festgewachsen. Nun gibt es verschiedene Erklärungen dafür, und alle haben mit Marama zu tun, die in einer der Überlieferungen Maramakiko-hura heißt und die Frau des Häuptlings Hoturoa gewesen sein soll.

Marama ist aber auch der Name der Mondin, die über Ebbe und Flut herrscht, und ihr war es möglicherweise zu verdanken, daß die Tainui schließlich auf den Wogen der Flut davonglitt. Fest steht, daß die Tainui dann den Weg in den Hafen fand, und von dort aus auch den Eingang zum Hafen, und somit die offene See. Der Westküste entlang zog sie in Richtung Süden und kam schließlich nach Kawhia, wo sie ankerte und eine Weile lang blieb. Von dort aus erkundete die Besatzung das Innere des Landes.

Raumati, einer der Häuptlinge der Tainui, zog bei seinen Streifzügen nach Osten, und dort hörte er, wie es den Arawa inzwischen ergangen war. Nach allem, was man ihm sagte, schienen die Arawa sehr viel angenehmere Lebensbedingungen an der Ostküste vorgefunden zu haben als sein Kanu an der rauheren Westküste, und so machte er sich denn auf in Richtung Maketu, wo die Arawa an Land lag.
Nach kurzer Rast in Tauranga erreichte er bald darauf das Flußufer, auf dessen gegenüberliegenden Seite das prächtige Kanu lag. Kein Arawa schien im Dorf zu sein, und diese Gelegenheit nutzte Raumati. Um die Spitze eines Wurfspießes wickelte er allerlei leicht brennbares Material, zündete die Speerspitze an und warf dann den Speer hinüber auf die andere Seite des Ufers, wo er in dem Dach aus Riedgras und trockenen Zweigen und Laub, das die Arawa schützte, steckenblieb. Im Nu brannte das Dach, und bald brannte auch das ganze Kanu, ja in dieser Nacht wurde die Arawa, das größte und schönste aller Kanus, die nach Aotearoa kamen, völlig zerstört.
Der Schein der lodernden Flammen war aber bis weit über Maketu hinaus zu sehen, und die Arawa, die zur gleichen Zeit überall in den Wäldern und an den Küsten der näheren Umgebung dabei waren, die Speisen einzusammeln, die die Natur zu dieser Jahreszeit in Hülle und Fülle bereitstellte, sahen die Flammen. Die, die weiter weg waren, dachten, daß es ihr Dorf sei, das da in Flammen stand; diejenigen aber, die in der Nähe waren, wußten sogleich, daß es nur die Arawa sein konnte, die dort so lichterloh brannte, und sie

sprachen zueinander: »Das muß die Arawa sein, die da brennt! Einige unserer Freunde müssen sie aus Versehen in Brand gesteckt haben, als sie uns besuchen kamen!« Doch am nächsten Morgen, als sie ins Dorf zurückkehrten, sahen sie, daß Menschen mit feindlichen Absichten das stolze Kanu niedergebrannt hatten.

Da schickten sie Boten in alle Himmelsrichtungen, um ihre Leute wissen zu lassen, was passiert war.

Anschließend besprachen sie den Vorfall in ihrem Versammlungshaus. Die Worte von Houmia, die er seinen Söhnen mit auf den Weg gab, bevor sie Hawaiki verließen, kamen ihnen wieder ins Gedächtnis: »Meine Kinder!« hatte er gesagt, »ziehet friedlich von dannen, und wenn ihr dort, wo ihr hinwollt, angekommen seid, dann tretet nicht in die Fußstapfen von Tu, dem Gott des Krieges, sonst werdet ihr umkommen.« Er hatte sie daran erinnert, daß Krieg und Zwietracht sie von dannen getrieben hätten, und daß es besser wäre, sich nützlich zu machen und ein starkes, friedliebendes Volk im neuen Land zu schaffen.

Doch sie fragten sich, ob wohl Uenuku seinen Kindern denselben Rat mit auf den Weg gegeben hatte, und kamen überein, daß dies ganz offensichtlich nicht der Fall gewesen sein konnte. Houmias Worte noch in den Ohren schien es ihnen fragwürdig, ob sie denn Raumatis Tat wirklich ungerächt lassen konnten. »Ja, wir haben unser Land, unsere Angehörigen und unsere Behausungen verlassen, um dem Krieg zu entkommen!« sprachen sie, »jetzt aber sind uns der Krieg und alles Übel bis ins neue Land gefolgt. Trotzdem können wir eine solche Ungerechtigkeit nicht hinnehmen, all unsere Gefühle sagen uns, daß wir Rache nehmen sollten!« Und so entschieden sie, den Tainui den Krieg zu erklären, und das war der Beginn der Auseinandersetzungen zwischen

denen, die auf der Arawa nach Aotearoa gekommen waren, und denen, die auf der Tainui gekommen waren.
Tama-te-kapua erlebte diese Streitigkeiten nicht mehr: Vor Ausbruch der großen Kriege zwischen Arawa und Tainui starb er in Moehau, und Ngatoro-i-rangi beerdigte ihn. Von nah und fern kamen Tamas Leute zusammen, um ihm in einer großartigen Zeremonie, die die Maoris Tangihanga nennen, die letzte Ehre zu erweisen.
Kurz vor seinem Tode hatte er seinen Nachfahren geraten, nach Maketu zurückzukehren und dort ihre Angehörigen zu besuchen; wären sie nicht dorthin zurückgekehrt, dann wäre dieser Ort für immer für sie verloren gewesen.
Er hatte ihnen auch gesagt, wo das wertvolle Ohrgehänge Kaukaumatua versteckt war; Tama hatte es unter dem Fenster seines früheren Hauses in Maketu gelassen.
Nachdem Ngatoro nun nach Maketu zurückgekehrt war, ging er zuerst zum Wasser und badete sich, um sich so vom Tapu zu befreien, das seit Tamas Tangihanga mit ihm war.
Dann ging er und suchte nach Kaukaumatua, und er fand das Ohrgehänge an der Stelle, die Tama ihm beschrieben hatte. Etwa zur gleichen Zeit hatte er Ihengas Tochter zur Frau genommen.
In diesem Zusammenhang wird uns ebenfalls berichtet, daß Kahumata-momoes Frau zu jener Zeit schwanger wurde; bisher hatten wir nur ganz kurz von Kahumata-momoe gehört.
Er war derjenige, mit dem Tama nach seinem Kampf gegen Ruaeo einen Streit hatte; in der Folge dieser Auseinandersetzung war Tama von Maketu nach Tauranga weggezogen.

32. Manaias Fluch

Ngatoro-i-rangis Schwestern Kuiwai und Haungaroa waren beide in Hawaiki zurückgeblieben.
Kuiwai war eine von Manaias Frauen, und Manaia war ein mächtiger Häuptling in Hawaiki.
Kurz nach der Abfahrt der Arawa und der Tainui lud Manaias Stamm zu einer feierlichen Zusammenkunft, und bei dieser Zusammenkunft war es wie immer die Aufgabe der Frauen des Stammes, die Gäste getreu der gebotenen Zeremonie zu bewirten.
Die Frauen eines Häuptlings bildeten da keine Ausnahme, und so hatte sich auch Kuiwai um die Speisen für die Gäste zu kümmern.
Als sie jedoch ihren Ofen öffnete, um die Speisen aufzutragen, fand sie, daß ihr Gericht nur halb gar war.
Dieser Umstand erboste ihren Mann Manaia über alle Maßen, und er schlug Kuiwai und schrie sie an: »Verflucht seist du! Ist dir denn das Feuerholz so heilig wie die Knochen deines Bruders, daß du so spärlich damit umgehst? Die Steine deines Um sind ja nicht einmal richtig heiß! Wenn du das nochmal tust, dann werde ich das Fleisch deines Bruders kochen! Ja, er soll auf den glühenden Steinen von Waikorora rösten!«
Die arme Kuiwai war tief beschämt und bestürzt zugleich über Manaias Worte, und während sie das halbgare Essen aus ihrem Ofen holte und in kleine Körbe füllte, weinte sie ununterbrochen.
Dann, als die Gäste aßen, ging sie ins Schlafhaus, um mit ihrem Kummer allein zu sein, statt mit den anderen Stammesmitgliedern darauf zu warten, bis die Gäste gespeist hatten, und dann selbst zu essen.
Gegen Abend legte sie ihre Kleider ab und kleidete sich in

einen neuen Rock, der aus den jungen Trieben des Toetoe gemacht war. Sie holte ihre Götterfiguren Kahukura, Itupawa und Rongomai hervor, und während sie vor ihnen stand, sprach sie bestimmte Gesänge.

Die Götter schienen ihr wohlwollend, und so sprach sie zu ihrer Schwester Haungaroa, die sich zu ihr gesellt hatte: »Laß uns gehen. Das Glück wird auf unserer Reise mit uns sein.«

Bevor sie jedoch mit den Reisevorbereitungen begann, wikkelte sie ihre Götterfiguren wieder ein und verstaute sie.

Kuiwai wollte sich zu ihrem Bruder Ngatoro aufmachen, um ihn und die anderen Verwandten vor Manaias Fluch zu warnen, und um ihnen mitzuteilen, wie es dazu gekommen war, daß Manaia einen Fluch über sie gelegt hatte.

So machten sich die beiden Schwestern denn auf in Richtung Aotearoa, und drei weitere Frauen begleiteten sie.

Neben ihren eigenen Götterfiguren Kahukura, Itupawa und Rongomai nahmen sie aber heimlich noch zwei andere Figuren mit auf die Reise, Maru und Te Iho-o-te-rangi. Sie selbst besaßen kein Kanu, aber die Götter zur Jahreszeit von Pungawere, einem Wind, der für die Seefahrt günstig ist, trugen sie nach Aotearoa.

Die erste Station ihrer Reise war die brennende Insel Whakaari; von dort aus trieben sie am nächsten Tag weiter, bis sie in Tawhiuwhiu ankamen, an den Ufern von Aotearoa. Ihre Suche nach Ngatoro führte sie nun ins Landesinnere.

Bald kamen sie zu einer Stelle, die ihnen einen guten Ausblick über die Ebene ringsum bot, und dort rasteten sie und aßen. Haungaroa aß am längsten von allen, und darüber machten sich zwei der Begleiterinnen lustig. »Haungaroa, du ißt aber lange!« sprachen sie. Diese Bemerkung der beiden machte Haungaroa sehr wütend, und sie ging auf sie los und schlug sie ins Gesicht. Da standen die beiden Frauen auf und rannten davon. Haungaroa rannte ihnen hinterher und versuchte, sie zur Umkehr zu bewegen, doch vergebens! Die Frauen dachten nicht daran, zurückzukehren!

Haungaroa aber gab sich nicht geschlagen: sie rief verschiedene Beschwörungen, und im Nu verwandelten sich die beiden Flüchtenden in Ti-Whanake-Bäume!

Und diese Bäume stehen seit jenem Tag in der Ebene, in der Haungaroa und ihre Begleiterinnen Rast machten.

Jedes Mal jedoch, wenn sich Menschen ihnen nähern, entfernen sie sich.

Der Ort, an dem die Frauen rasteten und an dem Haungaroa ihr ausgedehntes Mahl hatte, heißt Kaingaroa-a-Haungaroa, was soviel bedeutet wie »das lange Mahl der Haungaroa«.

Die Ebene selbst heißt auch heute noch Kaingaroa-Hochebene oder auch Kaingaroa-Plateau.

Die drei übrigen Frauen zogen nun weiter.

Auf dem Gipfel eines Hügels rasteten sie wieder, und dort erinnerte sich Haungaroa plötzlich an ihre Mutter und fing ganz fürchterlich an zu weinen. Dieser Ort heißt seither Te Tangihanga, »der Ort des Weinens«.

Den nächsten Gipfel, den sie erklommen, nannten sie Piopio; von dort aus konnten sie den Rotorua-See sehen, und sie stiegen hinunter zum See, vorbei an einem Geysir, der am Fuße des Hügels brodelte.

Sie gingen rings um den See herum und dann weiter in Richtung Maketu. In der Nähe eines Dorfes namens Tuhoro kamen sie aus den Wäldern des Inlandes an die offene Küste, und dort fragten sie nach Ngatoro.

»Ngatoro lebt dort oben bei dem Vorratshaus auf dem Hügel!« sagten ihnen die Leute von Tuhoro und deuteten in die Richtung eines umpfählten Dorfes auf einem Hügel ganz in der Nähe. Dorthin machten sich die Frauen auf. Als sie jedoch bei dem Dorf ankamen, ging Kuiwai nicht wie eine gemeine Person durch die Eingangspforte ins Dorf, sondern sie kletterte einfach über die Umpfählung und ging geradewegs auf den Platz zu, an dem Ngatoro gewöhnlich saß, und der deshalb tapu war. Genau da setzte sie sich auch nieder. Ngatoros Leute sahen dies und rannten, um Ngatoro, der gerade in seinen Feldern arbeitete, von dieser außergewöhnlichen Begebenheit zu erzählen.

Ein Neuseeland-Krieger

»Eine Fremde ist im Dorf angekommen! Sie hat ein staubiges Bündel bei sich und sieht ganz so aus, als käme sie von einer langen Reise! Sie ging nicht durch die Pforte, sondern kletterte über die Palisade, und dann setzte sie sich an den Platz, der der deine ist und heilig!«

So sprachen die aufgebrachten Dorfbewohner zu Ngatoro, als sie ihn ausfindig gemacht hatten.

Der jedoch ahnte sogleich, wer die Fremde wohl sein könne und fragte seine Leute: »Wo ist denn Te Kehu?« – »Er arbeitet in seinem Kumara-Feld!« erwiderten sie. Da bat Ngatoro die Boten, Te Kehu so schnell wie möglich zu ihm zu bringen, und kaum war der bei Ngatoro angekommen, da machten sich beide zusammen auf zu Ngatoros Haus.

Tatsächlich, da saßen beide Schwestern von Ngatoro, Kuiwai und Haungaroa!

Sie überreichten ihrem Bruder die Götterfiguren, die sie aus Hawaiki mitgebracht hatten, und es wird berichtet, daß dies die ersten Götterfiguren waren, die Menschen darstellten; zuvor waren lediglich Figuren nach Aotearoa gekommen, die den Gott der Kumara und den Gott des Fisches darstellten.

Der Bruder und die Schwestern begrüßten sich nun, wie es Sitte war, und nach der Begrüßung nannte Kuiwai den Grund ihres Besuches: Der Fluch des Manaia.

Die schreckliche Botschaft war überbracht, und die Verfluchten rannten hinunter zum Strom und stürzten sich in das klare Wasser, das den Fluch von ihnen nehmen sollte.

Die Priester sprachen Verse, die auch die Marae von Manaias Fluch reinigen sollten, und dann gruben sie eine lange tiefe Grube, in der sie die Geister ihrer Feinde begraben wollten. Mit großen Muscheln, die sie eigens zu diesem Zweck bereithielten, schaufelten sie die Erde zurück in die Grube und mit der Erde scharrten sie die bösen Geister zusammen. Dann trampelten sie die Erde über der Grube fest. Die Geister der Feinde sollten so für immer in Schach gehalten werden.

Nach dieser Zeremonie setzten sich alle zusammen und die Gäste wurden bewirtet. Hinterher versammelte man sich im großen Versammlungshaus, um in aller Ausführlichkeit zu hören, was die Fremden nach Maketu gebracht hatte.

Die alten Männer des Stammes eröffneten die Versammlung mit ihren Reden, wie es Sitte war, und sie waren auch die ersten, die die Frauen befragten.

Kuiwai erzählte nun, wie es dazu gekommen war, daß ihr Mann Manaia Ngatoro und seinen Stamm verflucht hatte: sie erzählte von ihren halbgaren Speisen, der Wut Manaias, und dann wiederholte sie vor den Anwesenden die Worte, die Manaia gesprochen hatte, als er seinen Fluch über sie legte.

Ngatoro hörte all dem zu, und mit jedem Wort von Kuiwai wuchs sein Zorn. Und als seine Schwester mit ihrem Bericht fertig war, da erhob er sich von seinem Sitz. Mit wild entschlossener Stimme sprach er: »Und so soll es *dir*, Manaia, ergehen! Dein Fleisch wird auf glühendheißen Steinen gekocht werden, und diese Steine werden aus Maketu kommen!«

So hatte Ngatoro seinerseits einen Fluch über Manaia gelegt. Dann gab er seinem Stamm genaue Anweisungen, am nächsten Morgen nach einem Totara-Baum zu suchen, der für den Bau eines großen Kanus geeignet schien, denn seit Raumati die Arawa niedergebrannt hatte, hatten Ngatoros Leute kein Kanu. Am nächsten Morgen machte sich der gesamte Stamm auf die Suche nach einem solchen Baum. Unter den Suchenden war auch Kuiwai, und sie war es, die schließlich

den richtigen Baum fand: Halb in der Erde vergraben lag er da, ein Totara-Baum mit einem kerzengeraden Stamm.
Ngatoros Leute gruben ihn aus, fertigten ein großes stolzes Kanu aus ihm und nannten es »Totarakeria«, der ausgegrabene Totara.
Das fertige Kanu wurde zum Ufer geschleppt und ins Meer geschoben, und Ngatoros Krieger gingen an Bord und paddelten in Richtung Hawaiki. In nur sieben Tagen und Nächten erreichten sie die ehemalige Heimat, denn Pungawere wehte, der den Seefahrern wohlwollende Wind.
Des Nachts kamen sie in Hawaiki an und ankerten an einem Ort namens Tara-i-whenua. Dort hievten sie ihr Kanu ans Ufer und verbargen es im dichten Gebüsch. Ngatoro ging alleine zu dem befestigten Dorf namens Whaitirikapapa, um die Lage genau auszukundschaften.
Dort erfuhr er, daß Manaias Stamm seit geraumer Zeit dabei war, jeden Tag die Götter anzurufen, auf daß die ihnen Ngatoro und dessen Stamm bringen sollten, und zwar tot. Weiter erfuhr er, zu welcher Tageszeit Manaias Leute zu ihren Göttern zu beten pflegten, und wann sie ihre täglichen Arbeiten verrichteten.
Mit diesen Kenntnissen kehrte Ngatoro zu den Seinen zurück und teilte ihnen mit, was er erfahren hatte. Einer der Häuptlinge seines Stammes wollte daraufhin nicht länger warten, und Manaias Stamm noch in derselben Nacht angreifen; ein anderer Häuptling mit Namen Rangitu dagegen schlug vor, bis zum Morgen zu warten und dann anzugreifen. Ngatoro jedoch war mit keinem der beiden einverstanden: Er hatte eine bessere Idee.
Er plante, Manaias Stamm mit dem zu überraschen, worum sie die ganze Zeit gebetet hatten. Alle Krieger sollten sich daher die Nasen aufschlagen und sich mit dem Blut ihrer

Nasen beschmieren. Dann sollten sie sich auf die Erde legen und sich tot stellen. Gleichzeitig aber sollte jeder Krieger seine Waffe unter seinem Körper versteckt halten. Am Abend würden die Priester von Manaias Stamm zu ihrem heiligen Ort kommen, und beim Anblick der Scheintoten glauben, daß die Götter ihre Bitten erhört hätten.
Ngatoros Krieger waren begeistert von dieser Idee, und geschlossen machten sie sich auf zum heiligen Ort von Manaias Priestern. Daselbst machten sie eine gar erstaunliche Entdeckung: So sicher waren sich Manaias Leute, daß die Götter ihre Bitten früher oder später erhören würden, daß sie sogar schon die Öfen ausgegraben hatten, um Ngatoro und seinen Stamm darin zu kochen. Die Seiten der Öfen waren fein säuberlich mit den grünen Blättern ausgelegt, die man gewöhnlich dazu verwendet, das Fleisch in einem Erdofen zu würzen, und auch das Feuerholz und die Steine, die zum Kochen benötigt wurden, lagen schon bereit. Alles war aufs Sorgfältigste vorbereitet, um die Verfluchten zu empfangen.
Unverzüglich machten sich Ngatoros Krieger nun daran, ihre Nasen aufzuschlagen und sich mit Blut zu beschmieren, und als sie alle so aussahen, als hätten sie an einer grausamen Schlacht teilgenommen, legten sie sich in schrecklichen Verrenkungen und Stellungen in und auf die Öfen und auf die Erde drumherum. Ihre Schlaghölzer aus Jade oder aus Walfischknochen hatten sie gut versteckt.
Ngatoro und einige andere Priester seines Stammes aber versteckten sich in der Nähe des Tuaahu ihrer Feinde. Der Morgen dämmerte und Manaias Priester kamen wie jeden Morgen zu ihrer heiligen Stätte, um ihren Göttern frische Blätter zu weihen. Doch an diesem Morgen trauten sie kaum ihren Augen, lag doch der gesamte Stamm Ngatoros schein-

bar tot vor ihnen, ganz so, wie sie es sich gewünscht hatten! Voller Freude riefen sie: »Unsere Gebete wurden erhört! Ngatoro und die Seinen liegen tot in unseren Öfen!
Unsere Götter haben uns erhört! Sie haben uns Ngatoro hergebracht!«
Als die Leute im Dorf ihre Priester so schreien hörten, eilten sie herbei, um das Wunder mit eigenen Augen zu sehen. Bald schon begannen sie, sich darüber zu unterhalten, wer wohl was verspeisen wollte. »Ich will diese Schulter da!« rief der eine. »Und ich diesen Schenkel!« rief der andere, und so teilten sie ihre vermeintliche Beute unter sich auf. So aufgeregt waren sie, daß sie Ngatoros Priester im Gebüsch nahebei nicht bemerkten! Die warteten nur auf den richtigen Augenblick, um den Angriff auf Manaias Leute zu starten! Und als Manaias Priester gerade ihren Göttern für deren Großzügigkeit dankten, stürzten sie aus ihrem Versteck und machten sie nieder.
Plötzlich erhoben sich auch all die scheinbar Toten, und in kürzester Zeit hatten sie die überraschten Leute von Manaia erschlagen. Manaia selbst aber entkam; er suchte Zuflucht in seinem Pa, doch auch dahin folgten ihm Ngatoros Krieger. Ein altes Sprichwort besagt: »Wenn der Feind im Feld besiegt ist, dann stürme seine Stadt.«
So ging denn die Schlacht in Manaias Pa weiter, und hinterher kochten Ngatoros Leute ihre reiche Beute in den Öfen, die ursprünglich für sie bestimmt waren, und verspeisten die Feinde. Die Schlacht im Tuaahu des Manaia aber ist als Ihu-motomotokia bekannt, »die Schlacht der aufgeschlagenen Nasen«.
Nach der Mahlzeit zogen sich Ngatoros Krieger zurück auf ihr Kanu. Derweil hatte Manaia erfolgreich seine Nachbarstämme aufgeboten und war Ngatoro und seinen Kriegern dicht auf den Fersen.

Auf dem Kanu stellte man inzwischen fest, daß die große Kalebasse, in der das Süßwasser aufbewahrt wurde, leer war. Rangitu erklärte sich bereit, zum Strom zu laufen und die Kalebasse wieder aufzufüllen. Am Strom angekommen, beugte er sich zum Wasser hinunter, um das Gefäß zu füllen, doch umsonst! Das Gefäß war so leicht, daß er sich weiter hinunter beugen und es ins Wasser drücken mußte. Um ihn herum hatten sich jedoch bereits Manaias Krieger eingefunden, und als Rangitu mit seinem Kopf wieder nach oben kam, jagte plötzlich ein Speer durch die Luft!

Im letzten Augenblick riß er seinen Flaschenkürbis in die Höhe und schützte seinen Kopf damit, und der Speer blieb im Kürbis stecken. Durch den Aufprall zersprang der Kürbis in Stücke und blieb zerbrochen auf der Erde liegen, während sich Rangitu so schnell wie möglich davonmachte und zu seinen Leuten zurückrannte.

Mit ihrer Rückendeckung stellte er sich schon bald dem bunten Haufen von Kriegern entgegen, die Manaia in aller Eile zusammengestellt hatte.

Und tatsächlich war er der erste, der einen von Manaias Kriegern zu Fall brachte! Der zweite feindliche Krieger fiel, und so ging es weiter, bis Ngatoros Krieger auch diese Schlacht gewonnen hatten. Diese zweite Schlacht zwischen Ngatoro und Manaia wurde nach dem Ort, an dem sie stattfand, Tara-i-whenua-kura genannt.

Im Anschluß an diese zweite Schlacht kehrte Ngatoro mit seinem Stamm nach Maketu zurück und lebte ein friedliches Leben. Wie wir wissen, zog er später nach Motiti, der kleinen Insel unweit von Taranga.

Dort errichtete er ein befestigtes Dorf, das er Matarehua nannte, und ein großes geschnitztes Haus mit Namen Taimaihi-o-Rongo, »Rongos geschnitztes Haus am Meer«. Er baute auch einen unterirdischen Speicher für Kumara, und den nannte er Te Marihope. Mit seiner Frau zusammen lebte er viele Jahre friedlich auf Motiti, bis eines Abends eine große Flotte mit vielen Kriegern an Bord vor der Küste von Motiti auftauchte.

Es war Manaia, und bald darauf landete er am Strand, der Ngatoros Haus gegenüberlag. »Ho! Schwager!« rief Manaia dem alten Ngatoro zu, den er in der Tür zu seinem Haus stehen sah. »Komm heraus und laß uns kämpfen, wenn du es wagst!« – »Laß gut sein, Schwager!« rief Ngatoro zurück, und obwohl er fast ganz allein war auf Motiti, gab er sich äußerst selbstbewußt. »Ich schlage vor, ihr ankert hier für die Nacht! Es wird schon dunkel, und die Krieger werden kaum noch ihre Waffen sehen können, darum schlage ich vor, den Kampf auf morgen zu vertagen!«

Damit erklärte sich Manaia einverstanden und er erwiderte: »Du hast recht. Es wird schon dunkel.«

Und nachdem Ngatoro ihm einen Ankerplatz zugewiesen hatte, machten Manaias Leute ihre Kanus fest und schlugen ihr Lager für die Nacht auf.

Ngatoro aber ging mit seiner alten Frau zu seinem Tuaahu. Dort blieben sie bis tief in die Nacht hinein und riefen verschiedene Beschwörungen, die sie vor den feindlichen Truppen schützen sollten.

Sie riefen aber auch ihre Götter an und baten sie um heftige Winde und Stürme, um Manaias Flotte zu zerstören.

Auf den Kanus von Manaia ging es derweil hoch her: siegessicher feierten die Krieger und aus vollem Halse sangen sie ihre Lieder; der Gedanke, daß ihnen etwas zustoßen könnte, lag ihnen äußerst fern, und sie gefielen sich sehr bei der Vorstellung, daß unter ihren Händen und Waffen die Niederlage Ngatoros endgültig besiegelt werden würde.

Ngatoros Frau, die in der Nacht beim Fenster ihres Hauses saß und Manaias Kanus im Auge behielt, konnte die Gesänge von ferne hören. Einige der Gesänge waren für Ngatoro und für sie selbst sehr häßlich und beleidigend. Sie ging und erzählte ihrem Mann von diesen Gesängen. Da erhob sich der Alte, warf seinen Umhang ab, und mit mächtiger Stimme wiederholte er seine Bitten an Tawhiri, den Gott der Winde und Stürme, und er rief Whiro an, auf daß der sein Donnern und Blitzen sende, und auch Tangaroa, den Gott der Meere rief er.

Um Mitternacht dann, als die beiden Alten ihr Haus gut verschlossen und sich zur Ruhe gebettet hatten, hörten sie plötzlich Winde und Stürme, Donnern und Blitzen und das Getöse riesiger Wellenberge, die gegen die Ufer von Motiti schlugen.

Und dann hörten sie fürchterliches Geschrei aus der Richtung von Manaias Ankerplatz.

Nach einer Weile war alles totenstill.

Am nächsten Morgen trat Ngatoros Frau aus dem Haus, um nachzusehen, was aus Manaia und seinen Kriegern geworden war, und da sah sie die Überreste der Krieger am Strand verstreut liegen: Nur die Knochen, Finger- und Fußnägel waren übrig, und ein Stück Arm mit einer Tätowierung, die das Fleisch als den letzten Rest des Häuptlings Manaia identifizierte; alles andere hatten Tangaroas Nachkommen, die Fische, längst verzehrt.

Später am Tage dann nahm sich Ngatoro dieses Überbleibsel seines Widersachers und kochte es auf den glühendheißen Steinen von Maketu.

Der Fluch Manaias war gerächt.

Als Zeichen für seine Verwandten und Krieger in Maketu entzündete er ein Signalfeuer, und unverzüglich machten

sich seine hundertundvierzig Krieger daran, die Kanus für die Überfahrt nach Motiti zu rüsten. Als sie daselbst ankamen, sahen sie, was geschehen war.
Den Sturm aber, der Manaia und seine Leute endgültig besiegt hatte, nannte Ngatoro Te Aputahi a Pawa, »Pawas peitschenden Windstoß«, das Gemetzel selbst Maikuku-tea, »die weißen Fingernägel«.

33. Hatupatu und seine Brüder

Zu der Zeit, in der Tama-te-kapua in Moehau lebte, und Ihenga mit seinen Leuten an den Ufern des Rotorua-Sees siedelte, lebte Hatupatu mit seinen Eltern und seinen Brüdern Hanui, Haroa und Karika auf Mokoia, der kleinen Insel inmitten des Rotorua-Sees.
Eines Tages machten sich seine älteren Brüder auf in die Wälder zwischen dem Rotorua-See und dem Taupo-See, und ihren kleinen Bruder Hatupatu nahmen sie mit, damit er in ihrem Lager, zu dem sie jeden Abend nach der Jagd zurückkehrten, die täglich anfallenden Aufgaben verrichte. Ihre Streifzüge führten sie nach Whakamaru, Maroa und Tuata, nach Tutaka, Tuaropaki und Hauhungaroa, Hurakia und Horohoro, ja bis zur Quelle des Waikato-Flusses zogen sie sie, nie aber nahmen sie ihren kleinen Bruder Hatupatu mit auf die Jagd.
Aber das war noch nicht alles, was Hatupatu entbehren mußte: auch ihre köstliche Beute teilten die Brüder nicht mit ihm, nein bloß die zähen mageren Vögel, die sie selbst nicht wollten, überließen sie ihm.
So kam es denn, daß Hatupatu jeden Abend mit den Brüdern

am Feuer saß und weinte, während die sich an ihren Leckerbissen labten.

Eines Tages jedoch, als die Brüder ihn wieder zurückgelassen hatten, schlich sich Hatupatu ins Vorratshaus, in dem all die herrlichen Vögel lagerten, die in ihrem eigenen Fett eingelegt waren, und er machte sich über die Kalebassen und Gefäße aus der Rinde des Totara-Baumes her, in denen diese Delikatessen aufbewahrt wurden.

Als Beilage dienten ihm die zarten Farnwurzeln, die sorgfältig zubereitet neben den Kalebassen und Rindengefäßen voll eingelegter Vögel aufgehoben wurden.

Nach seinem Festmahl aber tat er alles, um seinen Brüdern glaubhaft zu machen, daß nicht er es war, der die Vorräte aufgegessen hatte, sondern daß sich Feinde in Abwesenheit der Brüder über das Vorratshaus hergemacht hatten: Im Vorratshaus schmiß er alles durcheinander, und den Pfad zum Vorratshaus zertrampelte er, so gut er nur konnte, damit es so aussah, als wäre eine ganze Horde von Menschen dort entlanggerannt.

Obendrein brachte er sich mit einem Speer allerlei Wunden bei, an Stellen seines Körpers freilich, die nicht sonderlich schmerzten, und wo ihm die Wunden nicht gefährlich werden konnten, und dann legte er sich neben die Hütte und wartete die Rückkehr seiner Brüder ab.

Die fanden ihren kleinen Bruder verwundet bei der Hütte liegen, und als sie sich genauer umsahen, entdeckten sie die Bescherung: das Vorratshaus war geplündert, alle Vögel daraus verschwunden, und auf dem Pfad zum Vorratshaus hin die Fußspuren vieler Füße! Hatupatu brauchte ihnen gar nicht erst zu sagen, was geschehen war, sie konnten es sich auch so denken! Voller Mitleid für ihren verwundeten kleinen Bruder machten sie sich schleunigst daran, Fett zu schmelzen, um es als Heilmittel auf dessen Wunden zu geben, und bei dieser guten Behandlung erwachte der kleine Bruder auch bald wieder zu neuem Leben!

Es hatte sich aber rein gar nichts für ihn geändert: in den Tagen, die folgten, taten die Brüder genau das, was sie schon immer getan hatten: Am Abend beim Feuer verteilten sie die guten Vögel unter sich, die schlechten ließen sie Hatupatu; zur Jagd nahmen sie ihn natürlich auch nicht mit.

Die einzige Aufmerksamkeit, die sie ihm schenkten, war, daß sie ihn verlachten, wenn er an der rauchigen Seite des Feuers saß, und ihn der Rauch weinen machte.

Es dauerte jedoch nicht allzu lange, da wiederholte Hatupatu das Spektakel vom Einfall der Feinde, die das Vorratshaus geplündert hatten, doch dieses Mal schöpften die Brüder Verdacht. Ein paar Tage später taten sie so, als gingen sie wieder auf die Jagd, in Wirklichkeit aber versteckten sie sich ganz in der Nähe des Lagers.

Ihr Verdacht erwies sich als berechtigt: Der kleine Bruder kroch wieder mal ins Vorratshaus, um sich in Abwesenheit seiner Brüder an den Leckerbissen, die ihm sonst verwehrt blieben, kräftig zu laben!

Da traten die Brüder aus ihrem Versteck und voller Wut töteten sie ihren kleinen Bruder; danach kehrten sie in ihre Heimat und zu ihren Eltern zurück.

Als die Eltern sie ohne ihren Jüngsten ankommen sahen, fragten sie: »Wo ist denn Hatupatu? Was ist aus eurem kleinen Bruder geworden?« – »Wir wissen es nicht, wir haben ihn nicht gesehen!« erwiderten die Brüder.

Voller Mißtrauen sprachen die Eltern da: »Ihr habt ihn umgebracht!«

»Nein!« logen die Brüder, »das haben wir nicht!«

Die Eltern jedoch blieben bei ihrem Verdacht: »Ihr müßt ihn

umgebracht haben! Er ging mit euch weg, und jetzt ist er nicht mehr bei euch!«

Aus den Brüdern war einfach nichts herauszubekommen, und schließlich entschlossen sich die Eltern, einen Geist mit der Suche nach ihrem Jüngsten zu beauftragen.

Der Geist, den sie losschickten, hieß Tamumu ki te rangi, »der am Himmel surrt«, und er hatte die Gestalt einer Fliege. Diese Fliege nun fand auch tatsächlich den Ort, an dem der arme Hatupatu unter einem Berg von Federn begraben lag, denn nach seinem Tode hatten ihn die Brüder unter all den Federn der Vögel, die ihm so gut geschmeckt hatten, beerdigt. Und da Tamumu, die Fliege, Zauberkräfte besaß, erweckte sie Hatupatu wieder zum Leben. Bald schon stand er auf seinen beiden Beinen, und dann ging er seines Weges, ganz so, als wäre nichts geschehen.

Wenig später machte Hatupatu Bekanntschaft mit Kurangai-tuku, einer Riesin – halb Vogel, halb Mensch –, die in den luftigen Höhen der Bergwälder Vögel zu jagen pflegte. Das kam so: Hatupatu zielte gerade mit seinem hölzernen Speer auf einen Vogel, als er die gefiederte Riesin bemerkte, die auf der anderen Seite des Baumes stand und offensichtlich hinter demselben Vogel her war.

Sie hatte aber keinen Speer wie Hatupatu, sondern versuchte, den Vogel mit ihren langen Krallen aufzuspießen, und daher auch ihr Name, der soviel bedeutet wie »Kura mit den Krallen«.

Als Hatupatu ihren gefiederten Körper, ihre Arme wie Flügel und ihre scharfen Krallen sah, da wollte er davonrennen, doch die Vogelfrau holte ihn mit Leichtigkeit ein und nahm ihn mit in ihre Höhle, wo sie zusammen schliefen. Von diesem Tage an blieb Hatupatu als ihr Gefangener bei ihr.

Kura war sehr gut zu ihm und fütterte ihn mit allerlei Köstlichkeiten, wie sie ihm die Brüder niemals gegeben hätten; der einzige Haken bei der Sache war, daß Kura ihre Vögel roh zu verzehren pflegte und Hatupatu so tun mußte, als ob er sie ebenfalls roh äße. In Wirklichkeit ließ er die Vögel neben sich fallen und röstete sie, wenn Kura am Tage auf der Jagd war.

Dann hatte er auch genügend Zeit, sich in Ruhe in der Höhle umzusehen. Kura liebte Vögel über alles und sie hatte eine Art Vogelhaus, in dem sie zahme Vögel hielt.

Überall liefen ihre zahmen Eidechsen umher, und allen hatte sie einen Namen gegeben.

Viele andere schöne Dinge sah Hatupatu in Kuras Höhle – ihr wunderschönes Taiaha, ihren Umhang aus den Federn des Kaka, ihren rötlichen Topuni aus dichtem Hundefell für kühle Tage, ihren Korowai aus Flachs mit schwarzen Fransen. Hatupatu überlegte, ob er sich wohl eines Tages mit diesen Reichtümern davonmachen könne, und eines Morgens, als Kura ihn fragte, welche Vögel er denn heute essen wolle, da bat er sie, ihm Vögel von weit weit her zu holen: nicht von der ersten Bergkette und nicht von der zweiten, nicht von der zehnten und nicht von der hundertsten, nein, von der tausendsten Bergkette wollte er seine Vögel haben – einen für sich und einen für Kura.

Tatsächlich war Kura bereit, diese Vögel für Hatupatu zu holen, und auf ihren langen Beinen, mit denen sie enorme Entfernungen in einem Schritt zurücklegen konnte, eilte sie davon, um Hatupatus Wunsch zu erfüllen.

Der röstete in ihrer Abwesenheit wie jeden Tag seine Vögel. Nach einer Weile aber fragte er sich: »Möchte wissen, wie weit weg sie schon ist!«, und erst, als er dachte, sich einigermaßen sicher sein zu können, begann er, Kuras Reichtümer zusammenzuraffen. Ihre Umhänge probierte er der Reihe nach an und gefiel sich sehr dabei: »Wie gut ich doch aussehen werde, wenn der Wind durch diese edlen Federn streift!« sprach er zu sich. Dann griff er sich Kuras Taiaha, und mit diesem Schwert tötete er all die zahmen Tiere, die Kura so lieb waren. Einem der Vögel gelang es jedoch, zu entkommen, und der flog aus der Höhle davon, um Kura ausfindig zu machen und ihr zu erzählen, was geschehen war. Auf seinem Weg zu Kura sang er vor sich hin: »Oh Kura-ngaituku, unser Haus ist zerstört, all unsere Dinge sind vernichtet!«, und so flog er und flog und legte einen unendlich langen Weg zurück, bis Kura ihn schließlich hörte. Sie fragte ihn: »Wer hat all das getan?«

Und der kleine Vogel antwortete: »Hatupatu war es!« Kaum hatte Kura dies vernommen, da machte sie sich mit Riesenschritten auf zu ihrer Höhle, über Berge und Täler eilte sie, und dabei sprach sie vor sich hin: »Schreitet aus, streckt euch, schreitet aus, streckt euch! Hatupatu, ich krieg dich!«, und ihre Schritte wurden länger und länger. Wenig später kam sie bei ihrer Höhle an und sah die Bescherung. Unverzüglich machte sie kehrt und mit dem kleinen Vogel immer noch an ihrer Seite nahm sie Hatupatus Verfolgung auf. Nach wenigen Schritten schon hatte sie den Ausreißer eingeholt. Der erinnerte sich zu seinem Glück an eine Zauberformel, und er hatte sie gerade ausgesprochen, als sich der Felsen in seiner Nähe vor ihm auftat; in letzter Sekunde sprang Hatupatu in den Felsen und entkam so Kuras Krallen. Anstatt sich um Hatupatu zu legen, ergriffen Kuras ausgestreckte Krallen diesen Felsen und hinterließen dort tiefe Furchen, die man noch heute sehen kann. Weiter ging die Jagd, über Hügel und Ebenen, bis hin zum Rotorua-See. Ganz in der Nähe des Sees waren die heißen Quellen, und Hatupatu kannte deren Gefahr.

Er sprang denn auch über die Quellen hinweg; Kura aber, die nicht wußte, was es mit diesen Quellen auf sich hatte, dachte, daß das Wasser kalt sei und versuchte hindurchzuwaden. Doch, o weh, sie versank im kochendheißen Schwefelwasser der Quellen und kam elendig darin um.
Noch heute heißen die Schwefelquellen Whakarewarewa.
Nach diesem Abenteuer ruhte sich Hatupatu an den Ufern des Rotorua-Sees aus.
Am Abend dann schwamm er hinüber nach Mokoia, der kleinen Insel im See, auf der seine Familie lebte; daselbst setzte er sich in die warme Quelle und ruhte sich wieder aus. Etwa zur gleichen Zeit hatten seine Eltern ihren Sklaven zum Wasserholen geschickt, und als der mit seiner Kalebasse bei der warmen Quelle ankam, fragte ihn Hatupatu: »Sag, für wen holst du zu dieser späten Stunde Wasser?«
Der Sklave antwortete wahrheitsgemäß.
»Wo leben Hanui, Haroa und Karika?« wollte Hatupatu weiter wissen, und der Sklave sagte ihm, daß die in einem Haus ganz für sich und nicht mit den Eltern zusammen lebten.
»Und wer bist du?« fragte der Sklave schließlich, und da gab sich Hatupatu zu erkennen.
»Oh, Hatupatu, du lebst ja noch!« rief der Sklave voller Verwunderung. »Ja, ich lebe noch!« bekräftigte Hatupatu. Nun erklärte ihm der Sklave alles weitere ganz ausführlich: »Hör zu!« sprach er zu Hatupatu, »ich lebe mit deinem Vater und deiner Mutter in einem Haus, deine Brüder aber leben in einem anderen Haus. Deine Eltern haben mich zum Wasserholen geschickt, und erwarten mich zurück.«
»Gut, dann laß uns jetzt gehen!« erwiderte Hatupatu, »wir wollen zusammen zu meinen Eltern gehen!«
Und so machten sie sich auf zum Haus der Eltern. Als die

alten Leute jedoch ihren längst todgeglaubten jüngsten Sohn vor sich sahen, fingen sie laut zu weinen an.
Hatupatu aber sprach zu ihnen: »Nein, nein! Laßt uns leise weinen! Ich will nicht, daß mich meine Brüder, die mich erschlugen, hören!« Er erzählte nun seine Geschichte und dann sagte er: »Ich will auch nicht hier schlafen! Es ist besser für mich, wenn ich in dem Haus schlafe, in dem ihr eure Kumara aufbewahrt, dann nämlich kann ich hören, was meine Brüder sprechen, und essen kann ich auch im Kumara-Haus! Mein Vater soll des Nachts bei mir schlafen und am Tage zu seinem Haus zurückkehren!« Mit diesem Vorschlag waren Hatupatus Eltern einverstanden, und so schlief und aß Hatupatu denn im Kumara-Haus und des Nachts blieb der Vater bei ihm.
Hatupatus Brüder aber nahmen ihre Mahlzeiten wie immer im Hause der Eltern ein, doch bald schon bemerkten sie, daß sich die Auswahl ihrer Speisen verändert hatte. Gewöhnt, immer nur die feinsten Speisen serviert zu bekommen, mußten sie sich plötzlich mit weniger guten zufrieden geben.
Was sie natürlich nicht wußten war, daß ihr kleiner Bruder im Dorfe weilte und daß er es war, den die Mutter mit den feinsten Speisen versorgte.
Bald wurden sie so wütend über ihr Essen, daß sie die Mutter und die Sklaven schlugen, und so ging es eine ganze Weile lang.
Die Rückkehr Hatupatus und sein Versteck im Kumara-Haus blieben den Dorfbewohnern jedoch nicht lange verborgen; sie begannen darüber zu reden und schließlich hörten auch Hatupatus Brüder davon.
»Das kann doch nicht sein!« sagten sie, »er ist doch tot!« Doch dann sahen sie ihn – er war es wirklich!
Sofort griff einer der Brüder zum Schwert, und die anderen

taten es ihm nach. Auch Hatupatu hielt ein Schwert in seiner Hand; sein Schwert war jedoch keines der einfachen hölzernen Schwerter, wie sie die Brüder besaßen: Sein Schwert war das Schwert der Kura ngaituku, ein Schwert, so wunderschön, wie es die Brüder noch nie gesehen hatten. In der Nacht vor der Begegnung mit den Brüdern hatte Hatupatu obendrein sein Haupt geschmückt: glänzende Federn ragten aus seinem Tikitiki und je ein Busch weicher weißer Federn von der Brust des Albatrosses schmückte seine Ohren. Um seine Hüften hatte er einen Gürtel und ein Maro aus scharlachroten Federn. In der einen Hand hielt er sein Taiaha, und in den Augen aus Paua, die in den geschnitzten Kopf seines Schwertes eingelegt waren, brach sich die Sonne. So trat er langsam aus dem Kumara-Haus, und dabei sprach er seine Karakia vor sich hin.

Staunend starrten ihn die Brüder an, war doch aus ihrem kleinen Bruder ein edler Mann geworden, der mit stolzem Blick auf sie zutrat.

Auch den Dorfbewohnern blieb nur Bewunderung übrig für Hatupatus edle Erscheinung, und sie sahen Hanui, Haroa und Karika nun plötzlich mit ganz anderen Augen.

Doch da begann der Kampf zwischen den Brüdern. Auf der einen Seite stand Hatupatu mit Kuras Schwert, ihm gegenüber seine Brüder. Während die Klinge von Hatupatus Schwert in Richtung Boden zeigte, hatten die Brüder ihre Schwerter bereits auf ihn gerichtet und waren ganz offensichtlich entschlossen, ihren Bruder ein zweites Mal zu erschlagen. Hatupatu bewegte sich nicht, er wartete, bis ihn die Schwerter der Brüder beinah berührten; dann wirbelte er so plötzlich und unverhofft sein Schwert herum, daß er nicht nur die Hiebe der Brüder geschickt abwehrte, sondern gleichzeitig auch zwei von ihnen mit der Klinge seines

Schwertes zu Boden warf; den dritten brachte er mit dem Griff seines Schwertes zu Fall.

Noch einmal traten die Brüder gegen Hatupatu an, doch wieder streckte er sie nieder mit seiner Schwertkunst und ungewöhnlichen Geschicklichkeit.

Da sahen die Brüder endlich ein, daß ihnen der kleine Bruder weit überlegen war und gaben sich geschlagen. Jetzt aber erhob der Vater seine Stimme und sprach: »Meine Söhne! Ich wünschte, ihr würdet im Frieden dasselbe Maß an Stärke zeigen wie ihr es im Streit zeigt! Ich rede von unserem Kanu, der Arawa, und dem Feuer, das sie vernichtete! Lange schon redet ihr davon, euch an Raumati, der uns das angetan hat, dafür zu rächen. Wo sind eure Erfolge? Seid ihr denn nur eurem jüngsten Bruder gegenüber stark?«

Als Hanui, Haroa und Karika des Vaters Worte hörten, ließen sie die Köpfe hängen und schämten sich. So kam es denn, daß man im Dorf bald darauf mit den Vorbereitungen für ein Kommando begann, das sich nach Maketu aufmachen und die Vernichtung der Arawa rächen sollte. Farnwurzeln wurden für die Krieger zubereitet, Kumara in den Öfen gekocht, zu Brei zerstampft und in Flachskörbe gefüllt und Muschelfleisch wurde gesammelt, bis genügend Vorräte beisammen waren.

Währenddessen weihte Hatupatus Vater seinen jüngsten Sohn ohne Wissen der anderen in die Kunst der Tätowierung ein, auf daß ihn der Raumati ohne weiteres an seinen Mokos erkennen könne.

Dann machten sich die Kanus auf in Richtung Maketu. Hatupatu jedoch ging nicht mit seinen Brüdern und den anderen Kriegern an Bord, sondern blieb als einziger zurück. Er nahm dreißig Umhänge aus roten Federn, rollte sie zusammen, und dann tauchte er, anstatt wie alle anderen in einem

Kanu zu reisen; unter Wasser schwamm er zum tiefsten Punkt des Sees, und nachdem er sich daselbst an den Muscheln des Sees gelabt hatte, schwamm er weiter.
Bei Ngau-kawakawa kam er wieder nach oben und entstieg dem Wasser. Nach einer Weile kamen auch seine Brüder und die übrigen Krieger in Ngau-kawakawa an.
Sie trauten ihren Augen nicht: Da war Hatupatu schon und hatte bereits seine dreißig roten Umhänge zum Trocknen am Strand ausgelegt.
»Wo ist denn dein Kanu?« fragten sie. »Wie bist du denn so schnell hierher gekommen?«
»Laßt gut sein, ich habe mein eigenes Kanu«, antwortete Hatupatu ihnen.
Dann nahm er den Kopfschmuck von seinem Haupt und warf ihn auf die Erde, und die Blätter schlugen Wurzeln und wuchsen zu majestätischen Pohutukawa-Bäumen, die noch heute dieses Ufer säumen.
Seine Brüder hatten ihr Kanu in der Zwischenzeit zum Rotoiti-See gebracht. Wieder tauchte Hatupatu und kam abermals vor seinen Brüdern am Ziel an. Der Ort, bei dem die Brüder dieses Mal anlegten, hieß Kuharua, und wieder fanden sie ihren kleinen Bruder dort vor, und wieder hatte er seine dreißig Umhänge zum Trocknen ausgelegt.
Auch hier warf Hatupatu seinen Kopfschmuck auf die Erde, und aus den Blättern wurden junge Pflanzen, die schließlich zu Totara-Bäumen heranwuchsen.
Hatupatus Brüder wunderten sich mehr und mehr über ihren jüngsten Bruder.
Als nächstes machten sie ihr Kanu bei Otaramarae fest, und dort formierten sie sich und marschierten in Richtung Maketu, wo sie Raumati und seine Leute vermuteten.
Die erste Nacht schlugen sie ihr Lager bei Kakaroa-a-Tauhu

auf; am Abend des nächsten Tages dann erreichten sie Maketu. Die Krieger wurden nun in verschiedene Divisionen eingeteilt: Jede Division umfaßte dreihundertundvierzig Krieger, und jede der drei Divisionen unterstand dem Oberkommando eines der drei Brüder Hatupatus; ihrem jüngsten Bruder jedoch hatten sie keine Krieger zugeteilt.
Hatupatu war sich des Grundes dafür sehr wohl bewußt, waren die Brüder doch recht eifersüchtig auf ihn. So sprach er denn zu ihnen: »Hört, ihr Brüder! Als ihr mich batet, mit euch zur Vogeljagd zu kommen, bin ich euch gefolgt und ihr habt mich getötet. Jetzt bin ich wieder in einer äußerst schlechten Position! Ich bitte euch, teilt mir wenigstens dreißig Krieger zu!«
Die Brüder aber verlachten ihn und erwiderten: »Hör doch auf damit und geh nach Hause! Was kannst du denn schon mit dreißig Kriegern ausrichten! Das einzige, was du kannst, ist essen!«
Nach dieser Abfuhr verlor Hatupatu keine weiteren Worte mehr, und ohne den Brüdern zu antworten ging er von dannen. Am selben Abend noch suchte er sich einen Flecken, an dem das Dickicht ganz besonders dicht war, und begann, die Büsche zu dreißig Bündeln zusammenzubinden, sodaß sie die Form sitzender Menschen annahmen. Sodann legte er um jeden der Büsche einen seiner roten Umhänge. Jetzt sahen die Büsche wie wirkliche Krieger aus!
Und als die Einwohner von Maketu am nächsten Morgen aus ihrem Dorf traten und sich zum Kampfe fertigmachten, da konnten sie die prächtig gekleidete Gruppe von Kriegern von weitem sehen.
Auch Hatupatus Brüder hatte ihre Krieger zum Kampf gegen Raumatis Stamm gerüstet: mit feurigen Reden spornten sie ihre Krieger an und appellierten an deren Kampfgeist;

Hanui, Haroa und Karika standen der Reihe nach auf und hielten ihre Reden. Schließlich stand auch Hatupatu auf und sprach zu seinen vermeintlichen Kriegern.

Würdevoll erhob er sich und es war wunderschön anzusehen, wie sich die Federn seines Umhanges im Winde aufplusteten. Das lange Haar des jungen Mannes war in vier Knoten gelegt und aus jedem der Knoten ragte ein Büschel weißer Federn. Nach seiner Rede löste er drei seiner Knoten und ließ nur den Knoten in der Mitte seines Hauptes stehen.

Er warf sich einen Umhang aus roten Federn über und hielt eine zweite Rede; danach nahm er alle Federn und Knoten aus seinem Haar und kleidete sich in einen Umhang aus Flachs, dessen Borte mit feinster Stickerei verziert war. Ein drittes Mal sprach er zu seinen Kriegern und im Anschluß an diese Rede stellte er sich nackt mitten unter seine Krieger. Bei seiner vierten Rede war sein Haar zurückgebunden und mit Federn geschmückt, sein Körper aber war mit einem Umhang aus Hundehaaren bedeckt und in der einen Hand hielt er eine lange hölzerne Kriegsaxt.

Nach dieser Rede band er sein Haar in fünf Knoten, schmückte wieder jeden der Knoten mit Federn und warf sich einen Umhang aus rauhem Hundefell um. Die Waffe in seiner Hand war ein Patu Paraoa, ein kurzes Schlagholz aus den Knochen des Pottwals.

In dieser Ausstattung hielt er seine fünfte und letzte Rede, und alle Reden waren verschieden.

Die feindlichen Truppen, die dieses Spektakel von weitem beobachteten, glaubten, daß Hatupatus Division wegen der prächtigen Umhänge seiner Krieger aus Häuptlingen bestünde und fürchteten Hatupatus Krieger deshalb mehr als die der Brüder. Die Schlacht begann, der Feind griff an.

Lange schwere Speere aus Manuka-Zweigen flogen auf Hanuis Division zu, und im Nu war sie aufgerieben und die feigen Krieger machten sich davon. Nun war Hauroas Division in der Reihe, doch auch die war im Nu besiegt.

Karikas Division ging es nicht viel anders; dessen Krieger erwiesen sich nicht als mutiger und stärker als die Krieger der beiden anderen Brüder.

Kurze Zeit nur währte der Kampf, dann waren alle drei Divisionen endgültig geschlagen und die feindlichen Truppen konnten die Krieger der Brüder von hinten betrachten, wie sie davonstoben, um ihre Haut zu retten.

Nur Hatupatus Truppe schien unbesiegt; immer noch saßen seine Krieger unbeweglich am Boden.

Da erhob sich Hatupatu, und während sich hinter ihm die versprengten Krieger seiner Brüder sammelten, froh, endlich einen fähigen Führer gefunden zu haben, rüsteten die Feinde zum Angriff auf Hatupatus Truppe.

Soweit kam es aber gar nicht: Hatupatu trat nun aus der Gruppe seiner Krieger hervor und ging geradewegs auf einen gegnerischen Häuptling zu, der seinerseits mit seinem Speer auf Hatupatu zurannte, um ihn aufzuspießen. Der aber erwiderte den Schlag des feindlichen Häuptlings mit Namen Karika mit einem Gegenschlag von Kuras Taiaha, und schon lag dieser Karika am Boden und starb ohne jeden weiteren Kampf. Hatupatu nahm jetzt sein Patu zur Hand, ging auf den toten Häuptling zu und schlug ihm mit einem Schlag den Kopf ab, und zum absoluten Grauen seiner Feinde hob er den Kopf an den Haaren in die Höhe.

Nun fühlten sich die Krieger der Brüder wieder ermutigt, es mit dem Feind aufzunehmen; sie stürmten den fliehenden Gegnern hinterher und erschlugen Tausende von ihnen.

Während aber die Krieger der Brüder den feindlichen Truppen den Garaus machten, suchte Hatupatu nach Raumati.
Er fand ihn und schlug ihm wie schon Karika den Kopf ab.
Nach der Schlacht kehrten alle Krieger ins Lager zurück, um die Körper der toten Feinde zu kochen und dann zu essen. Die Köpfe wurden sorgfältig geräuchert und konserviert, und jeder der Krieger rühmte sich und seine Taten mit einer Rede. Viele rühmten sich gar, daß sie es waren, die Raumati erschlagen hatten. Hatupatu jedoch verlor kein Wort darüber, daß er es war, der Raumati erschlagen hatte und in Besitz des Kopfes von Raumati war.
Dann kehrten alle nach Mokoia zurück, und dieses Mal reiste Hatupatu mit seinen Brüdern im Kanu. Auf ihrer Reise zurück nach Mokoia sangen sie allerlei triumphierende Gesänge, die an Tu, den Gott des Krieges gerichtet waren.
Je näher Mokoia kam, desto deutlicher konnten sie den Vater der Brüder sehen, der am Ufer von Mokoia auf die Rückkehr der Krieger wartete.
»Wer von euch hat Raumatis Kopf?« war seine erste Frage, und einer nach dem anderen antwortete ihm: »Hier, ich hab ihn!«
»Nein, ich hab ihn!«
»Schaut her, hier ist Raumatis Kopf!«.
So ging es, bis der Vater ihr Geschrei unterbrach und sagte:
»So, dann ist uns Raumati also wieder entkommen!«
Doch da stand Hatupatu auf, nahm Karikas Kopf aus seinem Korb voller Köpfe und während er den Kopf hochhielt, rief er sein Karakia.
Und plötzlich, ganz unerwartet, holte er einen weiteren Kopf unter seinem Umhang hervor und schrie: »Hier, hier: Ich hab den Kopf von Raumati!«
Die Krieger wurden jetzt von einem Siegestaumel erfaßt und

Hatupatus Vater warf seinen Umhang ab, rannte zum Wasser und dankte den Göttern.
Er erhob seinen letztgeborenen Sohn zu einem Ehrenrang in der Rangfolge der Söhne, den Rang seiner übrigen drei Söhne aber stufte er weit zurück.

Die Zerstörung der Arawa war somit endlich gerächt. Tama te kapuas Nachkommen aber zogen nach Pakotore, wo Rangitihi und dessen Kinder geboren wurden. Eines seiner Kinder ließ sich später in Rangi-whakakapua nieder, und eine Tochter zog zum Whakatohea-Stamm nach Opotiki. Anschließend zogen Rangitihi und seine Söhne nach Ahuriri, um den Tod von Rongo mai papas Mann zu rächen; zur Belohnung dafür erhielten sie Rongo mai papa.
Sodann wuchs Uenuku-kopako zum Mann heran und besuchte regelmäßig seine Untertanen, die in Whakamaru, Maroa, Tutukau und Tuata lebten. Immer kehrte er jedoch nach Pakotore zurück. Während er zwischen den einzelnen Orten hin- und herpendelte, ging ihm auf Mokoia sein Hund Pota-ka-tawhiti verloren, und der wurde in der Folge von Mataaho und Kawaarero getötet. Und als Uenuku-kopako zurückging, um nach seinem Hund zu suchen, erfuhr er, daß man seinen Hund getötet hatte. So begann ein großer Krieg gegen die Leute von Rotorua, und auf beiden Seiten gab es Blutvergießen.
Als nächster wuchs Rangi-te-aorere, der Sohn von Rangi-whaka-eke-au heran; zu seiner Zeit wurde Mokoia gestürmt und erobert.
Rotorua wurde von Rangitihis Sohn erobert und der blieb, bis sein Stamm zahlenmäßig so groß geworden war, daß sich einige seiner Leute in anderen Teilen des Landes niederließen. Auch Ngatoro i rangis Nachkommen vermehrten sich dort,

und einige von ihnen siedeln noch heute in Rotorua. Tumakoha und Tarawhai hatten einen Sohn mit Namen Te Rangi takaroro zusammen, einen zweiten Sohn namens Tarewa, und einen dritten Sohn, Taporahitaua...

34. Der Große Vogel von Rua-Kapana

Pou-rangahua lebte mit seiner Frau Kanioro in Kiri-kino im Turanga-Distrikt. Das Haus, das er dort errichtet hatte, hieß Te Hau-o-pohokura.

Eines Tages ging Pou zum Strand, um takuahi, den weichen Scheuerstein zu suchen. Er wurde jedoch von Rua-mano, einem Taniwha des Meeres davongetragen, und der trug ihn weit übers Meer, bis nach Hawaiki, und dort setzte er Pou wieder an Land. Pou hatte Hawaiki nie zuvor gesehen. Die Leute dieses Landes waren sehr freundlich zu ihm und luden ihn in ihre Häuser ein, und an einem Ort namens Pari-nui-te-ra traf er ihren obersten Häuptling Tane. Da Pou aber wieder in seine Heimat zurückkehren wollte, fragte er Tane, wie er wohl den großen Ozean, der zwischen Hawaiki und seiner Heimat Aotearoa lag, überqueren könne. Tane sprach zu ihm: »Geh und nimm dir Tawhaitari, er wird dich nach

Hause tragen!« Tawhaitari war der Name eines großen Vogels. Pou folgte Tanes Rat, doch zuerst holte er sich vom Gipfel eines Berges bei Pari-nui-te-ra Kumara für die Reise. Die Kumara füllte er in zwei Körbe namens Hou-takere-nuku und Hou-takere-rangi und dann ging er, um dem Vogel die beiden Körbe zusammen mit zwei Spaten namens Manini-tua und Manini-aro, aufzuladen. Sodann bestieg er den Vogel – doch Tawhaitari gelang es nicht, sich in die Lüfte zu schwingen, die Last war zu schwer.

Wieder suchte Pou Tanes Rat, und dieses Mal sprach Tane: »Geh und nimm dir den Großen Vogel von Rua-kapana! Wenn du ihn rücksichtsvoll behandelst und seinen Wünschen folgst, wird er dich sicher nach Hause bringen!

Zwinge ihn nicht, dich an Land abzusetzen! Er wird sich schütteln, wenn ihr euch deiner Heimat nähert, und dann mußt du absteigen und ihm erlauben, kehrt zu machen!«

Tanes Ratschläge hatten gute Gründe: Der Vogel mußte nämlich am Berg Hikurangi vorbeifliegen, und dort oben lebte ein Ungeheuer namens Tama-i-waho, das jeden, der an seiner Behausung vorbeizog, vernichtete. Nur wenn die Strahlen der untergehenden Sonne Tamas Augen blendeten, war es möglich, am Hikurangi vorbeizuziehen. Tane fürchtete mit Recht, daß dem Großen Vogel von Rua-kapana auf seiner Reise zur Heimat von Pou etwas zustoßen könne.

Schließlich bestieg Pou den Großen Vogel, und mit seinem Vorrat an Kumara flogen sie in Richtung Aotearoa.

Als sie sich dem Hikurangi näherten, sahen sie, daß sie dort nicht vorbeifliegen konnten; so warteten sie denn, bis die Sonne langsam unterging und ihre Strahlen Tamas Augen derart blendeten, daß er nichts mehr sah.

Jetzt konnten sie ungehindert über den Berg hinwegfliegen, und als Tama wieder sehen konnte, waren sie längst auf und davon. Wütend schrie Tama ihnen nach: »Wer ist gegen meinen Willen an meinem Berg vorbeigezogen?« Bald darauf kam Pous Heimat Turanga in Sicht, und der Vogel schüttelte sich zum Zeichen für Pou abzusteigen, ganz so, wie Tane es Pou erklärt hatte.

Doch statt Tanes Rat zu befolgen, blieb Pou auf dem Vogel sitzen, rupfte ihm einige Federn aus und warf sie ins Meer. Aus diesen Federn sollten später die Kahika-Bäume wachsen und aus einem Zweig dieser Bäume wuchs der Makauri-Busch in der Hochebene zwischen Gisborne und Ormond an der Ostküste der Nordinsel.

Nun begann sich der Vogel darüber zu beklagen, daß Pou ihn so schlecht behandelte; der aber zwang ihn, die ganze Strecke bis in sein Dorf zu fliegen, und auf dem Weg dorthin rupfte er ihm weitere Federn aus – dieses Mal die feinen Federn, die unter den Flügeln wachsen.

Dabei sprach er: »Pou kehrt nur einmal zurück, und schließt die Tür für immer hinter sich!« und damit meinte er, daß er die Dienste des Vogels in der Zukunft wohl nicht mehr benötigen werde.

Im Dorf fand er sein Haus völlig überwachsen von einer Pflanze, die die Maoris Mawhai nennen, und seine Frau Kanio, die das Haus seit Pous Verschwinden nicht mehr verlassen hatte, war immer noch darin und beklagte das Schicksal ihres Mannes. Als Pou anklopfte, fragte seine Frau: »Wer klopft denn da?« – »Es ist Pou-rangahua, o Kanio!« antwortete Pou. »Pou wurde von Rua-mano hinweggetragen!« sprach Kanioro. »Gib mir von deinen Kostbarkeiten!« sagte Pou da und erklärte ihr, daß er den Großen Vogel von Rua-kapana für dessen Dienste entschädigen wollte. Und so wurden Kanioros Schätze vor dem Vogel ausgebreitet und Kanioro soll an jenem Tage ihren Namen geändert haben.

Die Kumara aber, die Pou von Hawaiki mitgebracht hatte, pflanzten sie bei Manawa-ru in der Nähe von Turanga. *(Eine Version der Sage von Pou und dem Großen Vogel von Rua-kapana endet hier, eine andere Version jedoch erzählt, wie es mit dem Großen Vogel weiterging.)*

Tane wartete nämlich derweil ungeduldig auf die Rückkehr des Großen Vogels. Der aber wurde auf seinem Rückflug von Tama, dem Ungeheuer des Berges Hikurangi getötet und verspeist.

Nach einer Zeit vergeblichen Wartens ahnte Tane, was passiert war, und er schickte Taukata, den Bruder Kanioros los, zu suchen, wer den Vogel vernichtet hatte. Auf einem Taniwha kam Taukata zum Berg Hikurangi.

Er erreichte den Berg bei Einbruch der Nacht und machte sich sodann auf zum Haus von Tama; doch erst als es schon ziemlich dunkel war, betrat er das Haus, in dem sich Tamas Leute auf allerlei Art und Weise amüsierten.

Tane hatte Taukata gesagt, daß er den Mörder des Großen Vogels an seinen unregelmäßigen Zähnen erkennen werde, und so war es Taukata denn daran gelegen, die Leute im Haus zum Lachen zu bringen, auf daß er ihre Zähne sähe: Er sang ein kleines Lied und untermalte es mit allerlei Handbewegungen, und tatsächlich – Tamas Leute lachten über seine Darbietung und ihre Zähne waren deutlich sichtbar. Auf diese Weise erkannte Taukata Tama an seinen unregelmäßigen Zähnen. Später dann, als alle schliefen, nahm Taukata den großen Korb, den er aus Hawaiki mitgebracht hatte, und steckte Tama, den er mit einem Rotu besonders fest eingeschläfert hatte, da hinein. Mit Tama im Korb trat er die Rückreise nach Hawaiki an. Am nächsten Morgen erreichte er Hawaiki, und dort weckte er Tama wieder auf: »Wach auf, wach auf, und sieh dich um!« rief Taukata, und als Tama

erwachte und um sich blickte, wußte er, daß seine letzte Stunde geschlagen hatte.
Tama wurde getötet und gegessen, und somit war der Tod des Großen Vogels von Rua-kapana gerächt.

35. *Kame-tara und seine Frauen*

Kame-tara und seine Frau hatten einen Sohn namens Te Ngohi und eine Tochter namens Mera-nei.
Eines Tages kam eine merkwürdige Frau zum Pa, in dem Kame-tara und seine Familie lebte, und diese Fremde wurde in der Folge Kame-taras zweite Frau. Die beiden Frauen vertrugen sich aber nicht sehr gut.
Einmal, als Kame-tara zum Fischen hinaus gefahren war und die zweite Frau sein Kanu am Abend zurückkommen sah, ging sie zum Ufer hinunter und wartete dort auf ihn.
Nachdem sein Kanu am Ufer angelegt hatte, nahm sie den Fisch, den Kame-tara gefangen hatte, entgegen und trug ihn davon. Auf ihrem Weg zurück ins Dorf aber aß sie fast den ganzen Fisch, roh wie er war. Dann gesellte sie sich zu Kame-taras erster Frau. Dieser Vorgang wiederholte sich viele Male, bis eines Tages Kame-taras erste Frau wieder schwanger war. Die zweite Frau dachte nun daran, die erste aus dem Weg zu schaffen, und hatte auch schon eine Idee, wie sie das am besten anstellen könne.
»Oh meine Freundin!« sprach sie zu Kame-taras erster Frau, »laß uns zusammen fischen gehen, denn bisher haben wir ja nie viel Fisch gehabt!« – »Das ist eine gute Idee!« erwiderte Kame-taras erste Frau. »Laß uns hinausfahren, wenn die See ruhig ist!«

Wenig später war die See ruhig genug und die beiden Frauen fuhren weit aufs Meer hinaus – so weit, daß sie das Land nicht mehr sehen konnten. Die zweite Frau schlug nun vor, den Anker auszuwerfen und mit dem Fischen zu beginnen. Das geschah denn auch, doch obwohl sie warteten und warteten – kein einziger Fisch biß an.

Die zweite Frau war nämlich in Wirklichkeit ein Ungeheuer und hatte mit einem ihrer Zauber die Mäuler der Fische verschlossen.

Als nächstes schlug sie vor, wieder zurück an Land zu paddeln, womit die erste Frau einverstanden war. Als sie jedoch den Anker einholen wollten, löste der sich nicht vom Meeresboden, und so schlug die Ungeheuer-Frau der ersten Frau Kame-taras vor, nach unten zu tauchen und den Anker zu lösen.

Die erste Frau aber schlug vor, das Tau, an dem der Anker befestigt war, durchzuschneiden, doch nach wie vor bestand die zweite darauf, daß es besser sei, nach dem Anker zu tauchen. So stritten sie sich eine Weile darüber, was nun besser zu tun sei – schließlich jedoch setzte sich die zweite Frau durch und die erste tauchte nach dem Anker.

Derweil wartete die zweite, bis die erste ein ganzes Stück nach unten getaucht war, und dann durchschnitt sie das Tau und paddelte davon. Die erste Frau spürte, wie das Tau plötzlich lose nach unten fiel, und so schnell sie nur konnte schwamm sie wieder nach oben – zu spät! Das Kanu mit der zweiten Frau war schon weit!

In ihrer Verzweiflung rief sie da ihre Karakia, und ein Mures-Taniwha kam ihr zur Hilfe und trug sie auf seinem Rücken an Land zurück. Er setzte sie aber an einer Stelle ab, die weit weg war von ihrem Dorf und völlig unbewohnt. Es blieb ihr gar nichts anderes übrig, als sich dort so gut wie möglich einzurichten. Sie rieb zwei Zweige aneinander, bis sie Feuer fingen und machte ein Feuer.

Dann ging sie auf die Suche nach Nahrung und sammelte Farnwurzeln, Farnbaumherzen und wilde Rüben. Am Strand fand sie Paua und andere Schalentiere. Sie errichtete auch eine Behausung für sich und begann mit dem Weben von Kleidung. Bald danach gebar sie Zwillinge – zwei Söhne.

Mit ihren Söhnen zusammen lebte sie weiterhin an diesem einsamen Fleck und ihre Kinder wuchsen heran. Einmal gingen ihre Söhne hinunter zum Strand und fanden Kumara, die das Meer ans Land gespült hatte. Ihre Mutter erklärte ihnen, was sie da gefunden hatten und bat sie, alle Kumara einzusammeln, die sie finden konnten. Beim nächsten Mal suchten die Söhne den Strand so lange ab, bis sie eine ganze Menge Kumara gefunden hatten. Sie pflanzten sie zusammen mit der Mutter, und zur Erntezeit wurde ihre Mühe reich belohnt.

Zur gleichen Zeit trauerten die älteren Kinder und alle Leute in Kame-taras Pa immer noch um die erste Frau von Kame-tara, und auch diese dachte noch oft an ihren Mann, der jetzt mit der Ungeheuer-Frau zusammenlebte, und an ihre Leute. So erfand sie beim Weben ein Lied, das von ihrer Liebe zu ihrem Mann und ihren Leuten sprach. Dieses Lied brachte sie ihren beiden Söhnen bei, und sie lehrte sie außerdem, eine Flöte mit drei Löchern zu schnitzen und auf ihr zu spielen. Es dauerte nicht lange, da beherrschten die Söhne ihr Lied.

Der Tag kam, an dem die erste Frau zu ihren Söhnen sagte: »Geht und fällt einen Baum, und dann baut ein Kanu!« Und die beiden Söhne gingen und suchten nach einem geeigneten Totara-Baum, fällten ihn, und nachdem sie seine Krone abgeschlagen hatten, kehrten sie nach Hause zurück. »Habt ihr den Baum gefällt?« fragte die Mutter, als sie aus dem Wald zurückkamen, und als die Söhne ihre Frage bejahten, sprach sie: »Morgen früh müßt ihr euer Werk vollenden!« Doch als die Söhne am nächsten Morgen zu der Stelle zurückkehrten, an der sie den Baum geschlagen hatten, konnten sie ihn nicht mehr finden – überall suchten sie nach dem Baum, doch ohne Erfolg. Die Mutter jedoch, der sie ihre Geschichte vom verschwundenen Baum erzählten, lachte nur und sagte: »Geht zurück in den Wald und fällt noch einmal einen Baum, und dann versteckt euch und wartet, was passiert!« Das taten die Söhne denn auch.

Es war noch nicht ganz Abend geworden, als die Söhne plötzlich merkwürdige Geräusche von ihrem Versteck aus hörten, und da sahen sie, wie Tausende von Waldwesen auf den Baum, den sie vor nicht allzu langer Zeit gefällt hatten, zugingen und begannen, die Holzspäne einzusammeln.

Einer von ihnen schien die anderen anzuführen, und der fragte nun: »Habt ihr das Fleisch von Tane eingesammelt?« »Nein«, riefen die Waldwesen zurück, »wir müssen erst noch sein Blut auflecken!« Und so ging es, bis die Waldwesen ›das Fleisch‹ Tanes wieder zusammengefügt hatten und der Baum so aufrecht wie zuvor dastand.

Da kamen die beiden jungen Männer, die all dies beobachtet hatten, mit lautem Geschrei aus ihrem Versteck und rannten den in alle Richtungen auseinanderstiebenden Waldwesen hinterher, und töteten viele von ihnen.

Dann kehrten die Söhne wieder zu ihrer Mutter zurück. Die fragte: »Habt ihr sie gesehen?« – »Ja!« antworteten die Söhne, »sie sind geflohen – wir haben sie besiegt!« – »Schaut euch das Schlachtfeld morgen noch einmal an!« riet ihnen die Mutter.

Am nächsten Morgen gingen die Söhne zurück in den Wald

und sahen zu ihrer großen Verwunderung, daß die majestätischen Farnwedel der Mamaku-Bäume, die am Tage zuvor noch aufrecht gestanden hatten, alle nach unten hingen! Jedoch konnten sie nicht ein einziges totes Waldwesen finden! Nach ihrer Rückkehr aus dem Wald fragte die Mutter, ob sie denn die toten Waldgeister gesehen hätten, und als die Söhne ihre Frage verneinten und der Mutter von den herabhängenden Farnwedeln erzählten, erklärte die ihnen die Angelegenheit: »Die Wedel der Mamaku-Bäume, die nun nach unten hängen – das sind die Waldgeister! Jetzt, da sie besiegt sind, könnt ihr euch daran machen, euer Kanu zu bauen!«

Am darauffolgenden Tag begannen die Söhne mit der Arbeit, und nachdem die Paddel und das Kanu fertig waren, schleppten sie das Kanu zum Ufer hinunter und übten sich, indem sie vorsichtig und nahe am Ufer hin- und herpaddelten. Erst nachdem sie sich geübt hatten, kehrten sie an Land zurück.

Derweil hatte die Mutter Muka gesammelt und wartete darauf, ihren Söhnen das Flechten von Tauen beizubringen.

Mit den Tauen schickte sie sie zum Fischen, und hinterher zeigte sie ihnen, wie man Vögel fängt und konserviert. Zusammen häuften sie einen großen Vorrat an Nahrungsmitteln an und obendrein hatte die Mutter eine Vielzahl von Kleidungsstücken gewebt.

Eines Tages sprach sie dann zu ihren Söhnen: »Es ist an der Zeit, daß ihr euch aufmacht zu eurem Vater, eurer Schwester, eurem älteren Bruder und eurem Stamm!«

Und als wenig später die See ruhig war, sprach sie: »So geht nun, die See ist ruhig!«

»Gut, wir werden uns aufmachen!« antworteten die Söhne. Die Mutter gab ihnen jetzt ausführliche Anweisungen mit auf den Weg: »Wenn ihr zu einem Fluß kommt, an dem der Manuka dicht wächst, dann versteckt dort euer Kanu. Geht von dort aus weiter, bis ihr zu einem großen Pataka mitten in einem Pa kommt und wartet, bis es dunkel wird. Dann steigt in das Pataka und schlaft darin, und sobald ihr am nächsten Morgen aufwacht, spielt auf eurer Flöte und singt das Lied, das ich euch beigebracht habe.

Sollte euch niemand hören oder sehen, dann geht zum Kochhaus eurer Schwester und wartet dort auf sie. Sie wird euch finden, wenn sie zum Kochen dorthin kommt!«

Den Anweisungen der Mutter folgend machten sich die Söhne auf den Weg zu dem Pa, und in der Dunkelheit stiegen sie in das Pataka. Kaum waren sie am nächsten Morgen aufgewacht, sangen und spielten sie das Lied der Mutter – doch keiner schien sie zu hören. Da sangen sie das Lied noch einmal und noch einmal, und als immer noch niemand reagierte, gingen sie zum Kochhaus der Schwester und versteckten sich unter den Matten, die zum Abdecken der Speisen gedacht waren. Bald darauf kam die Schwester ins Kochhaus, und als sie die merkwürdige Wölbung unter ihren Kochmatten sah, rannte sie aus dem Haus und zu ihren Leuten und schrie: »Zwei Männer sind in meinem Kochhaus!« Und alle Leute riefen: »Fangt sie ein! Bringt sie her!«

Die beiden Fremden wurden ins Versammlungshaus gebracht, wo die Bewohner des Pa sie ausfragten: »Wer seid ihr und woher kommt ihr?« Die beiden erzählten nun ihre Geschichte, und als die Leute hörten, wer ihre Mutter war, begannen sie zu weinen, und die Männer des Pa erhoben sich, um die beiden nach alter Sitte willkommen zu heißen. Einer der beiden Brüder sang noch einmal das Lied der Mutter und später lernte es der ganze Stamm.

Einige Tage später setzte der Stamm die Segel, um Kame-taras erste Frau aufzusuchen. Allen voran paddelten die beiden Söhne, denn sie wollten die Mutter auf die Ankunft der Gäste vorbereiten. »Deine Kinder und deine Leute kommen!« riefen sie der Mutter bei ihrer Ankunft zu. Die antwortete voller Freude: »Laßt uns das Essen für sie vorbereiten!« Sodann legte sie ihre besten Kleider an und wickelte einen Parawai um ihre Hüften und einen weiteren um ihre Schultern. Die anderen Kanus erreichten das Ufer und die Mutter begrüßte ihre Familie und ihren Stamm, und alle weinten eine lange Zeit zusammen.

Nach dem Tangi sang sie ihr Lied, und wieder weinten alle. Zu Essen gab es bei diesem Wiedersehn all die Köstlichkeiten, die vor der Abfahrt der Söhne gehortet worden waren, und alle Kleidungsstücke, die die Mutter gewebt hatte, wurden jetzt ebenfalls ausgelegt.

Nur von Kame-tara und seiner zweiten Frau sah und hörte man nichts: Die beiden hatten ihren Pa schon vor der Ankunft der Söhne verlassen und waren auch beim Wiedersehen mit der ersten Frau nicht anwesend – ja, man hat eigentlich nicht wieder von ihnen gehört.

Der Stamm Kame-taras aber siedelte dort, wo seine erste Frau lebte.

36. Hau-Mapuhia und die Entstehung von Waikaremoana

Mahu war der Name eines Vorfahren, der mit seiner Familie in Wai-kotikoti in der Nähe der Ostküste der Nordinsel lebte. Er hatte zwei Frauen, Kau-ariki und Te Uru-ti-nui, und viele Kinder. Doch nur zwei seiner Kinder – Hau-mapuhia die älteste Tochter, und das jüngste Kind namens Te Rangi-taupiri waren ganz gewöhnliche menschliche Wesen.

Eines Tages bat Mahu seine Kinder, Wasser für ihn zu holen, da er durstig war. Alle außer Hau-mapuhia und Te Rangi gingen denn auch, um das Wasser für den Vater zu holen; sie schöpften es jedoch nicht aus einer gewöhnlichen Quelle sondern aus der tapu-Quelle, die ganz in der Nähe war. Als der Vater dies bemerkte, wurde er so wütend, daß er all seine Kinder mit Ausnahme von Hau-mapuhia und Te Rangi, die zurückgeblieben waren, in Steine verwandelte, und diese Steine namens »Whanau-a-Mahu« (Die Kinder Mahus) kann man heute noch sehen.

Nun bat Mahu seine älteste Tochter Hau-mapuhia, Wasser für ihn zu holen. Die aber weigerte sich hartnäckig und das, obwohl Mahu seine Bitte mehrmals wiederholte. Schließlich machte sich Mahu selbst auf den Weg zu der Quelle Te Puna-a-taupara, um Wasser zu schöpfen; auf seinem Weg dahin dachte er daran, seine Tochter Hau-mapuhia zur Strafe für ihren Ungehorsam zu töten. So ging er denn auch nicht zurück nach Hause, sondern wartete bei der Quelle darauf, daß die Tochter ihn suchen würde. Nach einer Weile vermißte Hau-mapuhia ihren Vater und ging ihn bei der Quelle suchen. Da packte Mahu sie und stieß ihren Körper ins Wasser; so lange hielt er ihren Körper unter Wasser, bis sie allen Widerstand aufgab. Und dann verschwand er in Richtung Moana nui a Kiwa, dem Ozean.

Hau-mapuhia aber ließ er in der Quelle zurück, und in der Folge wurde aus ihr ein Taniwha.

Als Taniwha wurde ihr die Quelle aber zu eng, und sie wollte fliehen. Sie grub einen unterirdischen Tunnel und drängte durch die Erde nach oben. Dabei wurden die Hügel um die Quelle herum auseinandergerückt. Beim ersten Fluchtversuch wollte sie nach Norden hin entkommen, doch das Huiarau-Gebirge stellte sich ihr entgegen; ihr Fluchtweg nach Norden hin wurde zum Whanganui-Arm des späteren Sees. Danach versuchte sie, nach Osten hin zu entkommen und formte auf diese Weise den Whanga-nui-o-parua-Arm des Sees. Alle Arme des Sees entstanden auf diese Weise, und all die Mulden und Furchen, die sie grub, um einen Weg aus ihrem Gefängnis zu finden, füllten sich nach und nach mit Wasser und so entstand der See, den wir heute als Waikaremoana kennen. Ihr Ringen mit den Elementen aber brachte die Wasser in Bewegung, und das ist der Grund, warum der See »Waikaremoana« heißt – denn wai kare bedeutet »gekräuseltes Wasser« und moana ist »der See« oder »der Ozean«.

Ihren letzten Versuch zu entkommen machte sie bei Te Wharawhara, und diese Stelle wurde zum Abfluß des Sees. Von dort aus konnte sie plötzlich das Tosen des Meeres hören, und mit aller Kraft versuchte sie, des nachts dorthin zu gelangen. Sie schaffte es nicht: Als sie bei Te Wha-ngaromanga wieder nach oben kam, brach der Tag heran, und so blieb sie daselbst liegen.

Ihr Vater Mahu aber hörte ihr Stöhnen von weitem und hatte Mitleid mit seiner Tochter. Er schickte ihr die Speisen des Meeres: Korokoro, Maehe und Kokopu schickte er, und auch den Koiro und den Tuna. Der Koiro aber konnte nicht im Süßwasser leben, und der Tuna schaffte es nicht, zu Hau-mapuhia zu gelangen. Die Muscheln, die Mahu sandte, fanden ihren Weg, und man kann noch heute Reste von ihnen in den Felsen der Umgebung sehen.

Auch Hau-mapuhia liegt immer noch dort – sie selbst ist zum Felsen geworden. Ihr Haupt ist nach Osten, zum Meer hin geneigt und die Wasser des Sees fließen an ihrem Körper entlang. Die Wasserpflanze Kohuwai ist ihr Haar, und das kräuselt für immer die Wasser des Sees mit Namen Waikaremoana.

37. Para-hia, der Taniwha von Taranaki

Zur Zeit der Vorfahren lebte ein mächtiger Taniwha namens Para-hia in der Nähe von Otuhira.

Von seiner Höhle nahe beim Gipfel der Hügel von Otuhira aus beherrschte er die ganze Umgebung.

Der Ngati-Maru Stamm, der in jener Gegend siedelt, glaubt, daß Para-hia inzwischen tot ist, denn einer von ihnen hat seine Überreste auf dem Weg zum Aale-Fangen gefunden.

Hier ist die Geschichte, wie die Vorfahren herausfanden, wo dieser Taniwha lebte: Die Leute der Gegend wollten ihre Äcker vergrößern und deshalb den Busch in der Nähe des Gipfels roden. Das Land dort lag im Windschutz der Hügel und fiel nach Nordosten, zur Sonne hin ab. Bevor sie jedoch mit dem Roden des Buschs begannen, sprach der Tohunga seine Karakia, die ihre Arbeit segnen sollten. Plötzlich jedoch trübten sich die Himmel, ein großer Sturm zog auf, Blitze zuckten und Donnerschläge polterten um sie herum, und obendrein ging Hagel auf sie nieder. Verängstigt flüchteten die Leute in eine Felsspalte in der Nähe, während draußen der Sturm weitertobte. Nun aber hörten sie nicht nur das Toben des Unwetters, sondern hinter ihnen, aus der Tiefe der Höhle, kamen merkwürdige Geräusche. Da begriff der Tohunga, daß sie gegen ein Tapu verstoßen haben mußten, und daß sie ausgerechnet in der Höhle eines Taniwha Zuflucht gesucht hatten. Und während er das mächtigste seiner

Karakia vor sich hin murmelte, ging er mit Speisen für den Taniwha tiefer in die Höhle hinein und legte sie zur Genugtuung des Monsters vor ihm auf die Erde.
Und tatsächlich – seine Karakia hatten Erfolg: Para-hia, der Taniwha beruhigte sich und der Sturm ließ nach. Die Leute konnten nun zu ihrem Pa am Fluß zurückkehren. Seit jener Zeit aber hat es keiner, außer dem Tohunga, je wieder gewagt, sich der Höhle Para-hias zu nähern. Der Tohunga jedoch brachte seit jenem Tage den ersten Teil einer jeden Ernte zu Para-hia, auf daß dieser mit den Leuten der Umgebung versöhnt bliebe.
Wenn z. B. die ersten Kumara erntereif waren, ging er zu den Feldern und grub sie aus. Dann machte er sich auf zur Höhle Para-hias, und auf seinem Weg dahin murmelte er seine Karakia, die dem Taniwha die Ankunft des Tohunga anzeigen und ihn zugleich beruhigen sollten; wäre der Taniwha wütend geworden, so hätte das schreckliche Folgen gehabt! Sodann pflegte der Tohunga seine Gaben vor dem Eingang der Höhle abzulegen, und nach weiteren Karakia kehrte er jedes Mal wieder ins Dorf zurück.
Aber nicht nur die Früchte des Feldes wurden dem Taniwha gebracht, auch der erste Vogel, der erste Fisch, und alles andere, was die Vorfahren aßen, wurde ihm dargeboten. Er war der Herr über das Land, und er hätte mit Sicherheit die Ernten zerstört, und auch den Vogel- und Fischfang mißlingen lassen, wenn ihn die Vorfahren nicht mit ihren Opfergaben bedacht hätten.
Außer ihm lebten noch andere Taniwha in Taranaki, und einer von ihnen, mit Namen Haumea-nui soll angeblich bei Nga-korako am Fuße einer Felswand hausen.

38. Te Kanawa und die Patupaiarehe

Te Kanawa war der Name eines Häuptlings aus der Waikato-Region. Eines Tages ging er mit seinen Hunden und Begleitern auf die Jagd nach Kiwis. Bei Einbruch der Dunkelheit erreichte die Jagdgesellschaft den Gipfel des Pukemore-Berges und dort schlugen sie ihr Nachtlager auf. Ein Feuer wurde entzündet und unter einem mächtigen Baum suchten sich Te Kanawas Begleiter ihre Schlafstellen für die Nacht. Sie betteten sich zwischen die knorrigen Wurzeln des Baumes, die aus der Erde ragten.

Kaum hatten sie sich jedoch zur Ruhe begeben, da hörten sie plötzlich Stimmen. Die Stimmen klangen wie die einer Gruppe von Männern, Frauen und Kindern und schienen langsam näher zu kommen.

Doch so sehr Te Kanawa und seine Begleiter auch Ausschau hielten, sie konnten niemanden sehen! Da wußte Te Kanawa, daß dies nur Patupaiarehe sein konnten!

Seine Leute fürchteten sich sehr, konnten sie doch nicht weglaufen, denn wohin hätten sie denn laufen sollen, waren sie doch mitten im Wald auf dem Gipfel eines einsamen Berges, und es war stockfinstere Nacht!

Immer näher kamen die Stimmen jetzt, und immer lauter wurden sie. Bald waren sie ganz nahe bei der Feuerstelle, um die sich Te Kanawa und seine Leute versammelt hatten. Die Jäger starben jetzt fast vor Angst!

Einige der Patupaiarehe gingen nun auf den stattlichen Te Kanawa zu, um ihn sich etwas genauer zu betrachten. Sie lugten hinter den Baumwurzeln hervor und sahen zu Te Kanawa hinüber, doch jedes Mal, wenn das Feuer aufleuchtete, versteckten sie sich, und im nächsten Moment dann waren sie wieder da!

Bei all dem sangen sie vor sich hin:

»Hier klettern wir über den Tirangi-Berg
um den stattlichen Häuptling von Nga-Puhi
zu besuchen …«

Plötzlich hatte Te Kanawa eine Idee: Er überlegte, ob sich die Patupaiarehe wohl entfernen würden, wenn er ihnen all seinen Schmuck gäbe.
So nahm er denn seinen wunderschönen Tiki aus Jade, den er um den Hals trug, ein wertvolles Ohrgehänge, das ebenfalls aus Jade war, und seinen Ohrring aus dem Zahn eines Hais und hängte diese Schmuckstücke an einen Stock.
Tatsächlich scharten sich die Patupaiarehe um den Schmuck, den ihnen Te Kanawa darbot. Sie nahmen sich die Schatten der edlen Gegenstände und reichten sie in ihrer Runde umher, doch als sie allesamt Te Kanawas Schmuck gesehen hatten, da entschwanden sie so plötzlich wie sie gekommen waren. Bloß die Schatten des Schmuckes nahmen sie mit, den eigentlichen Schmuck ließen sie Te Kanawa, denn sie hatten gesehen, daß er ein ehrlicher und guter Kerl war.
Und am nächsten Morgen machten sich Te Kanawa so schnell sie nur konnten auf den Heimweg; die Kiwi-Jagd war vergessen.

39. Kahukura und die Patupaiarehe

Vor langer Zeit machte sich ein Mann namens Kahukura auf den Weg zu einem Ort in der Nähe des Te Rarawa-Stammes; der Ort hieß Rangiawhia und lag weit im Norden der Nordinsel. Kahukura hatte schon seit langem ein starkes Verlangen gespürt, dorthin zu gehen, und endlich hatte er diesem Drang nachgegeben.

Auf seinem Weg kam er an eine Stelle, wo ganz offensichtlich Makrelen gesäubert worden waren; das Innere der Fische lag über den ganzen Strand verstreut.

Erstaunt darüber sah sich Kahukura die Fußspuren im Sande näher an, und kam zu dem Schluß, daß sie wohl von Leuten aus der näheren Umgebung stammen mußten.

Beim genaueren Hinsehen bemerkte er aber, daß es Fußspuren aus der Nacht waren, und nicht vom Morgen oder vom Tage, wie er zuerst angenommen hatte!

Außerdem sah er, daß das Schilf nirgendwo umgeknickt war, und es auch sonst keinerlei Spuren menschlicher Aktivitäten gab. Je mehr er über die Sache nachdachte, desto sicherer wurde er, daß es nicht Menschen sondern Patupaiarehe gewesen waren, die an dieser Stelle gefischt hatten!

Bevor er sich zu dem Haus aufmachte, in dem er die Nacht verbringen wollte, prägte er sich alles, was er gesehen hatte, genauestens ein, war es doch etwas Außergewöhnliches, was er all seinen Freunden, wo auch immer sie lebten, erzählen konnte! Und es war vielleicht auch eine Möglichkeit, neue Erkenntnisse zu gewinnen.

Noch in derselben Nacht ging er dorthin zurück, wo er all dies beobachtet hatte. Kaum war er dort angekommen, da sah er auch schon die Patupaiarehe, die ihre Netze auswarfen und wieder Makrelen fischten. Kahukura konnte hören, wie sie einander zuriefen: »Die Netze her! Die Netze her!« Und daraufhin sah er, wie ein Kanu lospaddelte, um Netze aus einem anderen Kanu zu holen. Als die Patupaiarehe dann die Netze auswarfen, riefen sie: »Werft die Netze bei Rangiawhia ins Meer und holt sie bei Mamaku ein!« Die Patupaiarehe sangen diese Worte mehr als daß sie sie sprachen, und der Gesang schien sie bei der Arbeit anzutreiben. Dann holten sie die Netze ein, und Kahukura, dessen Haut fast so hell war wie die der Patupaiarehe, mischte sich unter sie und half ihnen, die Netze an Land zu ziehen. Näher und näher kamen die vollen Netze ans Ufer und die Patupaiarehe jubelten! Plötzlich schrien sie: »Los, ein paar von euch müssen hinausschwimmen, damit sich die Netze nicht bei Tawatawauia-a-teweteweuia verfangen!« Das war der Name eines Felsriffs, das vom sandigen Ufer ins Meer hinausragte.

Und während einige der Patupaiarehe dieser Aufforderung folgten, zogen die anderen weiter die Netze an Land, Kahukura immer noch in ihrer Mitte.

Selbst als der gesamte Fang endlich an Land war, hatten sie Kahukura immer noch nicht entdeckt!

Schon begann der Morgen zu dämmern, und die Patupaiarehe rannten jetzt immer hastiger umher, um all ihre Fische einzusammeln. Kahukura beobachtete, daß sie nicht wie die Menschen die Fische zu gleichen Teilen unter sich verteilten, sondern daß sich jeder so viele Fische nahm, wie er gerade wollte, und sie dann mit einem Zweig aufspießte und auf eine Schnur zog. Dabei riefen sie einander zu: »Beeilt euch, beeilt euch, wir müssen mit der Arbeit fertig werden, bevor die Sonne aufgeht!«

Derweil spießte auch Kahukura seine Fische auf und zog sie auf eine Schnur, wie er es bei den Patupaiarehe gesehen hatte. Seine Schnur aber war sehr kurz und hatte nur einen Schleifknoten an ihrem Ende, und als er seine Fische hochhob, gab der Knoten unter ihrem Gewicht nach und sie fielen auf die Erde.

Da kamen einige der Patupaiarehe auf Kahukura zu und halfen ihm dabei, die Fische wieder auf die Schnur zu ziehen, und einer knüpfte einen Knoten am Ende der Schnur für Kahukura. Der jedoch lockerte den Knoten wieder und ersetzte ihn durch seine Schleifknoten. Abermals hob er die Fische an der Schnur hoch, und abermals fielen sie auf die Erde. Diesen Trick wiederholte er mehrere Male und jedes Mal halfen ihm die Patupaiarehe dabei, seine Fische wieder auf die Schnur zu ziehen. So verlangsamte Kahukura die Arbeit der Patupaiarehe ganz erheblich, und als es schließlich Tag wurde, waren sie immer noch nicht mit ihrer Arbeit fertig. Es war jetzt hell genug, um einzelne Gesichter voneinander unterscheiden zu können, und da sahen die Patupaiarehe plötzlich, daß Kahukura ein Mensch war! Völlig verwirrt stoben sie auseinander und ließen all ihre Fische und Netze zurück, und auch ihre Kanus, die aus den Halmen des Flachses waren. Kahukura blieb allein zurück. Er sah sich die Netze, die die Patupaiarehe zurückgelassen hatten, genau an und prägte sich die Technik des Knüpfens gut ein. Dann ging er zurück zu seinem Stamm und reichte sein neues Wissen an die Leute seines Stammes und an seine Kinder weiter.

So kam es, daß die Maoris die Kunst des Knüpfens von Netzen erlernten, eine Kunst, die sie seit jener Zeit beherrschen!

40. Die zwei Tohunga

Kiki war ein berühmter Tohunga und Meister in der Kunst der Magie. Er lebte am Waikato-Fluß, und noch heute kennen die Bewohner dieser Gegend das Sprichwort: »Kikis Nachkommen bringen die Pflanzen zum Welken.«

Dieses Sprichwort entstand, weil jede Stelle und jeder Ort, der nicht vor seiner Magie geschützt war, sofort tapu wurde, wenn Kikis Schatten dorthin fiel, und in der Folge welkten alle Pflanzen, die an dieser Stelle wuchsen.
Er war ein so mächtiger Magier, daß er, wenn Fremde an den Ufern seines Dorfes halt machten, nicht einmal aus seinem Haus zu treten brauchte; er öffnete bloß seine Tür, und während er ganz ruhig in seinem Haus sitzen blieb, wurden die Fremden zuerst ganz steif und dann starben sie. Und wenn ein Kanu vom Oberlauf des Waikato hinuntergepaddelt kam, dann schob er den hölzernen Verschlag vor seinem Fenster zur Seite und schon starb die Besatzung des Kanus. Bald war Kiki im ganzen Land berühmt für seine Fähigkeiten, und es gab nicht einen Stamm, der nicht von ihm gehört hätte. Auch Tamure, ein Häuptling aus Kawhia, hörte von Kiki, und eines Tages entschloß er sich, Kiki aufzusuchen, denn er wollte sich mit ihm in der Kunst der Magie messen und herausfinden, wer denn nun der fähigste Zauberer im Lande sei.
Für seinen Besuch wartete Tamure einen Zeitpunkt ab, der ihm günstig erschien, und dann machte er sich mit zweien seiner Leute als Reisebegleiter und seiner jungen Tochter auf den Weg zu Kiki.
Sie überquerten die Bergkette zwischen Kawhia und dem Waipa-Fluß, der in den Waikato mündet, und von dort aus setzten sie ihre Reise in einem Kanu fort und paddelten den Waikato hinunter, bis sie bei Kikis Dorf ankamen.
Ohne gesehen zu werden legten sie an. Doch Tamure war nicht nur ein fähiger Magier, er war auch ein sehr vorsichtiger Mann, und so hatte er denn, bevor sie anlegten, mata-tawhito-Beschwörungen vor sich hingesagt, um vor Zaubern aller Art sicher zu sein und böse Geister fernzuhalten. Erst dann

vertäute er sein Kanu an Kikis Anlegestelle und hievte es ans Ufer.
Kiki sah die Fremden jetzt und rief ihnen zu, daß sie in seinem Pa willkommen seien. Tamure und seine Leute folgten seiner Einladung und gingen hinauf zum Pa.
Vor Kikis Haus setzten sie sich auf den Boden, während Kikis Leute um sie herum damit beschäftigt waren, das Feuer für den Ofen anzulegen und für die Fremden zu kochen. Derweil saß Kiki immer noch in seinem Haus, und diese Gelegenheit nutzte Tamure, einen Zauber über Kikis Schwelle zu legen, auf daß der beim Übertreten der Schwelle seines Hauses von Tamures Zauber getroffen würde.
Endlich waren die Speisen gekocht und den Gästen wurde auf sauberen Matten serviert. Nun trat auch Kiki aus seinem Haus und lud Tamure ein, mit ihm zu essen. Der aber ahnte, daß Kiki seinerseits einen Zauber über die Speisen gelegt hatte, um ihn zu töten, und gab vor, daß seine Tochter sehr viel hungriger sei als er und deshalb vor ihm essen würde. Die Tochter jedoch tat nur so, als ob sie essen würde; in Wirklichkeit ließ sie die Speisen, die sie sich nahm, fallen und versteckte sie unter ihren Kleidern. Gleichzeitig sprachen sie und ihr Vater weitere Beschwörungen mit Namen »matatawhito«, »whakangungu« und »parepare« vor sich hin, um sich vor den verzauberten Speisen zu schützen.
Kiki hatte sich wieder in sein Haus zurückgezogen und wartete nun darauf, daß seine Gäste bald sterben würden. Doch Tamure blieb weiter vor seiner Tür sitzen und wiederholte die Zauber, die er über Kikis Schwelle gelegt hatte, und ohne einen Bissen zu sich genommen zu haben, befahl er seinen Leuten nach einer Weile, das Kanu zur Abfahrt bereit zu machen. Wenig später paddelte Tamure mit seiner Tochter und seinen Begleitern so schnell wie möglich davon.

Als sie ein Stück gepaddelt waren, kamen sie an einem Pa vorbei, dessen Einwohner sich an den Ufern des Flusses versammelt hatten. Sie hielten kurz an und sprachen zu den Leuten: »Wenn ihr ein Kanu seht, das uns nachpaddelt, und euch die Leute in dem Kanu fragen, ob ihr unser Kanu gesehen habt, würdet ihr bitte antworten: ›Ja, ein Kanu ist hier vorbeigekommen.‹ Und wenn sie euch dann weiter fragen, wie weit unser Kanu wohl schon entfernt wäre, würdet ihr dann bitte sagen: ›Oh, es muß schon ein ganzes Stück den Fluß hochgepaddelt sein!‹« Kaum hatte Tamure diese Worte gesprochen, da paddelte er auch schon wieder davon.

Etwa zur gleichen Zeit siechte Kiki in seinem Dorf langsam dahin, und als sich sein Zustand immer mehr verschlechterte, wußten seine Leute, daß Tamure dafür verantwortlich war. Sie sprangen in ihre Kanus, um Tamure zu folgen und kamen auch bald an dem Pa vorbei, dessen Bewohner am Ufer des Flusses versammelt waren. Doch auf die Frage nach Tamures Kanu antworteten die Leute am Ufer ganz so, wie Tamure es ihnen gesagt hatte.

Da machten Kikis Leute wieder kehrt und paddelten zu ihrem Pa zurück; Kiki aber starb bald darauf, und es war Tamures Zauber, der ihn getötet hatte.

Einige von Kikis Nachkommen leben immer noch – einer von ihnen namens Mokahi starb vor kurzem in Tauranga-a-Ruru, und ein anderer mit Namen Te Maioha lebt noch immer am Waipa.

Kiki war ein großer Tohunga: Jeden anderen Tohunga hatte er besiegt, bis er auf Tamure traf, und der besiegte ihn! Auch einige von Tamures Nachkommen leben noch, so z. B. Mahu und Kiake vom Ngati Mariu-Stamm. Diese Männer sind ebenfalls Tohunga, denn ein Vater, der in der Kunst der

Magie geschult war, reichte sein Wissen vor seinem Tod an seine Kinder weiter. Es ist weithin bekannt, daß die Kinder eines Tohunga über ein gutes Wissen an Magie verfügen, denn die Eltern reichen ihr Wissen an ihre Nachkommen weiter.

41. Der magische hölzerne Kopf

In der Nähe von Waimatuku lebten die beiden Tohunga Puarata und Tautohito in ihrem Pa auf dem Gipfel eines Hügels mit Namen Maungatapu, was soviel bedeutet wie »der Hügel, der tapu ist«.

In ihrem Besitz befand sich ein geschnitzter hölzerner Kopf, dessen tödliche Kräfte auf der ganzen Nordinsel bekannt und gefürchtet waren. Viele mutige Krieger, ja selbst ganze Armeen hatten sich schon nach Maungatapu aufgemacht, um den magischen Kopf zu erobern und in ihre eigenen Dienste zu stellen; keinem der Krieger oder Armeen war es jedoch bisher gelungen, die beiden Tohunga zu besiegen.

Wer immer sich dem Hügel näherte, dem war der Tod gewiß, so groß war die Kraft des Kopfes; sogar die Leute, die den Waldpfad weiter im Norden, in Richtung Muri-whenua benutzten, wurden von seiner Kraft getötet.

Hakawau, ein mächtiger und erfahrener Tohunga, hörte vom Schicksal der vielen Menschen, die durch den Kopf getötet worden waren, und voller Vertrauen auf seine Fähigkeiten beschloß er, ihn und seine Besitzer ausfindig zu machen.

Er rief all seine Atua zusammen, und dann fiel er in tiefen Schlaf, und in seinem Schlaf sah er seinen Schutz-Atua, so groß und stark, daß dessen Kopf bis in die Himmel reichte, während er mit seinen Füßen immer noch fest auf der Erde stand. Diese Vision bestärkte Hakawau in seinem Vorhaben und mit einem Freund machte er sich auf nach Maungatapu. Sie gingen an der Küste entlang, und über Whangaroa, Rangikahu, Kahuwera und Karoro-uma-nui kamen sie nach Maraetai. Die Leute von Maraetai wollten, daß die beiden etwas ruhten und Speisen zu sich nahmen, bevor sie weiterzogen, Hakawau aber lehnte ab: »Wir haben unterwegs gegessen und sind weder hungrig noch müde!«

Und so zogen sie weiter bis nach Putataka, wo sie den Fluß überquerten, und dann der Küste entlang weiter nach Rukuwai. Auch dort hielten sie nicht an, sondern gingen weiter, bis sie schließlich nach Waitara kamen.

In Waitara wurde es Hakawaus Freund langsam angst und bange, und er sagte: »Ich fürchte, daß wir hier umkommen!« Doch es geschah ihnen nichts, und sie machten sich auf, weiter nach Te Weta. Wieder ängstigte sich Hakawaus Freund sehr und er sprach: »Ich bin sicher, daß wir hier umkommen!« Doch wieder geschah ihnen nichts.

Nun aber kamen sie zu dem am meisten gefürchteten Ort – Waimatuku! Der Gestank der verwesenden Körper der Menschen, die dort umgekommen waren, schlug ihnen schon von weitem entgegen. Jetzt sprachen sie beide: »Dies ist ein furchterregender Ort! Hier werden wir wohl sterben!« Hakawau aber murmelte seine Karakia vor sich hin, auf daß sie die bösartigen Atua fernhielten und seine schützenden Atua um ihn versammelten.

Schaudernd gingen sie an all den Leichen vorbei, die am Strand und im dichten Farn zu beiden Seiten ihres Weges lagen; doch obwohl sie fürchteten, daß auch ihr Tod jeden Moment eintreten würde, wagten sie sich trotzdem immer weiter vor.

Ihr Weg führte jetzt über einige niedrigere Hügel und von dort aus konnten sie zum ersten Mal den Pa von Puarata und Tautohito in der Ferne sehen. Sie setzten sich hin und ruhten eine kurze Weile; noch hatten die Wächter des Pa sie nicht entdeckt.

Dann aber rief Hakawau mit seinen mächtigen Karakia all seine Atua herbei, und Tausende von ihnen kamen, um die Atua von Puarata, die den Pa und den magischen Kopf bewachten, anzugreifen. Einigen seiner Atua befahl Hakawau, nach vorne und auf den Pa zuzustürmen, die anderen hielt er vorerst zurück. Sobald aber die bösartigen Atua von Puarata der Atua von Hakawau gewahr wurden, stürzten sie aus ihrem Pa und jagten jenen, die vor ihnen zu fliehen schienen, hinterher. Sämtliche Atua von Puarata waren an der Verfolgungsjagd beteiligt, und so blieb der Pa denn ohne jede Verteidigung, und Hakawau konnte seine restlichen Atua zum Pa schicken und ihn mit Leichtigkeit erobern. Und als Puaratas Atua zu ihrem Pa zurückkamen, da warteten die von Hakawau schon auf sie und töteten sie einer nach dem anderen.

Nun konnten Hakawau und sein Begleiter geradewegs auf den Pa zugehen! Die Wächter von Puarata aber wußten nichts von der Schlacht, die da gerade stattgefunden hatte, und sie waren sehr erstaunt darüber, daß Fremde es wagten, sich dem Pa zu nähern.

Puarata selbst rannte auf seinen magischen Kopf zu und rief ihn an: »Fremde kommen! Fremde kommen! Zwei Fremde sind hier!« Doch vergebens! Die Kraft des Kopfes war zerstört und nur ein schwaches Jammern war die Antwort!

Hätte der Kopf wie in früheren Tagen seine Stimme erheben können, Hakawau und sein Begleiter wären auf der Stelle

tot gewesen wie all die anderen Unglücklichen, die Puarata durch Anrufen seines Kopfes getötet hatte!
Hakawau sprach nun zu seinem Freund: »Geh du den Pfad entlang, der durch die Pforte direkt in den Pa führt! Ich für meinen Teil werde dem alten Tohunga meine Kraft zeigen, indem ich über den Palisadenzaun in den Pa klettere!«
Und so geschah es dann auch. Puaratas Leute aber waren sehr wütend darüber, daß Hakawau nicht wie jeder gewöhnliche Mensch durch die Eingangspforte in den Pa kam, sondern über die Palisaden kletterte, doch Hakawau überhörte ihr Geschrei und ging geradewegs auf all die Stellen zu, die tapu waren, so sicher war er sich, daß er den beiden alten Tohunga von Waimatuku überlegen war!
Nachdem Hakawau und sein Begleiter eine Weile im Pa verbracht hatten, begannen Puaratas Leute für sie zu kochen. Hakawau aber sprach zu seinem Begleiter: »Laß uns gehen!« Und als ihn die Leute des Pa baten, doch etwas länger zu bleiben, und zu essen, antwortete er: »Oh, wir haben vor nicht allzu langer Zeit gegessen, nicht weit von hier!« Mit diesen Worten verließen Hakawau und sein Begleiter den Pa von Puarata, und kurz darauf starben alle Leute daselbst – nicht ein einziger blieb am Leben!

42. *Hinemoa*

Auf der Insel Mokoia lebte einst der Häuptling Tutanekai. Seine Mutter hieß Rangi-uru und war die Frau von Whakaue-kaipapa, dem Vorfahr des Ngati-Whakaue-Stammes; mit ihm hatte sie drei Söhne: Tawake-hei-moa, Ngarara-nui und Tutea-iti. Nach der Geburt ihres dritten

Sohnes aber hatte sie eine Liebesbeziehung zu Tu-whare-toa, der in Rotorua zu Besuch war; der war der Vorfahr von Te Heuheu und dem Tu-whare-toa-Stamm. Aus dieser Verbindung ging Tutanekai hervor.

Doch Whakaue-kaipapa und Rangi-uru fanden schließlich wieder zusammen und hatten zwei weitere Kinder: einen Sohn namens Kopako und eine Tochter namens Tupa.

Sie alle lebten auf Mokoia, und Whakaue war sehr gut zu Tutanekai, ja er behandelte ihn wie seinen eigenen Sohn. Zusammen mit seinen Geschwistern wuchs Tutanekai heran.

Eines Tages drang die Kunde von Hinemoa, einer jungen Frau von seltener Schönheit und hohem Rang nach Mokoia herüber. Hinemoas Vater war Umu-karia, der Vorfahr des Ngati-Umu-Karia-Hapu, und Hinemaru war ihre Mutter.

Und als die Brüder von Hinemoas Schönheit und Rang hörten, wollte jeder sie zur Frau haben.

Zu jener Zeit war Tutanekai mit dem Bau einer kleinen Terrasse am Hang nahe beim Dorf beschäftigt.

Er hatte sich mit einem jungen Mann namens Tiki angefreundet, und die beiden liebten Musik über alles: Tutanekai spielte die Putorino, und Tiki die Koauau, und des nachts gingen sie zu der kleinen Terrasse und musizierten zusammen.

In stillen Nächten wehte der Klang ihrer Musik durch die sanften Lüfte und weit über den See bis nach Owhata hinüber, wo die schöne Hinemoa mit ihrem Bruder Wahiao lebte. Und wenn Hinemoa die süßen Klänge der Musik von Tutanekai und Tiki hörte, füllte sich ihr Herz jedes Mal mit Freude und sie sprach zu sich: »Ah! Das ist Tutanekais Musik!« Ihre Familie aber hielt Hinemoa hoch in Ehren und wollte sie keinem Häuptling anvertrauen; bei den Festlichkeiten der Rotorua-Stämme jedoch waren Hinemoa und Tutanekai einander bereits mehrmals begegnet und hatten viele verliebte Blicke ausgetauscht, und jeder von ihnen spürte ganz im Geheimen eine Leidenschaft für den anderen. Doch Tutanekai war sich nie ganz sicher gewesen, ob er es wagen könne, auf Hinemoa zuzugehen und ihre Hand zu drücken, um zu sehen, ob sie es erwidern würde. Er dachte, daß Hinemoa ihn vielleicht doch nicht mochte – der aber ging es genauso. Sie dachte bei sich: »Wenn ich eine meiner Freundinnen zu ihm schicke, um ihm von meiner Liebe zu erzählen, dann ist ihm das vielleicht gar nicht angenehm.«

Schließlich aber hatte Tutanekai doch einmal einen Boten zu Hinemoa gesandt, um ihr von seiner Liebe zu ihr zu erzählen. Und Hinemoa, die es vernahm, sagte: »Oh, unsere Liebe ist gegenseitig!«

Nach dieser Begebenheit waren Tutanekai und seine Familie wieder in ihr Dorf auf Mokoia zurückgekehrt. Dort saßen sie alle eines Abends im großen warmen Versammlungshaus zusammen, als Tutanekais ältere Brüder begannen, sich über Hinemoa zu unterhalten.

»Wem hat Hinemoa durch ein Zeichen oder einen Händedruck zu verstehen gegeben, daß sie ihn liebt?« fragte einer der Brüder, und ein anderer antwortete: »Mir!« Wieder ein anderer sprach: »Nein mir, mir!«

Als sie jedoch Tutanekai befragten, da sagte der: »Ich habe Hinemoas Hand gedrückt und sie hat meinen Händedruck erwidert.« Sein älterer Bruder aber sprach: »Unsinn! Glaubst du denn, sie würde ihre Aufmerksamkeit einem so niedrig geborenen Kerl wie dir schenken?«

Da beriet sich Tutanekai mit Whakaue, seinem Stiefvater, und bat ihn, nicht zu vergessen, was er ihm anvertraute: Er erzählte ihm von Hinemoas Liebesbeweis und davon, daß Hinemoa und er sogar verabredet hatten, daß sie von zu Hause weglaufen solle und zu ihm kommen, und daß der

Klang der Putorino ihr Erkennungszeichen sei: »Wenn du des nachts den Klang meiner Putorino hörst, dann folge ihrem Klang und paddle dein Kanu in diese Richtung!« hatte Tutanekai zu Hinemoa gesagt. Whakaue merkte sich alles, was Tutanekai ihm anvertraut hatte.

Und jede Nacht, etwa um Mitternacht, gingen Tutanekai und sein Freund denn auch zu der Terrasse und spielten auf ihren Instrumenten, der eine auf seiner Putorino, der andere auf seiner Koauau, und Hinemoa lauschte ihnen und spürte ein großes Verlangen, in ihrem Kanu zu Tutanekai hinüber zu paddeln. Ihre Freunde waren aber inzwischen mißtrauisch geworden und achteten darauf, daß keines der Kanus des nachts auf dem Wasser blieb; jede Nacht schleppten sie die Kanus ans trockene Land.

»Wie soll ich wohl jemals den See überqueren und nach Mokoia kommen?« fragte sich Hinemoa verzweifelt. »Ich kann ja sehen, daß meine Freunde ahnen, was ich vorhabe!« Und als sie so dasaß und nachdachte, da wehte der Klang von Tutanekais Putorino wieder zu ihr herüber, und ein mächtiges Beben ging durch den Körper der jungen Häuptlingstochter, und die Sehnsucht nach dem Geliebten wurde unendlich groß. Die Auswegslosigkeit ihrer Situation ließ da eine Idee entstehen: Vielleicht war es ja möglich, nach Mokoia hinüberzuschwimmen?

Entschlossen fügte Hinemoa sechs hohle, trockene Flaschenkürbisse zu zwei Flößen zusammen, und diese beiden Flöße sollten sie über den See tragen.

Dann begab sie sich zu dem Felsen mit Namen Iri-iri-kapua, und von dort aus ging sie weiter bis zum Ufer des Sees. An einer Stelle namens Wai-rere-wai legte sie ihre Kleider ab und sprang ins Wasser. Sie schwamm auf den Stumpf eines versunkenen Baumes namens Hinewhata, der

einst im See gestanden hatte, zu und klammerte sich fest, um Atem zu schöpfen.
Nachdem sie sich ein wenig ausgeruht hatte, schwamm sie weiter, und jedes Mal, wenn ihre Kräfte nachließen, trugen sie die Kürbisflöße und die Strömung des Sees, bis sie wieder bei Kräften war und selbst schwimmen konnte.
In der Dunkelheit der Nacht konnte sie aber nicht sehen, wohin sie schwamm, und so waren die warmen Klänge der Putorino Tutanekais ihr einziger Wegweiser.
Denen folgte sie und kam endlich zur heißen Quelle Waikimihia, die ganz in der Nähe von Tutanekais Dorf war. Hinemoa sprang in die heiße Quelle, um sich aufzuwärmen; vor Kälte und Anstrengung zitterte sie am ganzen Körper, aber vielleicht war es auch der Gedanke an den Geliebten, der sie zittern machte.
Während sie in der heißen Quelle saß, beauftragte Tutanekai seinen Sklaven damit, Wasser für ihn zu holen, denn er war durstig. Der Sklave machte sich auf zu der Quelle Waikimihia, und ganz nahe bei der Stelle, an der Hinemoa saß, begann er mit seiner Kalebasse Wasser zu schöpfen.
Hinemoa ängstigte sich und mit rauher Stimme, die wie die Stimme eines Mannes klang, fragte sie den Sklaven: »Für wen ist das Wasser?« – »Für Tutanekai!« antwortete dieser.
»Dann gib es mir!« sprach Hinemoa da. Und der Sklave reichte ihr das Wasser, Hinemoa trank, und als sie getrunken hatte, ließ sie die Kalebasse absichtlich fallen, so daß sie zerbrach.
Da fragte der Sklave: »Wie kommst du dazu, Tutanekais Kalebasse zu zerbrechen?« Sie aber antwortete ihm nicht.
Der Sklave machte sich auf den Rückweg zu Tutanekai, der ihn fragte, wo denn das Wasser sei, daß er haben wollte.
»Deine Kalebasse zerbrach!« erklärte der Sklave.

»Und wer zerbrach sie?« wollte Tutanekai wissen.
»Der Mann, der in der Quelle sitzt!« antwortete der Sklave.
»Geh zurück zur Quelle und hole Wasser für mich!« befahl Tutanekai seinem Sklaven da, und der machte sich mit einer zweiten Kalebasse auf den Weg.
Wieder schöpfte er Wasser aus der Quelle, und wieder fragte ihn Hinemoa, für wen das Wasser sei.
Und als der Sklave antwortete, daß es für Tutanekai sei, da sprach sie: »Gib mir das Wasser! Ich habe Durst!« Wie zuvor reichte der Sklave Hinemoa das Wasser, und wieder zerbrach sie den Kürbis, nachdem sie getrunken hatte.
Dieser Vorgang wiederholte sich, bis alle Kürbisse Tutanekais zerbrochen waren. Tutanekai wollte nun endlich wissen, wer denn der Mann in der Quelle sei, über den ihm der Sklave so wenig Auskunft geben konnte.
Voller Wut darüber, daß ein Fremder es wagte, seine Kürbisse zu zerbrechen, und das, obwohl der Fremde wußte, daß das Wasser für ihn bestimmt sei, griff er zu seinem Mere, warf sich seinen Umhang über und ging selbst zur Quelle.
»Wo ist der Kerl, der meine Kürbisse zerbrochen hat?« rief er, als er bei der Quelle ankam. Hinemoa erkannte die Stimme des Geliebten sogleich. Sie wollte jedoch, daß Tutanekai sie erst nach eifrigem Suchen fände, und so versteckte sie sich unter einem Felsvorsprung.
Tatsächlich suchte Tutanekai auch die Quelle nach dem Fremdling ab, und plötzlich konnte er eine Hand fühlen. Er rief: »Wer ist das? Wer ist das?« Und Hinemoa antwortete: »Ich bin's!« – »Wer ist das – ich?!« fragte Tutanekai da weiter, und wieder antwortete Hinemoa ihm, diesmal mit etwas lauter: »Ich bin's, Hinemoa!« – »Kann das wohl möglich sein?« fragte Tutanekai da ungläubig. »Wenn du's wirklich bist, dann laß uns zu meinem Haus gehen!« Da stieg Hinemoa

aus dem Wasser, so schön wie der weiße Heron, und so würdevoll wie der scheue weiße Kranich und sie fielen einander in die Arme und liebten sich. Und bevor sie sich aufmachten zu Tutanekais Haus, um zu ruhen, warf Tutanekai Hinemoa seinen Umhang über. Nach den uralten Gesetzen der Maori waren sie jetzt Mann und Frau.

Am nächsten Morgen fragten die Dorfbewohner, wo Tutanekai denn sei, pflegte er doch normalerweise nicht länger als alle anderen zu schlafen.

Als einer der Dorfbewohner jedoch zu Tutanekais Haus ging um nachzusehen, ob der vielleicht krank sei, da sah er vier Füße statt zwei, und voller Verwunderung fragte er sich, wer wohl bei Tutanekai sein könne. So schnell er nur konnte rannte er zurück zu den anderen und berichtete, was er gerade gesehen hatte.

Whakaue sprach zu ihm: »Nun, wer ist es denn? Geh zurück und sieh nach!« Derselbe Mann rannte jetzt zurück zu Tutanekais Haus, und dieses Mal schaute er genauer nach.

Da sah er, wer an Tutanekais Seite lag, und rief: »Es ist Hinemoa! Es ist Hinemoa! Sie ist mit Tutanekai!«

Tutanekais ältere Brüder hörten dies, aber eifersüchtig wie sie waren, wollten sie nicht glauben, was der Mann sagte. Doch da traten Tutanekai und Hinemoa zusammen aus dem Haus, und Tutanekais ältere Brüder sahen, daß Hinemoa tatsächlich mit ihrem Bruder zusammen war.

Tiki aber, Tutanekais Gefährte, mit dem er viele Nächte musizierend auf der kleinen Terrasse verbracht hatte, war nun traurig, daß sein Freund seine Geliebte gefunden hatte, er aber allein war, und bedrückt kehrte er in sein Dorf zurück. Tutanekai wiederum war traurig, seinen Freund so unglücklich zu sehen, und so sprach er mit seinem Stiefvater Whakaue über die Sache.

»Ich gräme mich über meine Freund Tiki!« erklärte er. »Könnte meine junge Schwester Tupa nicht seine Frau werden?«
Whakaue stimmte Tutanekais Vorschlag zu, und so kam es, daß Tupa Tikis Frau wurde.
Die Nachfahren von Hinemoa und Tutanekai leben bis zum heutigen Tag an den Ufern des Rotorua-Sees, und immer noch erzählen sie sich die Geschichte von ihrer Ahnin Hinemoa und ihrer großen Schönheit, und davon, wie sie den Rotorua-See durchschwamm und nach Mokoia kam.

43. Puhi-huia und Te Ponga

Einst stand eine große befestigte Siedlung auf dem Mount Eden; ihre Befestigungsanlagen waren mächtig und stark, und viele Menschen lebten darin. In jenen Tagen erklärten die Stämme aus Awhitu und dem Waikato den Leuten von Mount Eden oder Maunga-whau, wie ihre Heimat damals hieß, den Krieg. Es war ein grausamer Krieg: Jedes Mal, wenn eine Seite einen Sieg davontrug, kämpfte die andere um so erbitterter, so lange, bis sie die Sieger der nächsten Runde waren. So kam es, daß die Waikato-Stämme ihre Gegner nie endgültig besiegen konnten.
Lange Zeit dachten sie darüber nach, wie sie die Feinde vielleicht doch noch besiegen könnten, doch als ihnen nichts einfiel, beschlossen sie, Frieden zu schließen, und dieser Frieden sollte ein dauerhafter Frieden werden.
Deshalb machte sich der Häuptling Te Ponga, einer der erbittertsten Feinde der Leute von Maunga-whau, eines Tages mit einer großen Gruppe von Begleitern nach Maunga-

whau auf. Schon von weitem konnten die Leute von Maungu-whau die Fremden aus dem Waikato sehen, und sie liefen zu den Pforten ihrer befestigten Siedlung und riefen: »Willkommen, willkommen ihr Fremde, die ihr von weither kommt!« und winkten ihnen mit ihren Tüchern zu. Von diesem freundlichen Empfang ermutigt gingen die Fremden geradewegs auf die Siedlung zu und schritten durch die Pforten bis zum Haus des Häuptlings; dort setzten sie sich hin. Alle Einwohner von Maunga-whau waren nun versammelt und die Häuptlinge beider Stämme erhoben sich, um mit ihren Reden zu beginnen.

Nach der Willkommenszeremonie bereiteten die Frauen die Speisen für die Fremden vor, und als die Öfen heiß waren, legten sie die Speisen hinein und bedeckten sie, wie es üblich war. Bald darauf war das Essen fertig, und die Frauen öffneten die Öfen, verteilten die Speisen in kleine Körbe und reihten die Körbe vor den Gästen auf. Sodann nannte einer ihrer Häuptlinge jeden einzelnen Gast beim Namen und überreichte ihm die Portion, die für ihn gedacht war. Im Anschluß an die Verteilung der Speisen wurde gegessen. Die Fremden aber aßen sehr langsam. Sie wollten sich nicht überladen, damit ihre Taillen schlank blieben für den abendlichen Tanz; so schlank sollten ihre Taillen wirken, daß es aussah, als ob die Tänzer aus zwei Teilen bestünden!

Beim Essen dachten sie nur an den Tanz, den sie nach Einbruch der Dunkelheit aufführen wollten, und ihren Gastgebern ging es nicht viel anders. Und sobald es dunkel wurde, stellten sich alle Versammelten – Gastgeber und Gäste – einer nach dem anderen zum Tanze auf – Reihe für Reihe – bis alle ihren Platz gefunden hatten.

Die Gastgeber begannen mit ihrer Darbietung, unter ihnen Puhi-huia, die junge Tochter des Häuptlings von Maunga-whau. Sie wartete auf den rechten Moment, um dann hervorzuspringen und ihren Teil des Tanzes aufzuführen. Die tiefen Stimmen der männlichen Tänzer untermalten die Darbietung, und mit ihren Füßen stampften sie gewaltig auf die Erde, während sie sich mit den Händen auf die nackte Brust und die Schenkel schlugen! Und dann kam Puhi-huias Auftritt. Sie sprang hervor, und richtete ihr Gebärdenspiel an die Zuschauer zu beiden Seiten, und während sie tanzte, leuchteten ihre klaren Augen wie der Vollmond, der am Horizont aufgeht. Die Gäste waren überwältigt von ihrer Schönheit! Auch Te Ponga sah Puhi-huia gebannt beim Tanze zu, und sein Herz füllte sich mit Gefühlen für die Häuptlingstochter. Dann waren die Gäste an der Reihe und dieses Mal war es Te Ponga, der auf seinen Einsatz wartete, während die Tänzer mit ihren Händen den Takt schlugen. Endlich sprang auch er nach vorne und tanzte vor den Versammelten, und seine Darbietung stand dem Tanz von Puhi-huia in keiner Weise nach. Die Leute von Maunga-whau waren überrascht, Te Ponga so behende und würdevoll tanzen zu sehen und schauten dem Häuptling voller Bewunderung zu.

Puhi-huia aber ging es ähnlich wie Te Ponga: Auch sie begann ein Gefühl für den Fremden zu empfinden.

Nach den Tänzen gingen die Versammelten ermüdet auseinander und begaben sich zur Ruhe. Te Ponga jedoch konnte in dieser Nacht nicht schlafen: Seine Gedanken waren bei Puhi-huia und unruhig drehte er sich von einer Seite auf die andere! Er fragte sich, wie er es wohl anstellen könne, allein mit ihr zu reden, und schließlich hatte sein Sklave auch eine Idee, die ihm zusagte: »Ich weiß, wie dein Wunsch in Erfüllung gehen könnte! Höre mir zu – ich will es dir erklären: Morgen abend solltest du dich, wenn es dunkel wird, vor das Haus des Häuptlings von Maunga-whau setzen und so tun, als ob du durstig seist! Dann rufe nach mir, damit ich für dich Wasser hole! Ich aber werde zusehen, daß ich nicht in deiner Nähe bin, und wenn du dann immer lauter nach mir rufst, wird dich wohl auch der Vater der jungen Frau hören, und er wird zu seiner Tochter sagen: ›Mein Kind, wie kannst du unsere Gäste nach Wasser rufen lassen, ohne selbst loszulaufen und Wasser für sie zu holen!‹ Und wenn die junge Frau dann zur Quelle geht, um Wasser für dich zu holen, dann folge ihr; bei der Quelle wirst du ungestört mit ihr reden können. Aber wenn du dich erhebst, um ihr zur Quelle zu folgen, sieh zu, daß niemand Verdacht schöpft! Tu so, als seist du furchtbar wütend auf mich und sage: ›Wo ist bloß dieser taube Sklave? Ich werde gehen und ihn ausfindig machen!‹«

So sprach der Sklave zu seinem Herrn, und zusammen planten sie den kommenden Abend.

Am nächsten Tag besuchte Te Ponga den Häuptling von Maunga-whau, und während er in dessen Haus saß, konnte er seine Augen kaum von der Tochter des Häuptlings wenden. Am Abend, als sich alle zur Ruhe begeben hatten, setzte er sich vor das Haus des Häuptlings, und nicht lange danach begann er nach seinem Sklaven zu rufen: »Hallo! Hol mir Wasser! Hol mir Wasser!« rief Te Ponga.

Wie verabredet antwortete der Sklave nicht. Da rief Te Ponga lauter und immer lauter nach ihm, bis er schließlich müde war vom lauten Rufen. Der Häuptling von Maunga-whau hörte das Rufen, und nach einer Weile sprach er zu seiner Tochter: »Mein Kind, geh doch und hole Wasser für unseren Gast! Wie kannst du es zulassen, daß er so lange nach Wasser ruft!« Da erhob sich Puhi-huia, nahm eine Kalebasse und ging zur Quelle hinunter. Kaum war sie jedoch aufgestanden, da erhob sich auch Te Ponga. Er tat so, als ob er auf seinen

Sklaven wütend sei und ihn suchen wollte, in Wirklichkeit aber folgte er Puhi-huia, und da er den Weg zur Quelle nicht kannte, ließ er sich von ihrem fröhlichen Gesang leiten. Puhi-huia war gerade bei der Quelle angekommen und dabei, die Kalebasse zu füllen, als sie jemanden hinter sich hörte! Sie drehte sich um – und da stand Te Ponga vor ihr! Sie war recht überrascht bei seinem Anblick und nach einer Weile fragte sie ihn: »Was bringt dich hierher?« Te Ponga antwortete: »Ich kam, weil mir nach Wasser dürstete.« Da sagte Puhi-huia: »Bin ich denn nicht hierhergekommen, um Wasser für dich zu holen? Hättest du nicht im Haus meines Vaters warten können, bis ich dir das Wasser bringe? Sag, warum bist du hier?« Und Te Ponga sprach: »Du bist das Wasser, wonach mir dürstet!«

Als Puhi-huia dies hörte, dachte sie bei sich: ›Er muß sich in mich verliebt haben.‹ Sie setzte sich auf die Erde und Te Ponga setzte sich neben sie; nun sprachen sie miteinander, und einem jeden von ihnen erschienen die Worte des anderen gar angenehm und betörend. Doch bevor sie sich trennten, verabredeten sie, zusammen zu fliehen, und Puhi-huia erklärte Te Ponga, wie dieses Unternehmen am besten zu organisieren sei: »An dem Tag, an dem ihr abreisen wollt, solltest du einige deiner Freunde nach Onehunga schicken. Dort liegen unsere Kanus. Sage ihnen, daß sie die Rödeltaue, die den Aufbau am Rumpf der Kanus befestigen, durchschneiden sollen, und gleichzeitig sollten sie eure Kanus startbereit halten, damit wir uns gleich davonmachen können, ohne daß unseren Verfolgern Kanus zur Verfügung stehen!« Und bevor sie beide zurück zum Haus des Häuptlings gingen, sagte sie zu Te Ponga: »Geh du zuerst, damit du vor mir beim Haus ankommst!« Te Ponga ging, und als er beim Haus ankam, gab er vor, seinen Sklaven erfolglos gesucht zu haben; einen Augenblick später kam Puhi-huia von der Quelle zurück und reichte ihm das Wasser, auf das er angeblich gewartet hatte.

Nicht lange danach teilte Te Ponga seinem Gastgeber mit, daß er in seine Heimat zurückkehren wolle. Alle Ortsansässigen versammelten sich zur Abschiedszeremonie und der Häuptling von Maunga-whau erhob sich und hielt seine Rede; dann überreichte er Te Ponga sein Mere als Abschiedsgeschenk und Symbol für einen neuen und dauerhaften Frieden zwischen beiden Stämmen. Sodann überreichte Te Ponga dem Häuptling von Maunga-whau seinerseits seine Mere, und nach der offiziellen Abschiedszeremonie machten sich Te Pongas Leute auf den Weg. Auch die Leute von Maunga-whau erhoben sich und geleiteten die Gäste zu den Pforten ihrer Siedlung. »Geht in Frieden! Geht in Frieden! Möget ihr gut nach Hause kommen!« riefen sie ihnen hinterher.

Puhi-huia begleitete die Gäste zusammen mit einigen anderen jungen Leuten der Siedlung ein Stück auf ihrem Weg, und während die Begleiter mit Te Pongas Kriegern lachten und scherzten, entfernten sie sich immer weiter von ihrem Pa. Als Puhi-huias Vater sah, wie weit sich seine Tochter schon entfernt hatte, rief er den jungen Leuten hinterher: »Kommt zurück! Kommt hierher zurück!« Die hielten denn auch sofort inne und machten sich auf den Rückweg.

Puhi-huia aber war fest entschlossen, mit dem Geliebten zu fliehen, und so begann sie zu rennen, erst langsam, dann aber immer schneller, und ihr Herz klopfte wie wild. Hinter einem Felsen versteckte sie sich eine Weile, und dann, als sie aus dem Blickfeld ihrer Leute entschwunden war, verdoppelte sie ihre Geschwindigkeit.

Te Ponga, der Puhi-huia auf sich zufliegen sah, gab seinen Leuten letzte Anweisungen, und zusammen meisterten die beiden schließlich das letzte Stück des Weges, bevor sie in ihr Fluchtkanu sprangen und vom Ufer abstießen. Wie eine Feder im Sturm oder wie das Weka, das der Falle des Vogelstellers entkommt, so schnell waren sie zusammen gerannt!

Doch nun sahen die Leute von Maunga-whau, daß die junge Häuptlingstochter mit Te Ponga geflohen war, und einige von ihnen griffen sofort nach den Waffen und nahmen die Verfolgung auf. Derweil paddelten Te Pongas Leute in großer Eile davon, ja ihre Kanus schossen wie Pfeile durch das Wasser. Und als ihre Verfolger sie zu Wasser einholen wollten, fanden sie, daß die Rödeltaue an ihren Kanus durchschnitten und die Kanus nicht seefähig waren. Sie mußten erkennen, daß eine Verfolgung sinnlos war und sich damit abfinden, daß die Gäste, die in Frieden gekommen waren, mit der Tochter ihres Häuptlings von dannen zogen; wütend stampften sie mit den Füßen auf die Erde und schickten den Kanus ihre Drohungen nach!

Puhi-huia saß im Heck des Kanus, denn das war der Platz für Personen von hohem Rang.

Ponga aber ging, um beim Paddeln zu helfen, und also saß nun Puhi-huia neben dem Steuermann, der auch das Mere bei sich trug, das Puhi-huias Vater Te Ponga in Maunga-whau überreicht hatte.

»Hier, nimm die Waffe deines Vaters, und überreiche sie unserem Häuptling in Awhitu als Gastgeschenk!« sagte er zu Puhi-huia. Die aber war von seinem Angebot gar nicht begeistert: »Bin ich denn ein Mann, daß ich solch eine Waffe berühren würde? Würde ich sie an mich nehmen und ein Unglück folgte, so würde man doch sagen, daß die Berührung einer Frau die Waffe entweiht hätte!«

Doch der Mann fuhr fort: »Sie ist ein Geschenk für dich! Du

hast doch sonst nichts! Willst du denn mit leeren Händen vor unseren Häuptling treten?«
Puhi-huia erklärte nun, daß dies ein doppelter Austausch von Geschenken sei, und daß sie glaube, auch ohne Gastgeschenk würdig genug zu sein, doch der Steuermann suchte nach immer mehr Gründen, warum sie sein Angebot annehmen solle. Endlich wurde es Puhi-huia zuviel und bestimmt sagte sie zu ihm: »Genug jetzt mit deinen Fragen, du weißt doch, daß ich mit Te Ponga kam, und daß wir im Kanu zusammen saßen, ist das nicht genug?«
Und mit diesen Worten erhob sie sich und setzte sich neben Te Ponga.
Bald darauf begannen die Leute an Bord ein Lied zu Puhi-huias Ehren zu singen, das gleichzeitig die Kunde von der nahenden Ankunft des Kanus und die Nachricht, daß sich die junge Puhi-huia an Bord befand, nach Awhitu hinübertragen sollte. Ein weiteres Lied erklang zu Puhi-huias Ehren, und langsam näherte sich das Kanu den Ufern von Te Pongas Heimat.
Nun sprach der Steuermann abermals zu Puhi-huia: »Hier, nimm die Waffe deiner Vorfahren, die berühmte Waffe mit Namen Kahotea!« Und wieder antwortete ihm Puhi-huia: »Es ist an dir, die Waffe zu tragen!« Hin und her ging der Streit, bis der Steuermann sagte: »Gut, dann beenden wir eben unseren Streit um die Waffe deiner Vorfahren. Ich hatte dir die Waffe angeboten, damit du sie unseren Ältesten als Zeichen der Versöhnung von deinen Ältesten überreichst.« Und er fuhr fort, sein Angebot weiter zu erklären; doch schließlich kam er zum eigentlichen Grund seines Bemühens, und es wurde offensichtlich, daß er Puhi-huias Aufmerksamkeit und Liebe von Te Ponga weg und auf sich selbst lenken wollte.

Wieder sprach Puhi-huia klare Worte und bekannte sich zu dem, den sie liebte und für den sie ihren Stamm und ihre Heimat gegen den Willen ihrer Leute verlassen hatte. Als der Streit zwischen den beiden endlich zu Ende war, hatten die Kanus ihr Ziel bereits erreicht. Und da die Leute von Awhitu durch den Gesang an Bord von der Ankunft Puhi-huias wußten, waren sie allesamt am Ufer versammelt, um die Schönheit der jungen Häuptlingstochter aus Maunga-whau zu bewundern. Nun aber wandte sich der Steuermann an die Wartenden, und erzählte ihnen von dem großen Übel, daß über sie alle gekommen war, weil Te Ponga sich nicht an die Regeln gehalten und die Häuptlingstochter ohne Wissen der anderen mit an Bord gebracht hatte. Er sagte, daß sie ihre Leben allein der Tatsache verdankten, daß die Kanus der Leute von Maunga-whau nicht reisefertig waren und malte ein düsteres Bild vom möglichen Einfall der Feinde, die sich für die ›Entführung‹ Puhi-huias rächen wollten. Kaum hatte er ausgesprochen, da erhob sich der Häuptling von Awhitu und sprach: »Dann bringt die Frau zurück nach Hause! Ich bin nicht bereit, den Frieden zwischen unseren Stämmen wegen dieser jungen Frau zu riskieren!« Und zu Puhi-huia sagte er: »Du bist mir zwar willkommen, aber du mußt nach Hause zurückkehren. Und wenn dir unterwegs etwas passiert, dann ist es Te Pongas Schuld, und nicht meine!« Nun aber erhob sich Puhi-huia und wandte sich an die Versammelten. Bevor sie zu ihnen sprach, legte sie einen ihrer Umhänge ab, und dann noch einen, bis sie in ihrem feinen flachsernen Unterkleid vor den Leuten von Awhitu stand. »Schaut mich an, ihr Leute!« rief sie ihnen zu. Ein Raunen ging durch die Menge ob der Schönheit der jungen Frau – groß war sie, mit lockigem Haar, einer feinen Haut – wie ein junger Kauri-Baum, so würdevoll stand sie da!

Und dann sprach sie zu ihnen: »Ihr seid mit Recht verärgert, aber euere Wut trifft den Falschen! Ihr habt Recht, wenn ihr befürchtet, daß sich mein Stamm meinetwegen an euch rächt, aber ihr seid im Unrecht, wenn ihr Te Ponga dafür verantwortlich macht! Ich bin aus freiem Willen hier! Ihr seid im Unrecht. Schaut euch doch nur die Vortrefflichkeit des jungen Te Ponga an! Warum habt ihr ihn denn nicht hierbehalten, sondern zu meinem Pa kommen lassen? Wären seine Freunde ohne ihn nach Maunga-whau gekommen – ich wäre heute noch in meiner Heimat! Drum ist es eure Schuld! Ihr habt es zugelassen, daß er zu mir kam, und nun liebe ich ihn. Sucht die Schuld nicht bei mir, sondern bei euch!«

Und mit diesen Worten sprang sie ins Wasser und schwamm das letzte Stück ans Ufer. Da erhoben sich alle Frauen und gingen auf sie zu, um sie zu begrüßen. Die im Kanu aber waren immer noch sprachlos über ihre Rede.

Am Ufer erhob Puhi-huia wieder ihre Stimme: »Hier bin ich, Puhi-huia, und ich werde niemanden erlauben, mir zu sagen ›Tu dies oder tu das‹. Wenn es euch ernst ist damit, daß ich nach Maunga-whau zurückkehren muß, dann werden Te Ponga und ich schon heute nacht in den Wellen der See schlafen!«

Jetzt begannen die Frauen von Awhitu mit ihrem Karanga, und die Stille wurde nur durch ihren Gesang unterbrochen. Immer noch rührten sich die auf dem Kanu nicht, und die Männer an Land hatten ihre Köpfe in ihre Kleider gesteckt. Doch nun sprach der Steuermann, der die Waffe Kahotea hielt und erinnerte die Versammelten daran, daß die Krieger von Maunga-whau mit Sicherheit kommen würden, und er ließ alte Wunden aufbrechen, indem er von vergangenen Kämpfen sprach. Te Ponga schwamm jetzt ebenfalls an Land und gesellte sich zu Puhi-huia. Ohne zu reden schauten sie einander an. Plötzlich erhob sich da der Häuptling von Awhitu, und während er am Strand auf und ab ging, und seine Augen von dem liebenden Paar zu den Kanus und zurück wandern ließ, begann er über den Tod zu reden, dem doch niemand entgehen kann. »Wo du auch hingehst, überall ist der Tod. Er wird dich finden. Der Tod kam mit Maui, und er wird mit uns bleiben. O meine Kinder, ihr seid dem Tod dieses Mal entronnen, aber das wird nicht immer so sein. Der Tod ist das einzige, was sicher ist in dieser Welt. Kommt nun in unser Haus!« Und zu Puhi-huia gewandt, sagte er: »Meine Enkelin, von höherer Geburt und Rang als ich es bin, komm zu deinen Verwandten! Nicht du bist der Ursprung des Todes, der Ursprung liegt weit zurück. Haben deine Ahninnen nicht ihre Männer selbst gewählt? Du hast deine Wahl getroffen, und ich habe meine Wahl getroffen, und wenn der Tod kommt, dann werden wir ihm gemeinsam entgegentreten!«

Und damit meinte er, daß er kämpfen wolle, auch wenn die Leute von Maunga-whau kämen, um Puhi-huia zurückzuholen. Der Häuptling und Puhi-huia tauschten das Hongi aus und dann gingen sie – die Frauen von Awhitu hinter ihnen und dann die Männer – langsam auf den Pa und das Haus des Häuptlings zu. Das Essen wurde angerichtet und die Rückkehrer aßen. Beim Verteilen der Speisen forderte Puhihuia den tauben Sklaven heraus, sich zu zeigen, denn dadurch, daß nicht er, sondern sie das Wasser für Te Ponga holen ging, hatte sie ja von Te Pongas Gefühlen für sie erfahren. Es war somit ein anderer, der für die gegenwärtige Situation verantwortlich war.

Am Abend dann versammelten sich alle, und der Häuptling sprach: »Wir müssen unsere Verteidigung planen. Möglicherweise bereiten sich die Krieger von Maunga-whau schon jetzt vor, und sind morgen hier. Wir haben nur heute abend, um unsere Pläne zu besprechen!« Ein Krieger nach dem anderen stand nun auf und tat seine Meinung kund. Viele von ihnen verurteilten Te Ponga und fühlten sich nicht verantwortlich für die Konsequenzen, die Puhi-huias Anwesenheit in Awhitu haben mögen. Andere wieder waren auf seiner Seite; er selbst aber äußerte sich nicht. Es war Puhi-huia, die sich auch an diesem Abend zu Wort meldete, und ihren Standpunkt noch einmal bekräftigte. Das letzte Wort hatte wieder der oberste Häuptling. Er ermutigte seine Krieger, mit ihm und für die Liebenden zu kämpfen, und sein Wort hatte das größte Gewicht. So begaben sich denn alle zur Ruhe, und viele von ihnen stimmten jetzt mit ihrem Häuptling überein.

Am nächsten Morgen bereiteten sie sich auf den Kampf vor, denn die Botschaft ihres Häuptlings am Abend zuvor war klar gewesen: Er wollte für Puhi-huias Verbleiben in Awhitu kämpfen!

Noch bevor die Sonne ihren höchsten Stand erreicht hatte, konnten sie von ihrem Pa aus ein Kanu sehen, das immer näher kam. Bald war die Besatzung deutlich erkennbar, und während die Bewohner von Awhitu die Tore ihrer Siedlung verschlossen, gingen die Krieger dem Kanu entgegen.

Als das Kanu näher und näher ans Ufer kam, erhob sich auch Puhi-huia und ging hinunter zum Strand: »Paddelt nicht weiter, bleibt wo ihr seid!« rief sie denen im Kanu zu, und dann fragte sie: »Seid ihr etwa die Vorhut? Wer kommt nach euch?« Und die auf dem Kanu antworteten: »Alle von Maunga-whau kommen!« – »Warum kommt ihr?« fragte Puhi-huia. »Wir kommen, um dich zurückzuholen!« – »Kehrt um und sagt den anderen, daß ich lebend nicht zurückkehren werde! Laßt meinen Tod genug sein, und kämpft nicht gegen

Te Ponga und seine Leute, denn auch die werden nicht ruhig bleiben, sondern kämpfen. Geht und sagt meinem Vater und seinen Leuten, daß diese Leute hier dieselben Vorfahren haben wie wir, und daß ich den, den ich liebe, gefunden habe, und bis in den Tod hinein zu ihm halten werde.« Als die im Kanu vernahmen, daß Puhi-huia ihre Meinung nicht ändern würde, bewunderten sie ihren Mut, und dann machten sie kehrt. In Maunga-whau wiederholten sie die Worte vor Puhi-huias Leuten. Die besprachen die Angelegenheit nun ihrerseits, und auch im Versammlungshaus von Maunga-whau erhob sich ein Krieger nach dem anderen und tat seine Meinung kund. Einer von ihnen war zornig darüber, daß Puhi-huia einen Mann von einem anderen Stamm gewählt hatte, und daß dieser Mann noch dazu von niedrigerem Rang war als er selbst. Ein anderer aber war bereit, Puhi-huias Entscheidung anzunehmen und sah keinen Sinn darin, Streitigkeiten zwischen den Stämmen entstehen zu lassen, die doch nichts erreichten.

Sodann meldeten sich Puhi-huias Freundinnen zu Wort; es war nämlich Sitte, daß eine junge Frau von hohem Rang, wie Puhi-huia, eine Gruppe von Freundinnen als ständige Begleiterinnen um sich zu haben pflegte.

Sie kannten die junge Häuptlingstochter am besten von allen, und bestätigten, daß kein anderer Mann Puhi-huia je wichtig gewesen war und daß sie Te Ponga ganz bestimmt nicht lassen würde.

Die ganze Nacht dauerte die Diskussion im Versammlungshaus von Maunga-whau, und am Ende wollten immer noch einige in den Krieg ziehen und Puhi-huia mit Gewalt zurückholen, während andere lieber zum Hochzeitsfest gegangen wären. In den frühen Morgenstunden sprachen wieder die Frauen von Maunga-whau. Puhi-huias Mutter stand auf und erzählte, daß auch sie gegen den Willen ihrer Brüder ihren Mann selbst gewählt hatte. Eine alte Frau, die neben ihr saß, stimmte ihr zu und bemerkte, daß sie die jungen Männer von Maunga-whau für rückständig hielt. Einer der alten Priester schlug schließlich vor, einen Boten zu Puhi-huia zu schicken, um sie wissen zu lassen, daß ihr Stamm am dritten Tag nach Vollmond in Awhitu eintreffen werde, um die Angelegenheit zu klären. Dieser Vorschlag fand allgemeine Zustimmung.

Doch da stand Puhi-huias Mutter plötzlich auf und verkündete: »Ich und meine Gruppe von Frauen werden so bald wie möglich nach Awhitu paddeln.« Und mit diesen Worten ging sie in ihr Haus und suchte ihre wertvollen Umhänge zusammen, die mit feinen Ölen gefüllten Kalebassen und die Federn des Albatros und des Huia und andere wertvolle Dinge, rollte alles in ein Bündel und rief einen ihrer Sklaven zu sich, auf daß er das Bündel für sie trage.

Dann ging sie zur Eingangspforte des Pa und rief: »Frauen! Dies ist unser Tag! Laßt uns nach Awhitu ziehen ohne die Männer!« Sechzig Frauen – alte und junge – kamen auf ihr Rufen hin und zusammen paddelten sie in Richtung Awhitu. Die See war ruhig und bald näherten sie sich dem Pa, von dem aus Puhi-huia und Te Ponga und die Leute von Awhitu die Ankunft des Kanus bereits gesichtet hatten. Zuerst glaubte man in Awhitu, daß sich eine Gruppe von Männern im Kanu befand, denn die Besatzung paddelte ganz nach Art der Männer und auch ihre Kleidung und die Federn im Haar ließen auf männliche Krieger schließen. »Ihr da in Awhitu!« tönte es vom Kanu her, »greift zu euren Waffen, denn wir sind ein Kriegskommando!« Puhi-huia sprach nun zu Te Ponga: »Komm, laß uns zum Strand hinunter gehen.« Und die beiden Liebenden gingen am Strand entlang bis zu dem

steilen Felsen am Ende des Strandes. Puhi-huia stieg hoch bis zum höchsten Punkt des Felsens und Te Ponga folgte ihr, und ohne ein Wort zu reden setzten sie sich dort oben hin. »Warum versteckt ihr euch?« hörte Puhi-huia da die Stimme ihrer Mutter rufen, »das wird euch nicht helfen! Ihr werdet bekommen, was ihr verdient, und zur Zeit des Sonnenunterganges wirst du wieder in Maunga-whau sein, Puhi-huia!« Als Puhi-huia sah, daß das Kanu voller Frauen war, sagte sie zu Te Ponga: »Ich sehe nur Frauen im Kanu! Vielleicht haben sich die Männer im Bauch des Kanus versteckt. Ich werde nicht mit ihnen gehen! Von diesem Felsen werde ich in den Tod springen! Ich werde nicht lebendig zu meinen Eltern zurückkehren!« Und denen im Kanu rief sie zu: »Paddelt hierher! Hier sind wir!« In ihrer Hand hielt sie ein Taiaha, eine der heiligen Waffen, die Te Pongas Eltern gehörten.
Langsam glitt das Kanu auf den Felsen zu, auf dem die beiden Liebenden standen, und Totenstille herrschte im Pa hinter ihnen. »Kommt aus eurem Pa!« rief Puhi-huias Mutter. »Warum habt ihr meine Tochter gestohlen? Was habe ich euch weggenommen, daß ihr mir dieses Juwel von meiner Brust reißt? Kommt raus und laßt uns kämpfen!«
Hätte ein Mann diese Worte gesprochen, dann hätten die Krieger von Awhitu diese Herausforderung wohl sofort beantwortet, so aber verhielten sie sich abwartend.
»Habe ich dir nicht gesagt, daß wir uns erst im Jenseits wiedersehen werden, wenn du weiter auf deinem Standpunkt bestehst?« fragte Puhi-huia. »Bleib du in deinem Kanu, aber schicke ein paar von deinen Frauen an Land, damit ich mit ihnen kämpfen kann! Wenn ich den Tod finde, dann kannst du mich in deinem Kanu mit nach Hause nehmen, gewinne ich aber, dann kannst du zum Tangi in deinen Pa zurückkehren. Ich werde jedoch nicht lebend mit dir zurückkehren!«

Einige junge Frauen warfen nun ihre Umhänge ab und bereiteten sich zum Kampf mit Puhi-huia vor. Alle waren unverheiratet und von hohem Rang, und jede hielt eine Waffe in ihrer Hand.
Eine nach der anderen trat hervor und maß sich mit Puhi-huia, und eine nach der anderen wurde im Kampf besiegt. Wortlos beobachteten die Leute von Awhitu und die von Maunga-whau das Spektakel,und Te Ponga saß da, das Gesicht in seinen Kleidern verborgen. Als die Waffe der letzten jungen Frau, die gegen Puhi-huia angetreten war, in den Sand fiel, sprach ihre Mutter: »Genug jetzt! Du hast alle diese Frauen besiegt, nun laß uns zu deinem Vater zurückkehren.«
Doch Puhi-huia sprach: »Wird Kupe zurückkehren?«
Es war nur allzu klar, daß nichts und niemand Puhi-huia von ihrem Entschluß abbringen konnte. »Genug!« sprach Puhi-huias Mutter wieder, »so bleib denn hier! Ich werde zurückkehren und dann zu deinem Hochzeitsfest wieder hier sein!«
Puhi-huia verabschiedete sich von den Kämpferinnen ihres Stammes und während diese davonpaddelten, ging sie mit Te Ponga zum Pa hoch.
Unverzüglich begannen die Leute von Awhitu mit den Vorbereitungen zum großen Fest: Sie fingen Fische, gruben Farnwurzeln aus, jagten nach Tauben und sammelten Muscheln, und als sie alles beisammen hatten, sandten sie einen Boten nach Maunga-whau, um Puhi-huias Leute wissen zu lassen, daß sie bereit seien. Am verabredeten Tag dann kamen die Gäste aus Maunga-whau – nur die ganz alten Frauen und Männer waren zurückgeblieben – und mit allen Ehren und gemäß den alten Sitten der Maori wurden sie in Awhitu empfangen.
Nach der Willkommenszeremonie kamen die Tänze und dann das Essen, und nach dem Essen tauschten die beiden

Häuptlinge der Stämme von Maunga-whau und Awhitu ihre Geschenke aus: Huia-Federn, Albatros-Federn, Umhänge aus Flachs, Pounamu und viele andere Kostbarkeiten wurden in der Marae zusammengetragen! Und nach dem Austausch der Geschenke erhob sich Puhi-huias Vater und sprach: »O ihr Kräfte der Dunkelheit, o ihr Kräfte des Lichts, hier sind eure Schätze! O meine Tochter, diese Schätze sind für dich! Du verläßt mich, und ich weine um dich! Geh, du meine Kostbarkeit, aber du bist ja nicht tot! Wir stammen vom selben Kanu ab! Lebe wohl!« Und Puhi-huia beantwortete die Rede ihres Vaters, stolz und klar. Das Fest nahm seinen Lauf, und am nächsten Morgen kehrten Puhi-huias Leute in Frieden nach Maunga-whau zurück.

NACHWORT

Neuseeland, oder Aotearoa, wie die Maori ihr Land nennen: das sind Vulkane, Geysire, Fjorde, Gletscher und majestätische Berge mit ewigem Schnee; das sind Seen und Wasserfälle und endlos lange Sandstrände, zerklüftete Felsküsten, an denen sich Robben, Pinguine, Albatrosse und Kormorane tummeln; das sind sattgrüne Weiden und über siebzig Millionen Schafe; und das ist der Urwald, den man in Neuseeland *bush* nennt, mit seinen hunderten verschiedener Farne, den Palmen, der mächtigen Kauri-Fichte und dem Fantail, dem Fächerschwänzchen, das den Wanderer im Buschwald willkommen heißt und ihn mit Sicherheit ein Stück auf seinem Weg begleiten wird.

Die unzähligen Hügel des zumeist bergigen Landes waren einst von diesem Buschwald bedeckt, doch anstelle der Kauri-Fichte, des Rimu und des Fotara stehen dort jetzt meist Schafe, und oft läßt sich der Zauber des dschungelartigen Buschwaldes nur mit Hilfe der Landkarte ausfindig machen. Doch neben dem Buschwald wird der Leser der Mythologie und der Sagen der Maori bei seinem Besuch auf Aotearoa noch auf andere Bekannte stoßen: auf den knorrigen Pohutukawa-Baum zum Beispiel, mit seiner scharlachroten Blütenpracht, oder auf den Tui, den neuseeländischen Priestervogel, der sich zur Blütezeit des Kowhai-Baumes an dessen Nektar betrinkt und unverkennbar vor sich hin jubiliert – den Weka, einen flugunfähigen Kollegen des Kiwi, der im Gegensatz zu diesem gar nicht schüchtern, sondern vielleicht sogar zutraulicher ist, als das manchem Wanderer und seinem Reiseproviant recht sein mag.

Er wird die Namen vieler Orte wiedererkennen, da die Maori-Namen beibehalten wurden, und die Schwefelquellen von

Waikarewarewa, die auf dem Tourenplan fast aller Besucher des Landes stehen, werden für ihn mehr sein als nur eine interessante Naturerscheinung, sind sie doch der Ort, an dem Kura-ngai-tuku umkam, nachdem sie Hatupatu quer durch das Land verfolgt hatte.

Auf der Fahrt durchs Land sind es vor allem die Versammlungshäuser der Maori, die mit ihren markanten Giebeln voller Schnitzereien die Aufmerksamkeit des Reisenden auf sich ziehen. Er wird sich daran erinnern, daß es, ganz nach der Mythologie und den Sagen, eines genau festgelegten Zeremoniells bedarf, um als Gast auf der Marae, dem Vorhof des Versammlungshauses willkommen geheißen zu werden, und er wird wissen, daß neugieriges Herumstolpern mit dem Fotoapparat um den Hals auf wenig Gegenliebe stoßen wird. In der gegenwärtigen Renaissance der Maori-Kultur und ihrer Werte spielt das Maori-Protokoll eine bedeutende Rolle. Ein Blick auf die Medienlandschaft Neuseelands im Jahre 1984 zeigt dem Besucher, daß dieses Protokoll sich auch auf offizieller Ebene in einer sich wandelnden Gesellschaft mehr und mehr durchsetzt. Die Rede ist hier vom Wandel von der einseitigen Prägung durch die englisch-irisch-schottische Einwandererkultur hin zur Erkenntnis, daß dieses Neuseeland Menschen vieler Kulturen und Rassen beheimatet, die alle einen positiven Beitrag zur Gesellschaft und zum kulturellen Leben des Landes leisten können.

Die indische Familie, der das Milchgeschäft an der Ecke gehört – der chinesische Gemüsehändler, der der Kundin von den Pazifischen Inseln mit der Blume im Haar Taro und grüne Bananen verkauft – die Griechin im Fish-and-Chips-Laden – sie alle machen auf die Vielschichtigkeit des heutigen Neuseeland aufmerksam.

Das neuseeländische Fernsehen bringt täglich, wenn auch nur für fünf Minuten, die Nachrichten auf Maori, und an Sonntagen informiert eine Sendung über das Neueste in Maori-Kunst und Maori-Gesellschaft.
Maori-Sprachkurse erfreuen sich wachsender Beliebtheit – und anstatt »hello« heißt es möglicherweise »kia ora!« Kleine Anfänge, sicherlich, aber doch Schritte in die richtige Richtung, Schritte auf dem langen Weg in ein wirklich multikulturelles Aotearoa!

Der geschichtliche Rahmen

Laut Überlieferung kamen die Maoris in drei Einwanderungswellen nach Neuseeland.
Die erste Expedition wurde von dem Steuermann Kupe angeführt, die zweite von Toi, einem Häuptling auf Hawaiki, und die dritte und umfangreichste umfaßte die Zeitspanne, in der die berühmten Kanus die Ufer Aotearoas erreichten – die »Arawa«, die »Tainui«, die »Tokomaru«, die »Aotea« – um nur einige zu nennen.
Zwischen Tois Reise und der Ankunft der großen Kanus hat es mit Sicherheit andere Expeditionen gegeben, doch der große Exodus aus Hawaiki, der heute zwischen 1200 und 1400 unserer Zeitrechnung angesetzt wird, dürfte von Überbevölkerung und kriegerischen Auseinandersetzungen im heimatlichen Hawaiki motiviert gewesen sein. Der Ankunft der Kanus folgte die Periode der »großen Isolation«, die bis zur Ankunft der ersten Europäer in Neuseeland anhielt.
Archäologische Forschungen haben ergeben, daß Neuseeland schon um das Jahr 900 herum besiedelt war, und es gibt Anzeichen dafür, daß diese Besiedelung von den Marquesas

und von Tahiti aus stattfand und über die Cook-Inselgruppe nach Neuseeland führte.
Die Kultur dieser frühen Siedler war mit Sicherheit ostpolynesischen Ursprungs. Sie lebten hauptsächlich von Fischfang und vom Moa und anderen Vögeln, die wie der Moa inzwischen ausgestorben sind. Die kaum entwickelte Landwirtschaft beschränkte sich auf einige wenige von Hawaiki eingeführte Gemüsearten, von denen die meisten auf Grund klimatischer Bedingungen die Einführung nicht überstanden haben dürften.
Die Siedlungen der Moa-Jäger oder »archaischen Maori«, wie sie auch genannt werden, waren provisorischer Natur und über das ganze Land verstreut, ihre Technologie war wenig entwickelt.
Stetige Bevölkerungszunahme gekoppelt mit Veränderungen der klimatischen Bedingungen sowie der Tatsache, daß sich der Moa-Bestand seinem Ende zuneigte, führten jedoch zu tiefgreifenden Veränderungen in der gesellschaftlichen Organisation der frühen Maori.
Die Kumera, das wichtigste Gemüse der frühen Siedler, konnte nun nur noch im wärmeren Norden der Nordinsel angebaut werden, was zu einer wachsenden Konzentration der Bevölkerung in jener Region und in der Folge zur Anlage befestigter Dörfer (*pa*) führte.
Mit der größeren Konzentration der Bevölkerung entstanden aber auch die Spannungen zwischen einzelnen Gruppen und der Wettbewerb um Nahrungsquellen.
Diese Phase markiert den Übergang von der frühen zur klassischen Kultur der Maori – einer Kulturepoche, in der u. a. verfeinerte Werkzeuge und kunstvoller Schmuck aus Jade entstanden, und in der Philosophie und Poesie der Maori ihre Blütezeit erlebten.

Zwischen 1300 und 1500 setzt man die Ausbreitung der Kultur der klassischen Maori vom Norden nach Süden hin an. Zur Zeit der Ankunft der Europäer hatte die klassische Kultur die frühere, primitivere Kultur in allen Teilen des Landes abgelöst; lediglich auf den Chatham-Inseln, einer kleinen Inselgruppe etwa 600 km östlich der beiden Hauptinseln Neuseelands lebten die ›Morioris‹ weiterhin ihr friedfertiges und im Vergleich zu den klassischen Maori primitives Leben.

Die Maori unterteilten sich in etwa fünfzig Stämme (*iwi*) verschiedener Größenordnung, die als autonome politische Einheiten über eigenes Territorium schalteten und walteten. Mitgliedschaft im Stamm gründete sich auf einen gemeinsamen Vorfahr und Gründer des Stammes in möglichst direkter patrilinearer oder matrilinearer Linie.

Der Stamm wiederum zerfiel in einzelne Sippen (*hapu*), und jede der Sippen beanspruchte einen Teil des Stammesterritoriums für sich.

Auch die Sippe gründete sich auf gemeinsame Abstammung, und ihr begegnen wir als geschlossener Gruppe bei Festlichkeiten und anderen Anlässen sehr viel eher als dem Stamm.

Die Grundeinheit sozialer Organisation war der Haushalt der Großfamilie (*whanau*); Mitgliedschaft in Stamm und Sippe wurde nur durch die gleichzeitige Mitgliedschaft und aktive Teilnahme an den Aktivitäten der Familieneinheit anerkannt.

Zu den Aristokraten zählte, wer seine Herkunft durch älteste und möglichst männliche Ahnen bis auf den Gründer des Stammes zurückverfolgen konnte.

Aristokraten hatten mehr Frauen, mehr Land und mehr Sklaven als »gemeine« Stammesmitglieder.

Rangunterschiede waren mit *mana* und *tapu* assoziiert – *mana* die spirituelle Kraft, die entweder ererbt oder durch entsprechendes Handeln erworben werden konnte – *tapu* der Zustand religiöser Restriktion verbunden mit strengsten Regeln, deren Mißachtung große Gefahr für das jeweilige Individuum brachte.

Die erste Begegnung mit Europäern fand 1642 statt, als der Holländer Abel Tasman die Ufer von Aotearoa erreichte. Der Engländer James Cook kam im Jahre 1769 an, und seit rund 1800 machten Handelsschiffe, Walfänger und Robbenfänger regelmäßig auf Neuseeland Station.

Der Kulturkontakt mit den Europäern brachte bald Veränderungen und Krisen für die ehemals so robuste Kultur der Maori. Weizen, Kartoffel, Mais, Schweine, Pferde und Nutzvieh wurden ebenso eingeführt wie Flinten und Äxte; letztere trugen zu einem dramatischen Anstieg der kriegerischen Auseinandersetzungen zwischen den Stämmen bei. Die Fremden aus Übersee, die den einen oder anderen Maori als Besatzungsmitglied mit an Bord nahmen und ihre Waren gegen die Arbeitskraft der Maori bei der Holzgewinnung tauschten, verstießen jedoch allzu oft gegen die Sitten und Gebräuche ihrer Gastgeber und es kam u. a. auch zu Mißhandlungen. Die anfänglich freundlichen Beziehungen zwischen den Maori und den Europäern verfielen folglich, und die Maori begannen sich, wo immer sie nur konnten, für erlittenes Unrecht zu rächen.

Als der Kapitän des Schiffes »Boyd« z. B. im Jahre 1809 einen Maori-Häuptling, der als Besatzungsmitglied an Bord weilte, auspeitschen ließ, beantworteten einige Maori diesen Vorfall mit der Eroberung des Schiffes; die Besatzung töteten und aßen sie – in Anbetracht des Vergehens der Europäer eine ihren Sitten und Gebräuchen gemäß durchaus angemessene Handlungsweise.

Mehrere Jahre lang machten europäische Schiffe danach einen weiten Bogen um das Land.

Die ersten christlichen Missionare kamen um 1814 nach Neuseeland, die ersten Bekehrungen jedoch fanden erst gegen Ende der 30iger Jahre des letzten Jahrhunderts statt und waren höchstwahrscheinlich Ausdruck und Folge der Verwirrung und Bestürzung der Maori über die Massaker zwischen den Stämmen, die Epidemien und radikalen gesellschaftlichen Veränderungen, die seit der Ankunft der Europäer über sie hereingebrochen waren. Geschwächt und entmutigt wandten sich viele Maori in jenen Tagen in Hoffnung auf Frieden und Gerechtigkeit den Missionaren und ihrer Botschaft zu.

Zwischen 1830 und 1838 war die europäische Bevölkerung von 150 auf 2000 Menschen angewachsen. Zwei Jahre später, im Jahre 1840, erwarb die Krone mit dem heute so umstrittenen Vertrag von Waitangi Souveränität über das Land. Doch nicht alle Häuptlinge unterzeichneten das Dokument, mit dem sie die Souveränität ihres Landes eintauschten gegen eine Garantie des »vollen, ausschließlichen und unumstrittenen Besitzanspruchs über ihr Land, ihre Fischgründe, Wälder und allen anderen Besitz«.

Bis ca. 1860 lebten die Maori in relativem Frieden und Unabhängigkeit. Zahlenmäßig waren sie den Siedlern immer noch überlegen, obwohl die stetige Ankunft neuer Siedler verbunden mit für die Maori fatalen Epidemien dieses Verhältnis bald verändern sollte.

Oft machten sie noch Gebrauch von den europäischen Neuerungen: sie eigneten sich europäische Erziehung an, betätigten sich in der Küstenschiffahrt, betrieben Mühlen, und waren erfolgreiche Landwirte – all dies sehr zum Verdruß landhungriger Neusiedler, die ihrerseits Land für sich beanspruchten.

Die Maori aber waren weniger denn je daran interessiert, Land zu verkaufen oder abzutreten, und so wuchs der Antagonismus zwischen Maori und Pakeha (den Weißen).

1860 dann kam es zu ersten handfesten Auseinandersetzungen, als die Regierung Truppen in die Taranaki-Provinz sandte, um den Streit zwischen zwei Parteien wegen eines Landstücks durch dessen Konfiszierung zu beenden.

Die Maori der Region, um deren Land es in diesem Streitfall ging, waren entschlossen, dieses zu verteidigen, und sie erhielten auch bald Unterstützung von zwei Stämmen aus der Waikato-Region. Dies wurde von der Regierung mit dem Angriff auf sämtliche Stämme des Waikato, die sich inzwischen in der »Königsbewegung« (*kingitanga*) zusammengeschlossen hatten und entschlossen waren, sich jeglichem weiteren Abtritt von Land zu widersetzen, beantwortet. Die Kampfhandlungen eskalierten und andere Stämme schlossen sich den Kämpfen an, einige auch auf Seiten der Regierungstruppen. Das Jahr 1865 brachte dann die Niederlage der Maori-Truppen und die Konfiszierung von 3 Millionen Morgen Land als Strafe für die »Rebellion« der Maoris. Doch nicht nur von den sogenannten Rebellen nahm sich die Regierung Land, auch Stämme, die wenig oder gar nicht an den Kämpfen teilgenommen hatten, verloren Grund und Boden, während andere, sehr viel aufsässigere Stämme, deren Land steil und steinig und daher sehr viel weniger für die Landwirtschaft brauchbar war, relativ ungeschoren davonkamen.

Den Landkriegen folgte eine Phase des Rückzugs, der Resignation und des allgemeinen Zerfalls des einst so stolzen Volkes.

Widerstand gegen die Vorherrschaft der weißen Siedler äußerte sich in den folgenden fünfzig Jahren hauptsächlich in

Form von politischen und religiösen Bewegungen, wie z. B. der Bewegung um den Maori-Propheten Rua oder die Ringatu und Ratana-Kirche.

Im Jahre 1867 erhielten dann aber doch alle männlichen Maori das Wahlrecht, und im Jahre 1893 gewährte die neuseeländische Regierung als erstes Land der Welt all ihren Bürgern – Frauen und Männern – das allgemeine Wahlrecht. Maori besuchten Schulen, die eigens für sie eingerichtet wurden und mit denen die Regierung die Eingeborenen assimilieren wollte; und ab 1890 wurden aus den Maori Arbeitnehmer.

Maori-Führer, firm im Umgang mit beiden Kulturen, begannen an die Öffentlichkeit zu treten, und einige von ihnen profilierten sich auf dem Gebiet der Medizin und des Rechtswesens, andere zogen ins Parlament ein.

Körperschaften entstanden, die sich zum Ziel gesetzt hatten, Kredite zur Erschließung verbleibender Ländereien zu erwerben, um so Arbeitsplätze zu schaffen und weitere Landverkäufe abzuwenden.

Die Entwicklung hin zu einer Stärkung der Maori-Gesellschaft wurde jedoch durch die Weltwirtschaftskrise und die Große Depression der 30iger Jahre unterbrochen, da im neuen Prioritätenkatalog der Regierung wenig Platz für Kredite zur Erschließung von Maori-Land war.

Zu den positiven Veränderungen jener Tage zählt, daß das Sprechen der Maori-Sprache in der Schule nicht mehr unter Strafe gestellt wurde (in einigen Fällen waren Maori-Kinder körperlich gezüchtigt worden) und das Erziehungsministerium im Jahre 1930 Platz im Curriculum für Aspekte der Maori-Kultur machte.

Die Übernahme der Regierungsgeschäfte durch die Erste Labour-Administration im Jahre 1935 brachte größeren

Schutz für Maori-Land, und im Januar 1939 waren 253 000 Morgen Maori-Land erschlossen. Maoris erhielten nun auch dieselben Sozialleistungen wie Nicht-Maoris, was zuvor nicht der Fall gewesen war.

Mit der Übernahme der Regierungsgeschäfte durch die National Party im Jahre 1949 hörte die Bereitstellung von Staats-Krediten für Maori-Landentwicklung wieder auf. In der Folge verloren die Maori, von denen viele an beiden Weltkriegen teilgenommen hatten, und die jetzt, nach dem Zweiten Weltkrieg, von fernen Schlachtfeldern nach Hause gekommen waren, weitere 49 000 Morgen Land, da es auf dem freien Markt nur Kredite in Verbindung mit individuellem, nicht aber für kollektiven Landbesitz gab.

Die Entwicklung der Landwirtschaft, die erklärtermaßen zum nationalen Schwerpunkt der Nachkriegsjahre wurde, zwang paradoxerweise viele Maoris, ihr Land zu verkaufen und auf der Suche nach Arbeitsplätzen in die Städte abzuwandern.

So erhöhte sich die Zahl der städtischen Maori von 9% im Jahre 1936 und 15% im Jahre 1945 auf 30% im Jahre 1961. 1981 lebten 78% aller Maoris in den Städten Neuseelands. Weitere 80 000 Maoris lebten in den Städten Australiens, in die sie, immer noch auf der Suche nach Arbeitsplätzen, gezogen waren.

Maori haben die Wanderung ihres Volkes in die Städte von Neuseeland als die zweite Migration nach der ersten, der aus Hawaiki, bezeichnet – die Wanderung von den Städten Neuseelands in die Städte Australiens nennen sie die dritte Migration.

Die vierte Migration, die viele Maori heute anstreben, ist die zurück aufs Land, zurück auf *ihr* Land, und zurück zu den Wurzeln und der Kraft ihrer Kultur, die sich uns in der Mythologie dieses Volkes darstellt.

Zum Hintergrund dieses Bandes

Gegen Ende des Jahres 1845 bestellte die Britische Regierung den jungen George Grey nach Neuseeland, auf daß er dort die Verwaltung der jüngsten britischen Kolonie übernähme.

Bei seiner Ankunft in Neuseeland fand Grey die königlichen Truppen in Kämpfe mit den Eingeborenen des Landes verwickelt. Die Maori waren offensichtlich immer weniger bereit, ihr Land widerstandslos aufzugeben – eine Situation, die wenig Besserung erhoffen ließ.

Grey sah sich jedoch außerstande, seiner Rolle als Generalgouverneur und Vermittler in zufriedenstellendem Maße gerecht zu werden, denn weder er noch die Mehrzahl seiner Landsleute waren mit den Sitten und Gebräuchen, der Religion und der Denkweise der Eingeborenen vertraut – eine Tatsache, die sich in Verhandlungen zwischen Maoris und Europäern immer wieder bemerkbar machte.

Selbst die Übersetzer, die Grey ab und zu zur Seite gestellt wurden, lösten das Problem nur teilweise: Viele Maoris stimmten nur widerstrebend der Einweihung einer dritten Person in Angelegenheiten, die sie mit dem Generalgouverneur unter vier Augen aufnehmen wollten zu, und zweifellos verloren ihre Anliegen, durch die Arbeit des Übersetzers gefiltert, auch oft genug an Intensität.

Die Konsequenz aus diesen Umständen lag für Grey auf der Hand: Er selbst hatte sich mit der Sprache der Maori vertraut zu machen – eine Aufgabe, die freilich dadurch erschwert wurde, daß die schriftliche Fixierung der Maori-Sprache noch in den Kinderschuhen steckte. Bald schon aber erwies sich die bloße Kenntnis der Sprache ohne Kenntnis des kulturellen und religiösen Hintergrund als unzureichend: In Verhandlungen zitierten die Wortführer der Eingeborenen immer wieder Sprichwörter und Gedichte oder bezogen sich auf mythologische Zusammenhänge, um ihre Haltung in Streitfällen zu erläutern.

Grey sah, daß ihm auch hier jegliches Wissen, das es ihm erlaubt hätte, in einer gegebenen Situation angemessen zu handeln, fehlte, und so beschloß er, sich mit der Mythologie und den Sagen der Maori auseinanderzusetzen.

Mehr als acht Jahre verwendete er darauf, neben seinen amtlichen Pflichten die Sprache zu lernen und die Überlieferungen der Maori zu sammeln – eine Aufgabe, die durch den Brand des Regierungsgebäudes, in dem seine ersten Manuskripte aufbewahrt waren, zurückgesetzt, doch nicht beendet wurde.

Ein zweites Mal machte er sich daran, das alte Wissen aufzuzeichnen und aufzeichnen zu lassen, das viele seiner Informanten, unter ihnen die letzten Vertreter der Generation von Maori, die noch einen bedeutenden Teil ihres Lebens vor dem Kulturkontakt mit den Europäern oder in einer von europäischen Einflüssen relativ ungestörten Zeit verlebt hatten, in der Folge mit ins Grab nahmen.

Und so entstand die erste, umfassendste und bedeutendste Sammlung von Maori-Mythen und -Sagen.

Sie wurde im Jahre 1854 in London unter dem Titel *Nga Mahi a nga Tupuna,* »Die Taten der Ahnen« herausgegeben, später von Grey ins Englische übertragen und unter dem Titel *Polynesian Mythology* als gekürzte Fassung des Originaltextes herausgegeben.

In seinem Vorwort weist Grey selbst darauf hin, daß seine Sammlung nicht einheitlich sei, sondern das Ergebnis einer Zusammenstellung von versprengten Einzelteilen.
Es lag in der Natur seiner Arbeitsweise, daß Teile einer Mythe oder Sage oft von mehreren Informanten aus unterschiedlichen Teilen des Landes stammten, und längere Zeitspannen zwischen der schriftlichen Niederlegung der Einzelteile einer Mythe lagen.
Er bestätigt somit, was die neuseeländische Anthropologin Joan Metge in ihrer Definition von den Mythen der Maori, wie sie uns heute vorliegen, sagt. Sie spricht von:
»Maori-Mythen, wie sie von Informanten mit unterschiedlichem Wissensstand und unterschiedlicher Ausbildung erzählt und niedergeschrieben wurden, und deren Information dann von europäischen Gelehrten unterschiedlicher Gelehrsamkeit und Integrität mit unterschiedlichen Zielen und Absichten von einer begrenzten Anzahl von Stämmen gesammelt wurden, und das oft, nachdem diese Mythen als Teil eines lebendigen und intakten Kultursystems geglaubt und weitergegeben wurden.«
So lassen sich denn für den ersten Teil der Greyschen Sammlung gleich drei Informanten ausmachen:
Da ist einmal Te Rangikaheke, ein Arawa und Häuptling des Ngati Rangiwewehi-Stammes, einem Stamm des Rotorua-Distrikts und Sohn eines berühmten Priesters. Als Autor von mindestens 500 Seiten des Originalmanuskriptes gilt er als einer der Hauptinformanten von Grey. Er starb im Jahre 1893.
Ein zweiter Informant war der junge Häuptling Matene Te Whiwhi (1815–1881), der das an Grey weitergereichte Wissen seinerseits von seinem Onkel, dem alten Häuptling Te Rangihaeata hatte. Te Rangihaeata vom Stamme der Ngati

Toa war ein Neffe des berühmt-berüchtigten Te Rauparaha und wie dieser ein Nachkomme derer, die auf dem Tainui-Kanu nach Neuseeland gekommen waren.

Te Rangihaeata starb im Jahre 1856, ohne zum Christentum bekehrt worden zu sein, während Matene Te Whiwhi, einer der Unterzeichner des Vertrages von Waitangi von 1840, von dieser Religion bereits stark beeinflußt war.

Über Wiremu Tako Ngatata, einem weiteren Informanten und Häuptling der Ati Awa ist bekannt, daß er mit der Bezwingung der Wellington-Stämme durch Te Rauparaha und die Ngati Toa zu tun hatte.

Doch Greys Sammlung, auf der der vorliegende Band aufbaut, war bei weitem nicht die einzige, die aus der einstmals von Generation zu Generation weitergegebenen mündlichen Überlieferung mit all ihrer Vielfältigkeit eine einheitliche, schriftlicher Version zimmerte. Andere Sammler waren John White (*The Ancient History of the Maori* in 6 Bänden, 1887–1897), Percy Smith (*Lore of the Whare Wananga,* eine Sammlung der geheimen Traditionen der Ngati Kahungunu, die 1913 veröffentlicht wurde), und andere, deren weniger umfangreiches Textmaterial aus erster Hand oft als Teil eines allgemeineren Bandes über Sitten und Gebräuche der Maori erschien (z. B. Richard Taylors *Te Ika a Maui,* 1855, und Edward Shortlands *Traditions and Superstitions of the New Zealanders,* 1856).

Spätere Sammlungen wie die von Elsdon Best (*Tuhoe: Children of the Mist,* 1925) sind wiederum Nacherzählungen von Mythen und Sagen, die dem Sammler aus erster oder zweiter Hand zugingen und die zweifellos Interpretationsversuche der Sammler enthalten.

Will man nun dieses Material kategorisieren, dann scheint es angemessen, die Kategorien der Maori anzuwenden. Sie kennen zwei Arten von Geschichte(n): Da sind einmal die *Korero tupuna,* die Geschichten von den Vorfahren – Göttern und Menschen – die sich auf die Zeit vor der Wanderung nach Neuseeland beziehen und in Hawaiki, der mythischen Heimat der Maori spielen.

In diesen Mythen finden wir Erklärungen für die Entstehung der Welt, den Ursprung des Menschen und alles Seins. Ein Pantheon von Göttern und Halbgöttern ist mit oft übernatürlichen Kräften und Fähigkeiten ausgestattet. Es ist dieser Mythenkreis, dessen Symbolik und Botschaft sich in allen Stammesversionen wiederholt und der die grundlegende Philosophie, die Ideale und Normen der Maori-Gesellschaft der Vergangenheit wie der Gegenwart enthält.

Von der Schöpfungsmythologie über den Maui-Zyklus bis hin zum Tawhaki-Zyklus begegnen wir den Aktivitäten einer Reihe von Helden und Gestalten, die sich vom göttlichen mehr und mehr zum menschlichen Sein hinentwickeln.

Wir hören von der ersten und zweiten Sünde in der Geschichte der Menschheit, dem Inzest-Tabu und der Bedeutung der Familienbande, die korrekte Anwendung bestimmter religiöser Gesänge wird erläutert sowie der Imperativ der unbedingten Befolgung von *tapu* – Gesetzen, Konzepte wie »Rache« (*utu*) und die Wichtigkeit strategischer Planung vor der Begegnung mit dem Feind werden ausgeführt.

Die zweite Gruppierung umfaßt u.a. die Sagen, die sich mit der Wanderung der Maori von Hawaiki nach Aotearoa befassen. Sie handeln von menschlichen, direkteren Vorfahren der heutigen Maori; die Tatsache, daß auch sie oft noch mit übernatürlichen Fähigkeiten ausgestattet sind, zeigt, daß die Demarkationslinie zwischen beiden Formen der mündlichen Überlieferung keineswegs starr ist. Auf den Hauptfiguren dieser Sagen sowie den Kanus, auf denen sie einst nach

Aotearoa kamen, bauen sich die Stammbäume vergangener und gegenwärtiger Generationen auf.

So bezieht sich der Redner im Versammlungshaus der 80iger Jahre unseres Jahrhunderts noch genauso auf seine Ahnen und Urahnen, wie der Redner vor hundert oder hundertfünfzig Jahren.

Das Bemerkenswerte an dieser Art von genealogischer Geschichtsschreibung ist die Genauigkeit, mit der sie vergangene Ereignisse aufzeichnet: Am Beispiel einer Vulkan-Eruption auf der Nordinsel von Aotearoa wurde z. B. bewiesen, daß die Maori mit ihrer Methodik bezüglich des Zeitpunktes des Vulkanausbruchs zum selben Ergebnis kamen wie die moderne Wissenschaft.

Im Gegensatz zu den *korero tupuna* beziehen sich die Wandersagen auf individuelle Stämme.

Doch keinesfalls herrscht unter den einzelnen Stämmen immer Einigkeit darüber, was sich in den Tagen der großen Wanderung abspielte. Frei nach dem Motto »Je umstrittener die Version, desto interessanter die Diskussion« gelten die Wandersagen auch heute noch als Herausforderung an die großen Redner der Versammlungshäuser. Es ist aber auch gerade die Diskussion um die Vergangenheit, die eine Kultur, die sich trotz vieler Niederlagen nach wie vor nicht in die Glaskästen der Museen einsperren und festgießen läßt, so lebendig und in zunehmenden Maße selbstbewußt macht.

Wie die Wandersagen der Maori, so beziehen sich auch die im dritten Teil des Bandes vorgestellten »Sagen aus Aotearoa« auf die jüngere Vergangenheit der Maori. Aus dem unendlich reichen Schatz an von Stamm zu Stamm und von Region zu Region verschiedenen Überlieferungen wurden hier einige wenige Beispiele ausgewählt; viele dieser Überlieferungen illustrieren den Glauben an übernatürliche Kräfte und erläutern eine ganze Palette von Erfahrungen und Interpretationen der Wirklichkeit. Neben dem zeitlichen Kriterium, das die Mythen und Sagen der Maori in zwei Hauptgruppierungen, mit der Wanderung von Hawaiki nach Aotearoa als Demarkationslinie, unterteilt, bieten die Begriffe *korero purakau* und *korero pakiwaitara* zusätzliche Möglichkeiten der Einteilung.

Unabhängig von der zeitlichen Dimension schließen die *korero purakau* neben den Geschichten von den Vorfahren all die Geschichten mit ein, deren Thema bzw. Lehre als wichtig und bedeutsam gilt und zeitlose Wahrheiten beinhaltet. Im Gegensatz dazu sind die *korero pakiwaitara* Geschichten mit Unterhaltungswert, Geschichten, die nicht allzu ernst genommen werden wollen.

Die vielleicht wichtigste aller Unterteilungen hat mit der letzteren einiges gemeinsam: Es ist dies die Unterteilung in *kauwae runga* – das Wissen um himmlische/göttliche Dinge – und *kauwae raro* – das Wissen um Irdisches. Aber beide Arten von Wissen sind hochgeachtet.

Wo, wie und von wem nun wurden und werden die Mythen und Sagen erzählt und weitergereicht?

Edward Shortland spricht in der Einleitung zu seinem Buch *Maori Religion and Mythology* davon, daß bei einem Unwetter alle Leute im Versammlungshaus zusammenkamen und die Mythen zur Besänftigung der Himmelsgeister erzählten. Andere Quellen, und nicht zuletzt die Mythen und Sagen selbst beschreiben, daß immer dann erzählt wurde, wenn eine größere Gruppe von Leuten zu besonderen Anlässen wie Hochzeiten und Todesfällen die Nacht in einem Versammlungshaus verbrachte. Das ist auch heute noch der Fall.

Oft benutzen und benutzten die Redner der Versammlungshäuser mythologische Zusammenhänge dazu, um einen Punkt ihrer Rede zu verdeutlichen oder aber einen sittlichen Standpunkt zu betonen.

Niemand ist vom Zuhören ausgeschlossen: Frauen und Männer, Kinder und Greise, Gäste und Gastgeber, und ehemals selbst die Sklaven nehmen und nahmen als aktive Zuhörer teil. Der Erzähler hat die Freiheit der individuellen Gestaltung einer Geschichte bzw. eines Themas, und von dieser Freiheit macht er/sie auch Gebrauch. Einwürfe und Kommentare des Publikums werden ins Erzählgeschehen integriert und spielen eine konstruktive Rolle bei der Ausgestaltung der jeweiligen Erzählung. So wird denn jede Erzählung zur einmaligen Darbietung, was die Unterschiede zwischen verschiedenen Versionen selbst innerhalb eines Stammes bzw. innerhalb einer Sippe erklärt.

Auch in der Familie wird erzählt, und im Gegensatz zum Versammlungshaus, wo meist nur wenigen Männern das Rederecht eingeräumt wird, erzählt in der Familie jede(r), der/die etwas zu erzählen hat.

Man kann davon ausgehen, daß das Wissen um mythologische Zusammenhänge zum überwiegenden Teil Allgemeingut war, und daß der Masse der Stammesmitglieder nur wenig Wissen von den im »Haus des Lernens« (*whare wananga*) Ausgebildeten vorenthalten wurde. Dieses geheime Wissen bestand hauptsächlich aus einigen wenigen *karakia* und Details der Kosmologie. Es ist dieser geheime und besonders heilige Bereich des Wissens, in dem manche Autoren die umstrittene Lehre von Io, der obersten Gottheit der Maori, ansiedeln.

Im Gegensatz zur überwiegenden Anzahl der Mythen, die den Anfang des Universums und allen Seins als Evolution, und nicht als Schöpfung durch einen Schöpfer beschreiben, spricht die Überlieferung eines der Tainui-Stämme von

einem Schöpfer namens Io, der eine stufenweise Evolution lenkt.
Lediglich Percy Smith, der sich in *Lore of the Whare Wananga* auf die Informationen zweier Ngati-Kahungunu Priester beruft, spricht etwas ausführlicher von diesem Io, von dem, laut Informanten, nur die höchsten Priester gewußt haben sollen. In diesem Zusammenhang darf jedoch nicht unerwähnt bleiben, daß Te Whatahoro, der Informant von Percy Smith, ein Schüler der im Jahre 1865 gegründeten »Schule des Lernens« war, deren geistige Väter Te Matorohanga und Nepia Pohuhu beide zum Christentum bekehrt worden waren. Mit Recht wird die Lehre von Io heute angezweifelt, und vieles deutet darauf hin, daß sie erst im Kontakt mit dem Christentum entstand, und auch dann nur wenig verbreitet war.

Maori heute

Neuseeland ist ein geographisch isoliertes Land.
Rund fünfundzwanzig Flugstunden von Europa entfernt, zweieinhalb Flugstunden vom nächsten Nachbarn, dem Königreich Tonga und drei Flugstunden von Australien entfernt liegt das Land, kaum größer als die Bundesrepublik, inmitten des Pazifischen Ozeans.
Von den 3,2 Millionen Menschen leben etwa 73% der Gesamtbevölkerung und 93% der Maori auf der industriell mehr erschlossenen und wärmeren Nordinsel – 840000 allein im Großraum Auckland und weitere 324000 im Raum Wellington, der Regierungshauptstadt des Landes.
78% der Maori-Bevölkerung lebte im Jahre 1981 in Städten, nicht zuletzt ein Ausdruck davon, daß heute weniger als 3% der Bevölkerung über 70% des gesamten Grund und Bodens des Landes verfügt.

Weitere statistische Daten zeigen, daß man trotz offizieller Beteuerungen nicht von einem konfliktlosen Zusammenleben der Rassen und harmonischen sozialen Verhältnissen sprechen kann: so stellte z. B. das Maori-Neuntel der Bevölkerung bereits im Jahre 1981 ein Viertel aller Arbeitslosen. Im Jahre 1984, dem Rekordjahr in Sachen Arbeitslosigkeit mit über 100 000 registrierten Arbeitslosen dürfte sich dieses Verhältnis mit Sicherheit zuungunsten der Maoris verschoben haben. Maori-Frauen und jugendliche Maori sind unter den am meisten Betroffenen.

Die Versagerquote von Maori-Kindern im immer noch zu sehr auf europäische Werte ausgerichteten neuseeländischen Schulwesen betrug 1984 60%.

So treffen wir denn auch unter den vollbeschäftigten Maori zumeist un- oder angelernte Arbeitskräfte an, was sich wiederum negativ auf das Durchschnittseinkommen der Maori-Bevölkerung auswirkt, das erheblich unter dem der weißen Bevölkerung liegt.

Auch in anderen Negativstatistiken sind die Ureinwohner Neuseelands überproportional vertreten: die Daten für Kindersterblichkeit, Einweisungsquoten in psychiatrische Kliniken, Fürsorgeheime und Gefängnisse liegen weit über den Durchschnittswerten der Nicht-Maori-Bevölkerung, die durchschnittliche Lebenserwartung eines Maori liegt unter der eines Nicht-Maori, Maori-Frauen weisen die welthöchste Sterbequote für Lungenkrebs auf.

Nicht immer läßt sich die Schuld an diesen Verhältnissen in der kulturellen Entfremdung eines Volkes oder bei einzelnen Individuen suchen: So sprach z. B. der Minister für das Rechtswesen, Dr. Finlay, im Jahre 1974 von rassistischen Tendenzen im neuseeländischen Justizsystem, ein Statement, das auch heute leider noch nicht überholt ist.

Neben diesem deprimierenden Maori-Neuseeland gibt es aber noch ein anderes Maori-Neuseeland bzw. Aotearoa, wie die Maoris ihr Land lieber nennen.

Es ist das Aotearoa der Hoffnung, das Aotearoa der kulturellen Renaissance, das Aotearoa des neuen politischen Selbstverständnisses.

Nach den Jahren, in denen Maori-Schriftsteller erstmals die dominierende Kulturszene betraten und Schriftsteller wie Witi Ihimaera, Patricia Grace, Hone Tuwhare und andere die Maori-Dimension Neuseelands ins Bewußtsein der Mehrheitskultur rückten, ist der Dreh- und Angelpunkt heute das Überleben der Maori-Sprache und die Frage der Landrechte. Die Maori warten heute immer weniger darauf, daß die regierende Mehrheit ihnen entgegen kommt, sondern beginnen sich selbst zu organisieren.

Eine der Initiativen, die das Überleben der Sprache sicherstellen sollen, sind die *Kohanga Reo,* die »Sprachnester«, in denen Vorschulkinder ausschließlich Maori sprechen. Doch nicht nur Vorschulkinder lernen heute Maori, Maori aller Altersgruppen lernen ihre Sprache nach Jahrzehnten, in denen völlige Anpassung an die Pakeha-Kultur als einziger Weg zum Erfolg galt.

Die Diskussion um ein Lehr-Curriculum, in dem *Taha Maori,* die Maori-Kultur eine prominentere Stellung einnehmen soll und die Forderung nach positiver Bewertung von Fähigkeiten, die dem Boden nicht-europäischer Kulturen entspringen, sind ein weiterer Ausdruck des neuen Selbstbewußtseins der Maoris.

Am 6. Februar 1984, dem Jahrestag des umstrittenen Vertrags von Waitangi, zeigte sich das erwachende politische Selbstverständnis der Maori, als sie, seit dem großen Landmarsch von 1975, an dem 200000 Menschen teilnahmen, zum ersten Mal wieder als vereinigte Bewegung, der »Kotahitanga-Bewegung« ihrer Unzufriedenheit Ausdruck verliehen.

Kotahitanga bedeutet »Einheit«, und so bringt denn diese Bewegung auch Maori in all ihrer Verschiedenheit und jenseits von Stammesgrenzen und politischen Loyalitäten zusammen.

Teil dieser kulturellen und politischen Renaissance ist der stolze Blick auf den endlos reichen Mythenschatz, der uns in diesem Band anhand der bekanntesten und am weitesten verbreiteten Mythen und Sagen vorgestellt wird. Vorbei ist die Zeit, in der europäische Autoren und Verleger kindergerechte Versionen aus den alten Texten bastelten, aus denen all das fein säuberlich entfernt wurde, was nicht ins europäische Wertesystem paßte. Heute nehmen sich die Maori ihre Mythologie in zunehmenden Maße selbst vor und interpretieren sie für sich und andere auf neue Weise.

Dabei belassen sie es längst nicht bei den alten, den traditionellen Formen: neben den Erzählern beweisen bildende und darstellende Künstler auf vielfältige Weise, daß die Botschaft der Mythologie immer noch, oder gerade heute, aktuell ist. Das Wissen um die Vergangenheit, die Herkunft, das so wichtig ist in der Kultur der Maori, wird zur Quelle der Kraft für die Bewältigung der nicht immer erfreulichen Gegenwart, und zum Wegweiser für die Zukunft.

Wellington, im August 1984 *Erika Jakubassa*

ANHANG

Anmerkungen

(Die folgenden Anmerkungen bilden eine Lektüre für sich: sie kommentieren nicht nur die Erzählungen des Bandes, sondern vor allem auch – in längeren Ausführungen – die Schlüsselbegriffe der Maori-Kultur wie Sozialstruktur, Religion, Stellung und Aufgaben der Frau, Musik, Redekunst, Heilkunst etc.)

MYTHEN AUS HAWAIKI

Die Schöpfung / Die Kinder von Himmel und Erde
(Begriffe nach Te Rangi Hiroa, *The Coming of the Maori*) Im Maori-Originaltext, der Greys Polynesischer Mythologie zugrundeliegt, vergleicht Greys Informant Rangi kaheke die Schöpfungsgeschichte der Maori mit jener der Europäer. Er erklärt, daß während die Europäer an einen Gott glauben, der den Himmel, die Erde und das Universum geschaffen habe, die Maori Himmel und Erde selbst für die Quelle allen Seins halten. Mit dieser Darlegung widerspricht ein Maori des letzten Jahrhunderts der von einigen Autoren angeführten »Lehre von Io« (siehe auch Nachwort).

1. *Die Trennung von Rangi und Papa.* Die gewaltsame Trennung von Rangi und Papa durch Tanemahuta, den Gott der Wälder, ist die erste Sünde in der Mythologie der Maori, und nach Rangi Walker ein Akt der Grausamkeit (*kohuru*) den ersten aller Eltern gegenüber.
   Die *heilige Farbe Rot,* die in dieser Mythe erwähnt wird, war vor dem Kulturkontakt mit den Europäern eine der drei Farben (neben schwarz und flachsfarben), die in der materiellen Kultur der Maori Verwendung fand. Sie wurde zur Verzierung des Gesichts, Kolorierung von Holzschnitzereien etc. verwendet.
2. *Tawhiri-ma-teas Rache.* Das *Thema der Rache* (*utu,* siehe 19) wird in dieser Mythe eingeführt. Tawhiri-ma-tea rächt sich an seinen Brüdern für deren Rolle bei der Trennung der Eltern, der er als

einziger nicht zustimmte. Der einzige Bruder, der den Rachezug Tawhiris heil übersteht, ist Tu, der mit beiden Beinen fest auf der Erde, seiner Mutter, steht. Tu symbolisiert den Menschen an sich und als solcher trotzt er den Naturgewalten seines Bruders, besiegen kann er ihn jedoch nicht. Die Beziehung des Menschen zur Natur kann aus dieser Mythe hergeleitet werden.

3. *Tus Kampf gegen die Brüder.* Indem Tu seine Brüder in Nahrungsmittel und Gebrauchsgegenstände verwandelt, erniedrigt er sie. Walker sieht in dieser Mythe eine mögliche Einführung des Grundgegensatzes von heilig und profan / *tapu* und *noa,* der sich wie ein roter Faden durch die Kultur und soziale Ordnung der Maori-Gesellschaft zieht (siehe 23 zu *tapu* und *noa*). Die rituelle und kulturelle Bedeutung des Kannibalismus als äußerste Erniedrigung eines Gegners findet hier ihr mythologisches Gegenstück.

4. *Die Entstehung der Frau* (nach Te Rangi Hiroa, *The Coming of the Maori*). Die in dieser Mythe erwähnten Baumarten – Totara, Matai und Kahika sind in Neuseeland heimische Bäume, der Tui ist der neuseeländische Priestervogel.
   Taniwha, Ungeheuer in Form von Riesenreptilien und fischähnlichen Fabelwesen, bevölkerten laut zahlreichen Legenden die Flüsse, Seen, Höhlen und Berge des Landes. Nicht alle *taniwha* waren den Menschen feindlich gesinnt, obwohl einige von ihnen als menschenverschlingende Wesen gefürchtet wurden. Kämpfe mit diesen Wesen schafften ihre eigenen Helden.

5. *Hinetitama* (nach Richard Taylor, *Te Ika a Maui*). In der Mythe von Hinetitama und Tane wird das *Inzest-Tabu* thematisiert; Inzest gilt auch dann als verwerflich, wenn er, wie in diesem Falle, notwendig war, um den Fortbestand der menschlichen Rasse zu gewährleisten.
   In Sprichwörtern begegnen wir Hinetitama als dem Ideal weiblicher Schönheit: *Ko Hine-titama koe, matawai ana te whatu i te tirohanga* = »Du bist wie Hine-titama, das Auge leuchtet bei deinem Anblick« gilt als Kompliment für eine schöne Frau.

6. *Papa-tu-a-nuku wird umgedreht* (nach Percy Smith, *The Lore of*

the Whare Wananga). Während Rangi, Vater und Himmel, die Trennung von seiner geliebten Frau Papa zusammen mit seinem Sohn Tawhiri recht gewalttätig beantwortet, sorgt Papa trotz ihres Schmerzes für ihre Kinder; so versteckt sie z. B. die friedfertigsten unter ihnen, Haumia und Rongo, vor den aggressiven Brüdern. Ihre Söhne schätzen und lieben sie; ja, nur einer von ihnen – Tawhiri – schloß sich nach der Trennung der Eltern dem Vater an. Jetzt, da die Tränen des Vaters die Erde zu überfluten drohen, drehen die Söhne die Mutter sanft um.

DER MAUI-ZYKLUS

Der Halbgott Maui ist zweifellos die bekannteste Gestalt in der Mythologie der Maoris, und als Heldenfigur und »Trickster« reflektiert und formt er die Wertvorstellungen der Kultur seines Volkes. In einer Gesellschaft, die dem Erstgeborenen den höchsten Rang in der Familie und in der Nachfolge des Vaters einräumt, nimmt er als Jüngster in der Familie (*potiki*) ähnlich dem »Nesthäkchen« in unserer Gesellschaft, eine gewisse Sonderstellung ein. Er wird verwöhnt und trifft auf mehr Nachsicht als seine älteren Geschwister, von denen man wohl mehr Reife erwartet. Als Jüngster ist er es auch, der am meisten Zeit mit den Eltern verbringt, ohne, wie der älteste Bruder, gleichzeitig zur Bedrohung für den Vater zu werden, dessen Aufgaben dieser Älteste einmal übernehmen wird. So ist der *Potiki* denn durch das Erstgeburtsrecht einerseits benachteiligt, andererseits verfügt er jedoch über mehr Spielraum, da sein Rollenmodell weniger ausdefiniert ist.
Es ist interessant festzustellen, daß zwar die Mehrzahl der männlichen Helden in der Mythologie der Maori älteste Söhne oder Häuptlinge sind, daß aber eine nicht unerhebliche Zahl von *Potikis* von sich reden macht. Wie Maui sind sie die Außenseiter, die anfangs zwar benachteiligt, dann aber ob ihrer Schläue und ihres ganz besonders großen Wagemutes die ›natürlichen‹ Helden weit hinter sich lassen und so die Sympathien der Zuhörer / Leser für

sich gewinnen (siehe auch 20. *Whakatau vernichtet Kaes Nachkommen,* und 33. *Hatupatu und seine Brüder*).

Sie sind es, die gegen alle Regeln verstoßen und vielleicht gerade deshalb Erfolg haben. Maui tritt den Beweis an, daß Rangfolgen nicht unumstößlich sind, und daß Schläue und ein guter Schuß an Skrupellosigkeit eine erfolgversprechende Kombination bilden. Seine Geschichte zeigt aber auch, daß dem Menschen, bzw. dem Mann gewisse Grenzen gesetzt sind, und daß es böse für ihn ausgehen kann, wenn er diese Grenzen entweder nicht erkennt oder aber nicht zu akzeptieren bereit ist: Mauis Ende in Hine-nui-te-pos Schoß spricht hier eine deutliche Sprache.

7. *Mauis Geburt und Rückkehr zu seiner Familie.* Grey merkt zu dieser Mythe an, daß man ein Kind, das vor seiner Zeit geboren wurde und kurz darauf starb, mit einer besonderen Zeremonie beerdigte. Nichtbefolgung der zeremoniellen Regeln und Beseitigung des Leichnams auf sonstige Weise (so z. B. wenn der Leichnam ins Wasser geworfen wurde) ließen aus dem Kind einen bösen Geist werden, der den Menschen übel gesinnt war. Alle böswilligen Gottheiten entstanden auf diese Art und Weise.

   Tikitiki heißt der Haarknoten in der Mitte des Hauptes; ein *Tikitiki* ist der heiligste Teil einer Person und kennzeichnet eine Person hohen Ranges. Normalerweise hören wir vom *Tikitiki* ausschließlich im Zusammenhang mit Personen männlichen Geschlechts (siehe Rehuas *Tikitiki* in 17. *Rupes Suche nach Hinauri*). Die Tatsache, daß Taranga einen *tikitiki* trug, läßt vermuten, daß sie eine Frau außergewöhnlich hohen Ranges war.

   Die *Thematik* der *Rivalität zwischen Brüdern,* in der Schöpfungsmythologie bereits angedeutet, wird in dieser Mythe weiter ausgeführt (vgl. 33. *Hatupatu und seine Brüder*).

8. *Maui spioniert seiner Mutter nach.* Diese Mythe führt ein weiteres *Thema* ein: die *Suche des Kindes nach seinen Eltern.* Rangi Walker bemerkt dazu, daß in einer Gesellschaft, die besuchenden Häuptlingen die sexuellen Dienste ortsansässiger Frauen zuge-

stand, außereheliche Geburten (und damit ungeklärte Vaterschaftsfragen) nicht ungewöhnlich waren.

Das *Versammlungshaus (whare hui)* ist zentraler Bestandteil einer jeden Siedlung. Es ist meistens nach einem bedeutenden Ahnen benannt und symbolisiert den Körper des Ahnen. So ist z. B. der Firstbalken Symbol für das Rückgrat des Ahnen, die geschnitzte Maske auf dem Giebel ist das Gesicht, andere Teile des Gebäudes stehen für die Arme, Augen, Rippen etc. (siehe auch zur Struktur des Dorfes 28. *Turis Reise nach Aotearoa*).

Aktivitäten, für die das Versammlungshaus Raum bietet, sind Tanz, Musik und Poesie, die eine untrennbare Einheit darstellen. Ein Kind lernt sie durch aktive Teilnahme und Imitation der Älteren/Erwachsenen.

9. *Maui findet seine Eltern.* Die Mythe von Mauis Begegnung mit den Eltern in der Unterwelt (*paerau*) weist auf eine wichtige Konvention hin: Es ist ein Verstoß gegen den guten Ton, jemanden direkt zu fragen, wer sie / er ist. Gesellschaftlich akzeptiert ist dagegen die Frage nach der Region, aus der die Person stammt bzw. dem Stamm, dem sie angehört. Erst wenn die Zugehörigkeit des Individuums zur Gruppe geklärt ist, kann der Fragesteller weiter vordringen. Diese Regel manifestiert sich noch heute, wenn Maoris verschiedener Stämme in den Städten Neuseelands einander begegnen.

Das *Tohi-Zeremoniell* ist das Reinigungszeremoniell für das Neugeborene und gleichzeitig das Zeremoniell, mit dem das neue Stammesmitglied willkommen geheißen wird (vgl. auch 19. *Kae stiehlt den Walfisch* und 23. *Tawhaki und Tangotango*).

Ein Priester (*tohunga;* siehe Anm. zu 19.) reinigt das Kind, indem er Wasser über das Neugeborene sprenkelt.

Söhne von Aristokraten wurden entweder Tu, dem Gott des Krieges, oder aber Rongo, dem Gott des Friedens geweiht (siehe 23. zu Soziale Klassen), und die jeweiligen Götter wurden gebeten, den Sohn mit den entsprechenden Eigenschaften auszustatten.

In dieser Mythe wird auch die Bedeutung der korrekten Anwendung bestimmter religiöser Sprechgesänge (*karakia;* siehe Anm. zu 19) angeführt.

10. *Maui und der magische Kieferknochen.* Neben dem Thema der Nachgiebigkeit von Großeltern einem Potiki gegenüber liegt die Bedeutung dieser Mythe hauptsächlich in der *Symbolik des Kieferknochens,* denn er ist das Symbol für Wissen.

Kauwae runga, der Oberkieferknochen, steht für das Wissen um himmlische und göttliche Dinge, das nicht mit jedem Sterblichen geteilt werden kann. Dieses Wissen wurde in den *whare wananga* – den Häusern des Lernens, an wenige Auserwählte männlichen Geschlechts weitergegeben, deren Lehrer hochangesehene Priester (*tohunga*) waren.

Kauwae raro, der Unterkieferknochen, symbolisiert das Wissen um irdische Dinge. Beide Arten von Wissen sind hoch angesehen, lediglich das Maß an *tapu* (siehe Anm. 23) ist verschieden. Interessanterweise erhält Maui den Kieferknochen (es ist nicht klar, ob Ober- oder Unterkiefer) von Muriranga-whenua, einer der relativ wenigen weiblichen Figuren in der Mythologie der Maoris. Doch obwohl Frauengestalten zahlenmäßig unterlegen sind, nehmen sie sehr zentrale Positionen ein und werden qualitativ von keinem der männlichen Helden überrundet (vgl. 13. *Maui und die Göttin des Feuers,* und vor allem 15. *Wie der Tod in die Welt kam*).

Muris Kieferknochen wird zur Waffe, die die Sonne besiegt (11. *Maui verlangsamt den Lauf der Sonne*) und aus ihrem Knochen fertigt Maui den Angelhaken, mit dem er schließlich Land angelt (12. *Maui angelt Land*); beides ist der Menschheit in der Folge von großem Nutzen.

11. *Maui verlangsamt den Lauf der Sonne.* Die erwähnten Fertigungsarten von Tauen sind lediglich zwei Beispiele für die vielfältige Art und Weise, in der Seil- und Tauwerk hergestellt wurde und wird: Tuamaka ist ein rundes Geflecht aus fünf Strängen, Paharahara ein flaches Geflecht aus zwei Strängen.

Tama-nui-te-ra ist die personifizierte Form der Sonne, die verschiedene Namen hatte, je nachdem wie sie sich manifestierte:

ra tumu z. B. ist die untergehende Sonne, *ra kura* die rote Sonne usw. *Ra* ist der allgemeine Begriff für die Sonne, der sowohl im gesamten polynesischen Raum als auch im alten Ägypten zu finden ist.

12. *Maui angelt Land.* Nach der gewaltsamen Trennung der Eltern in der Schöpfungsmythologie ist das Zerteilen von Mauis Fisch ohne Einhaltung der nötigen Rituale die zweite große Sünde in der Mythologie der Maori. Es ist absolut notwendig, den Göttern für die Geschenke der Natur zu danken; Nichtbefolgung dieser Regel hat negative Konsequenzen (vgl. 25. *Ratas Kanu*). Mauis Angelhaken (*matau*) wird in dieser Mythe ausführlich beschrieben, und in der Tat werden bzw. wurden Angelhaken oft mit großer Kunstfertigkeit hergestellt. Als Materialien dienten Knochen, Holz, Muscheln und Stein. Fische und Muscheln wurden als Köder verwendet und Federn sowie Paua-Splitter als zusätzliches Lockmittel.
Die meisten Angelhaken sind mit Widerhaken ausgestattet. Für verschiedene Arten von Fisch werden oft verschiedene Angelhaken verwendet.

13. *Maui und die Göttin des Feuers.* Das Thema der Alten, die ihren jüngsten Nachkommen gegenüber äußerst nachgiebig sind, wird wie schon in der Mythe von Maui und dem magischen Kieferknochen von einem weiteren Thema begleitet: Die Alten geben ihr Wissen nicht immer mit Leichtigkeit preis und oft gelingt es den Jungen erst nach Überwindung verschiedener Widerstände, dieses Wissen für sich zu beanspruchen.
In der Maori-Mythologie lauten die Namen der Bäume, in die Mahuika ihre Funken wirft, wie folgt: Kaikomako, Pukatea, Porokaiwhiri, Mahoe, Taraire. All diese Bäume sind in Neuseeland heimisch und ihr Holz wurde von den Maoris dazu benutzt, an Hand einer besonderen Technik (Feuerpflug) Feuer zu erzeugen.

14. *Maui verwandelt seinen Schwager in einen Hund.* Hier wird das Thema der *gespannten Beziehung zwischen Schwägern* zum ersten Mal ausgeführt (vgl. 21. *Tawhaki und seine Schwäger,* 27. *Kupe*

entdeckt Aotearoa) Diese Beziehung ist von Unberechenbarkeit und Verrat gekennzeichnet und kann bis zum Tod der Beteiligten führen.

Der Hund – *kuri* – ist das einzige Haustier der Maori und wurde laut Legende (siehe 28. *Turis Reise nach Aotearoa*) von Hawaiki nach Aotearoa gebracht.

Der Kuri der Maoris wurde als Jagdhund verwendet (siehe 31. *Streifzüge durch das Innere von Aotearoa*), man aß sein Fleisch (siehe 28) und aus seinem Fell wurden warme Umhänge gefertigt (siehe 28).

15. *Wie der Tod in die Welt kam.* Aus Hine-titama (siehe 5) wurde Hine-nui-te-po, die Große Göttin der Nacht und Wächterin der Unterwelt. Nach Best regierte Hine jedoch nur einen Teil der Unterwelt, der andere Teil wurde von Whiro und den Seinen regiert, die im Gegensatz zu Hine versuchten, die Toten zu vernichten. Hine lag deshalb in ständigem Kampf mit Whiro.

Um das ewige Leben für die Menschen zu erlangen, dringt Maui in Form einer Eidechse (*moko*) in Hine ein. Best spricht von der Eidechse als dem irdischen Repräsentanten von Whiro, sozusagen als Symbol des Todes. Sie ist eine der wenigen Tierformen, die in der Holzschnitzerei der Maori vorkommt.

Neben Papa ist Hine eine der prominentesten Frauengestalten der Maori-Mythologie und wie diese beeinflußt sie die Geschichte der Menschheit in entscheidendem Maße.

DER HINAURI-TINIRAU-WHAKATAU-ZYKLUS

Dieser Zyklus folgt dem Schicksal von Mauis Schwester Hinirau und dem Bruder Maui-mua, der später Rupe heißt. Hinauri heiratet Tinirau; ihr gemeinsamer Sohn ist Tuhuru-huru, der später Apakura heiratet. Diese beiden haben wiederum Kinder miteinander, und von dreien ihrer Kinder handelt der letzte Teil des Zyklus: der ältesten Tochter, Mairatea, Tu-whaka-raro, dem ältesten Sohn, und Whakatau-potiki, dem jüngsten Sohn.

Als erstes Opfer des Kannibalismus tritt der Tohunga Kae auf.

16. *Hinauri heiratet Tinirau. Eheschließung und Polygamie:* Die Ehepartner, oft von den Ältesten der Großfamilie (*whanau*) ausgesucht, gehörten in den meisten Fällen derselben Sippe (*hapu*) an. Eheschließungen zwischen Mitgliedern verschiedener Sippen innerhalb eines Stammes (*iwi*) waren seltener, und Eheschließungen zwischen Mitgliedern verschiedener Stämme waren nicht nur rar, sondern auch äußerst unbeliebt, da sie Mitgliedern anderer Stämme Zugang zum angestammten Land eines Stammes eröffneten, Loyalität erschweren und das Scheitern einer solchen Ehe kriegerische Auseinandersetzungen zwischen den Stämmen heraufbeschwören konnte. Lediglich wenn Bündnisse entweder etabliert oder aber gestärkt werden sollten, wurden Ehen zwischen Mitglieder verschiedener Stämme befürwortet.
Innerhalb der Sippe wurden bestimmte Regeln bei der Auswahl der Partner befolgt; so wurden z. B. Verbindungen zwischen Nichten und Neffen erster und zweiter Ordnung und Ehen zwischen Frauen hohen Ranges und ›gewöhnlichen‹ Stammesmitgliedern stark sanktioniert, während ein männlicher Aristokrat z. B. ohne Schwierigkeiten eine Nichtadlige als Zweitfrau haben konnte.
Die erste Frau eines Häuptlings dagegen war zumeist auch die Frau mit dem höchsten Rang, und in der Rangordnung stand sie mit ihren Kindern, unabhängig von deren Alter, über den anderen Frauen des Häuptlings und deren Kindern. Sie war es auch, die Arbeit und Leben der anderen Frauen beaufsichtigte. Häuptlinge hatten bis zu vier Frauen, und ihr Prestige erhöhte sich mit der Anzahl ihrer Frauen; nichtadlige Männer dagegen hatten gewöhnlich nur eine Frau.
Übersetzung der Namen in dieser Mythe: Ihu-atamai = schlaue Nase; Ihu-wareware = dumme Nase.

17. *Rupes Suche nach Hinauri.* Während im Maui-Zyklus die Suche des Kindes nach seinen Eltern thematisiert wurde, ist es in diesem Zyklus die *Suche des Bruders nach seiner Schwester.* Maui

stieg in die Unterwelt hinab, um seine Eltern zu finden; sein Bruder Maui-mua (der später Rupe heißt) steigt bis in den zehnten Himmel empor, um die Schwester zu finden. Beide Themenkreise illustrieren die Bedeutung und tiefe Bindung zwischen Familienmitgliedern in der Maori-Gesellschaft.

Mihi und Karanga: Das *mihi* ist die Willkommenszeremonie, mit der die Gastgeber ihre Gäste begrüßen.

Form und Struktur des *mihi* sind festgelegt, obwohl kleinere Abwandlungen möglich sind. Wir unterscheiden zwei Grundtypen des *mihi*: 1. das *mihi* im Zusammenhang mit einem *tangihanga* (siehe 31. zur Erklärung von *tangihanga*) und die allgemeinere Form des *mihi,* die im folgenden kurz erklärt wird.

Die Gäste, in vielen Fällen ihnen voran die ältesten und einflußreichsten Frauen (oder aber die ältesten und einflußreichsten Männer *und* Frauen) gefolgt von den jüngeren Frauen und dann den Männern (oder aber gefolgt von einer gemischten Gruppe) versammeln sich außerhalb der Eingangspforte zur Marae. Dort warten sie auf ein Signal der Gastgeber, und erst dann bewegen sie sich langsam, gemäßigten Schrittes und möglicherweise mehrmals innehaltend, auf das Versammlungshaus zu.

Als Signal gilt das *karanga,* ein Rufen, das einem Sprechgesang ähnelt; zumeist rufen die ältesten und würdigsten Frauen (*kuia*) die Gäste. Die Worte des *karanga* beziehen sich meist auf die Herkunft der Gäste, möglicherweise auch auf berühmte Vorfahren oder Marksteine in der Geschichte des Stammes bzw. der Sippe. Während die Gäste sich langsam auf das Versammlungshaus zubewegen, rufen die *kuia* die Toten an. Gleichermaßen wird das *karanga* von einer oder mehreren *kuia* auf Seiten der Gäste erwidert.

Dem *karanga* folgt in vielen Fällen das *tangi,* das Trauern und Wehklagen, das wieder von den Frauen eingeleitet wird. Dem folgt das *powhiri* mit *haka* (siehe 19.) und action songs, die Willkommensreden (*whai-korero*) und *hongi*, wobei Gastgeber und Gäste einander durch Händedruck und Aneinanderpressen der Nasen begrüßen. Jeder einzelne Teil des *mihi* ist strengen

Regeln unterworfen und gründet sich auf uralte Traditionen und Symbolik. *karanga* sind Dichtungen, deren Feierlichkeit und Erhabenheit durch Mark und Bein gehen; sie sind eine der hervorragenden kreativen Schöpfungen der Maori-Frauen.

whenua, der Mutterkuchen, wurde nicht nur zu Zeiten von George Grey unter Befolgung bestimmter zeremonieller Auflagen beerdigt, sondern ist auch heute noch eine Angelegenheit größter Bedeutung für die Maori, die ihre Werte, Sitten und Gebräuche in zunehmendem Maße respektiert sehen wollen. Das neuseeländische Krankenhauswesen sieht sich nach 100 Jahren Verweigerung der Herausgabe des *whenua* wachsendem Druck ausgesetzt, diese Haltung baldigst abzulegen, eine Haltung, die im Jahre 1984 vom amtierenden Gesundheitsminister als »kulturelle Empfindungslosigkeit« kritisiert wurde.

In der Übersetzung heißt *whenua* sowohl »Mutterkuchen« als auch »Land«, und der Begriff *tangata whenua* bedeutet soviel wie die Menschen, die zu einem bestimmten Stück Land/Landstrich gehören bzw. denen dieses Land gehört – was die enge Verbindung der Maoris zum Land spiegelt.

Rupes Begegnung mit Rehua: Wie schon im Zusammenhang mit dem *tikitiki* (siehe 7. *Mauis Geburt und Rückkehr zu seiner Familie*) ausgeführt, ist das Haupt eines Menschen die heiligste (*tapu*) Stelle des Körpers eines Menschen. Speisen dagegen sind *noa,* was das Gegenteil von *tapu* umschreibt. Den strengen *tapu*-Regeln der Maori-Gesellschaft gemäß ist es unvorstellbar, Speisen mit der heiligsten Stelle eines Menschen in Berührung zu bringen (siehe auch 23. *Tawhaki und Tangotango* zu *tapu* und *noa*). Im modernen Alltag der Maori äußert sich diese uralte Regel z. B. darin, daß Kämme und Haarbürsten, die in Berührung mit dem Kopf eines Menschen waren, nicht auf den Tisch gelegt werden, an dem man ißt.

18. *Rupe säubert Rehuas Marae. Marae* bezeichnet die offene Fläche vor dem Versammlungshaus, die in ihrer Funktion dem europäischen Dorfplatz ähnelt: Hier treffen sich die Bewohner der Siedlung, Kinder machen sie zu ihrem Spielplatz, öffentliche

Versammlungen werden abgehalten, Gäste willkommen geheißen (siehe 17: *mihi*) und Tote betrauert (siehe 31: *tangihanga*). Sie ist damals wie heute *tapu* und Territorium der *tangata whenua*, der »Leute des Landes« bzw. ortsansässigen Maori eines bestimmten Stammes oder einer Sippe.

turuma, die Latrinen einer Siedlung, lagen oft am Rande eines Felsriffes (bei den Küstenstämmen) und bestanden aus einem horizontalen Balken (dem *paepae*) und vertikalen Pfosten, an denen sich der Benutzer festhielt, während er / sie in Hockstellung saß.

19. *Kae stiehlt den Walfisch*. Ein *tohunga* ist ein Experte, ein Meister seiner Disziplin, sei es in der Kunst des Holzschnitzens (*tohunga whakairo*), in der Baukunst (*tohunga whaihanga*) oder aber in religiösen Angelegenheiten (*tohunga ahurewa*). Der letztere ist der Priester, der uns in der Mythologie immer wieder begegnet. Er ist Experte im höchsten und heiligsten Wissen und als solcher in Kontakt mit den Göttern, als deren Medium er sich zuweilen betätigte. Hoch respektiert von den Mitgliedern seines Stammes bzw. seiner Sippe erfragte man seinen Rat jedoch nicht nur in religiösen Dingen, sondern auch in Angelegenheiten der Seefahrt und Navigation (siehe Ngatoro in 30. *Die Reise der Arawa*), des Wetters und der Jahreszeiten, der Sternenkunde und der Astrologie etc. In seiner Rolle als Heiler (*tohunga takuta*) kam der *tohunga* zu Anfang dieses Jahrhunderts in Schwierigkeiten: seine Fähigkeiten wurden als Scharlatanerie abgetan, was schließlich im Jahre 1907 zu einem Gesetz führte, das die Aktivitäten der zahlreichen *tohunga* im Lande illegalisierte. Heute erkennt man jedoch mehr und mehr, daß der *tohunga* der Maori sehr wohl eine wichtige Aufgabe zu erfüllen hat, vor allem da, wo bei Maori-Patienten die sogenannte moderne Medizin versagt.

Karakia heißen die religiösen Formeln, deren sich die *tohunga ahurewa* bedienten. Die Effektivität dieser rituellen Sprechgesänge hing einerseits vom fehlerlosen Aufsagen der uralten Formeln ab (siehe die Folge des fehlerhaften Aufsagens einer religiösen Formel in 9. *Maui findet seine Eltern*) und andererseits vom *mana* der Person, die sie sprach. Während bestimmte *karakia* den Priestern vorbehalten waren, gab es auch *karakia* für den Alltagsgebrauch. Für alle Arten von *karakia* galt jedoch, daß Fehler im Aufsagen Unglück oder Strafe durch übernatürliche Kräfte brachte.

Mana ist die Kraft, die eine Person besitzt – sei es die Kraft, die sich als Autorität konkretisiert, oder als Prestige, als Einfluß, als Gabe, Erfolge zu erzielen etc. *Mana* (wie auch *tapu*) gingen und gehen oft Hand in Hand mit Status bzw. Rang innerhalb einer Gemeinschaft.

Eines der Themen dieser Mythe ist *utu*, das Prinzip der Reziprozität oder Wechselwirkung, das sich sowohl auf freundschaftlichen Austausch von Geschenken z. B. bezieht als auch auf Vergeltungsmaßnahmen und Racheaktionen. Anders als im deutschen Sprichwort »Wie du mir, so ich dir« versucht man in der Gesellschaft der Maori, das Geschenk oder die feindliche Aktion der anderen nach Möglichkeit zu übertreffen.

Reziprozität in Form von Rache und Vergeltungsmaßnahmen ist ein Thema, daß vor allem in den Erzählungen von der Migration (*Von Hawaiki nach Aotearoa*) immer wieder auftaucht. In der Mythe von Kae und dem Walfisch ist Kae der erste Mensch, der aus Rache getötet wird.

Ein weiteres Thema dieser Mythe ist die Lehre, daß strategisches Denken, gute Planung und Schläue, und nicht nur Überlegenheit durch Stärke zum Ziel führen.

Ein *hangi* ist ein in einem Erdofen gekochtes Mahl. Der Erdofen selbst heißt *umu* und besteht aus einer etwa 60 cm tiefen und 60 cm weiten Grube, die mit geflochtenen Flachsbändern ausgelegt wird. Der Grund der Grube wird mit trockenem Holz ausgelegt und auf das trockene Holz legt man Steine, die durch das brennende Holz erhitzt werden. Auf die Steine legt man Blätter, Farnwedel etc. und dann die Speisen: zuunterst die *Kumara,* dann das Gemüse und zuoberst das Fleisch, das in Blätter eingewickelt wird. Das Ganze wird durch eine weitere Lage von

Grünzeug abgedeckt, die man mit Wasser besprenkelt, um Dampf im Erdofen entstehen zu lassen. Die letzte Schicht bilden die Matten, auf die man die Erde schaufelt. Kochzeit ist mindestens zwei Stunden.

Das *hangi* hat als Tradition bis heute überlebt, und zu besonderen Anlässen werden die Speisen, oft für recht große Gruppen, auf diese Weise zubereitet. In leicht abgewandelter Form findet man diese Art der Zubereitung eines Mahls auch in anderen pazifischen Kulturen, so z. B. in Fiji.

Zur *Sitzordnung im Versammlungshaus:* Die Sitzordnung ist, wie alles andere, was im Versammlungshaus vor sich geht, einer strengen Etikette unterworfen.

Gäste und Gastgeber sitzen einander auf verschiedenen Seiten des Versammlungshauses gegenüber, die Männer im Vordergrund, die Frauen in den Reihen hinter den Männern. Da ein Stamm nie völlig sicher sein konnte, ob seine Gäste mit guten oder bösen Absichten kamen, plazierte man die Frauen als Hüterinnen zukünftiger Generationen in die Reihen hinter die Kämpfer.

Die *putorino* ist eine von drei Flötenarten der Maori, und ähnelt einer Piccolo-Flöte. Sie ist etwa 50 cm lang und hat lediglich ein Loch.

Was hier als Grimassenschneiden und Arm- und Handbewegungen beschrieben wird, ist integraler Bestandteil aller *Maori-Tänze (haka),* die immer mit Musik und Dichtung eine Einheit bilden (siehe auch 8). Bestimmte Bewegungen stehen für bestimmte Inhalte (so z. B. das Rudern eines Kanus). Drei Grundformen von *haka* existieren noch heute: der Kriegstanz (*peruperu*), der von Männern aufgeführt wird, der gewöhnliche *haka* (*taparahi*), den Frauen und Männer zusammen aufführen, und der *poi*-Tanz, ein graziöser Tanz der Frauen.

rotu ist ein Zauber, mit dem man sein Opfer einschläfert.

20. *Whakatau vernichtet Kaes Nachkommen.* Die Gefahren, die die Eheschließung eines Stammesmitgliedes mit dem Mitglied eines anderen Stammes mit sich bringt, werden in dieser Mythe erläutert.

Der Held der Mythe – Whakatau – ist wie Maui ein Potiki, und wie andere mythische Gestalten macht er sich auf, um mit einem Mitglied seiner Familie – dieses Mal einer Schwester, die das heimische Dorf verließ, um ihrem Mann in dessen Heimat zu folgen (was recht üblich war) – wieder zusammensein zu können; das *Thema der Blutsbande* / Suche des Bruders nach seiner Schwester (vgl. 17) wird weitergeführt. Vorgestellt wird in dieser Mythe auch der *Kannibalismus,* und die Sitte, die Knochen des getöteten Gegners als Trophäe im Versammlungshaus aufzuhängen. Kannibalismus war eine Realität in kriegerischen Auseinandersetzungen zwischen Stämmen, und das Verspeisen des Gegners, die Degradierung des Gegners zu Nahrung (siehe auch 3. *Tus Kampf gegen die Brüder*) galt als absolute Erniedrigung des Gegners und als Vervollständigung des Sieges. Außerdem diente das Menschenfleisch als wichtige Proteinquelle.

Frauen und Kinder der besiegten Partei wurden eher als Sklaven gefangengenommen (siehe auch 23.)

Ein weiteres Thema ist das Modell für *militärisches Verhalten:* Präzise Planung und Strategie und das Konzept der Elitetruppe von 140 Kriegern, die uns auch in anderen Mythen wiederbegegnen wird (siehe auch 30. und 32.) Der Maori-Name für diese Art von Elitetruppe lautet: *Hokowhitu-a-Tu,* was wörtlich übersetzt soviel bedeutet wie »die zwanzig mal sieben des Kriegsgottes Tu«.

DER TAWHAKI-ZYKLUS

Die Maori-Genealogie wird in diesem Zyklus mit Tawhaki, dem Sohn von Hema und Urutonga, weitergeführt. Mit Hinepiripiri hat Tawhaki einen Sohn, Wahieroa, und mit der Himmelstochter Tangotango eine Tochter, Arahuta. (In einer anderen Version der Mythe von Tawhaki und der Himmelstochter heißt diese Hapai und deren gemeinsame Tochter heißt Puanga).

Tawhakis Bruder Karihi tritt mehrmals im Tawhaki-Zyklus auf, doch im Gegensatz zu Tawhaki wird über seine Nachkommen (falls er Nachkommen hatte, was wir nicht erfahren) nicht berichtet.

21. *Tawhaki und seine Schwäger.* Neben dem bereits besprochenen Thema der gefahrvollen Beziehungen zwischen Schwägern (siehe 14, 21 und 27) wird hier auf die *Bedeutung von Namen als Wegweiser von Tradition und Geschichte* aufmerksam gemacht. In einer Gesellschaft, die keine Schrift besaß, wurden wichtige Ereignisse in der Geschichte eines Volkes mit Hilfe von Namen festgehalten, eine Praxis, die sich bis in die jüngste Vergangenheit hinein erhalten hat, und auch in anderen pazifischen Kulturen zu finden ist. Neben ihrer Funktion als Wegweiser der Geschichte dienten Namen aber auch dazu, ihre Träger an ihre Pflichten zu erinnern, so z. B. wenn einem Vorfahr großes Unrecht angetan worden war, was in der Vergangenheit ungerächt blieb und deshalb von einem Nachfahr gerächt werden mußte, wie in dieser Mythe.

22. *Tawhaki und die Ponaturi.* Botschaften dieser Mythe: 1. Es ist die heilige Pflicht des Sohnes, die Knochen des Vaters, die als Trophäe im Haus des Feindes hängen, heimzuholen.

    2. Der Wert einer überlegenen Strategie versus quantitativer Überlegenheit wird am Beispiel der Tatau und ihren Söhnen Tawhaki und Karihi weiter erläutert.

    Ponaturi sind eine Art von *patupaiarehe,* eine bösartige Gattung dieser übernatürlichen Lebewesen oder Geister, die in männlicher oder weiblicher Form ihr Unwesen zum Vor- oder Nachteil der Menschen trieben (siehe auch 31. *Streifzüge durch das Innere von Aotearoa*). Die *Ponaturi* galten als Kreaturen des Meeres, die des nachts an Land zu kommen pflegten und für die Sonnenstrahlen tödlich waren.

23. *Tawhaki und Tangotango.* Tangotangos Initiave, die sie eine Liebesbeziehung zu einem Mann ihrer Wahl beginnen läßt, läßt vermuten, daß es in der Maori-Gesellschaft durchaus akzeptiert war, wenn eine Frau den ersten Schritt tat.

Tawhakis Suche nach Tangotango zeigt, daß die *Bindung zwischen Liebenden / Ehepartnern* genauso stark und bedeutend sein konnte wie die Bindung zwischen Blutsverwandten. Die Episode vom Sklaven, der entgegen der Anweisung seines Herrn zum *Pa* von Tongameha hochschaut, illustriert, daß die Anweisungen von Vorgesetzten unbedingt befolgt werden müssen. *tapu* verstärkt die verheerende Wirkung eines solchen Bruchs der Regeln.

tapu-Regeln und Richtlinien könnte man frei als den ›law and order‹-Kanon der Maori-Gesellschaft sowie anderer polynesischen Gesellschaften bezeichnen. *tapu*-Regeln stellten Menschen oder Dinge unter religiöse Restriktionen und ordneten das Leben eines Individuums, eines Stammes, einer Kultur. Es wurde zwischen hohem, mittleren und geringerem *tapu* unterschieden, und während der Bruch hoher *tapu*-Regeln den sicheren Tod brachte, entging auch der Sünder in unbedeutenderen Übertretungen seiner Strafe nicht, denn im Gegensatz zum Christentum kannten die Maoris das Konzept einer Hölle nicht, sondern glaubten an Strafe auf Erden. Die *tapu*-Regeln sind trotz vieler anderer Verschiedenheiten zwischen Stämmen einheitlich; so sind freie Männer mehr oder weniger *tapu*, je nach Rang innerhalb einer Gemeinschaft, Frauen dagegen sind *noa*, d. h. keinen religiösen Restriktionen unterworfen, außer wenn sie menstruieren, schwanger sind oder gebären. Als Töchter eines Häuptlings oder Medium der Götter waren auch Frauen *tapu*; Sklaven waren in jedem Falle *noa*.

Klassen: Die Maori-Gesellschaft kannte drei Klassen, 1. *rangitira*, die Aristokraten, 2. *tutua* oder *ware*, die gewöhnlichen Freien, und 3. *taurekareka*, die Sklaven. Die Sklaven, niedrigste Klasse in der Maori-Gesellschaft, waren oft Kriegsgefangene und als solche Eigentum der Sieger, wurden aber zumindest gut behandelt und verrichteten nützliche Arbeiten wie das Sammeln von Feuerholz, Kochen – Tätigkeiten, von denen wir in der Mythologie sonst vor allem im Zusammenhang mit Frauen hören.

DER RATA-ZYKLUS (24–26)

Hauptfigur dieses Zyklus' ist Rata, der Sohn von Wahieroa und Kure, und Wahieroa wiederum ist laut Tawhaki-Zyklus der Sohn von Tawhaki und Hinepiripiri.

Der Zyklus wiederholt und bekräftigt Themen und Lehren vorangegangener Mythen: 1. Die Pflicht des Sohnes, den Vater zu rächen und dessen Knochen aus Feindeshand in die Heimat zurückzubringen, und 2. Die Bedeutung von effektiven Strategien, die die Schwächen des Feindes erkunden und zur Grundlage der Planung machen.

25. *Ratas Kanu.* Diese Mythe thematisiert die Notwendigkeit, die Natur zu respektieren und im Einklang mit ihr zu handeln, im Gegensatz zu einem Handeln, welches sich der Natur lediglich bedient und alle Regeln außer acht läßt. Letzteres führt dazu, daß sich die Kräfte der Natur gegen den Menschen mobilisieren und ihn scheitern lassen. Ein Handeln im Einklang mit der Natur führt jedoch zum Erfolg: eine Parabel zum Thema Umweltschutz?

VON HAWAIKI NACH AOTEAROA

Dieser Teil des Bandes stellt die bekanntesten Wandersagen der Maori vor.

In den folgenden Kapiteln wird beschrieben, wer auf welchem Kanu nach Aotearoa kam, und in einigen der Wandersagen, so z. B. in 27. *Kupe entdeckt Aotearoa,* 29. *Zwietracht in Hawaiki* und 32. *Manaias Fluch* erfahren wir auch vom Grund des jeweiligen Exodus. Entgegen der lange vertretenen Theorie von der Großen Flotte, die sich von Hawaiki nach Aotearoa aufmachte, geht die Forschung heute davon aus, daß die einzelnen Kanus unabhängig voneinander die Ufer Aotearoas anliefen (siehe auch Nachwort *Der geschichtliche Rahmen*).

Das Kanu (*waka*) ist auch heute noch Grundlage und Ausgangs-

punkt eines Maori-Stammbaums (siehe auch Anmerkung zu 27. *Kupe entdeckt Aotearoa*).
Die Kanus, deren Reise nach Aotearoa die folgenden Kapitel beschreiben, sind die MATAHORUA (Häuptling: Kupe, Steuermann Reti), die AOTEA (Häuptling: Turi, Priester: Tapo) und die ARAWA (Häuptling: Tama te kapua, Steuermann Ngatoro i rangi).

27. *Kupe entdeckt Aotearoa. Moa* ist der Name des neuseeländischen Straußenvogels. Der bis zu 3,5 m große flugunfähige Vogel wurde wegen seines Fleisches gejagt, und aus seinen Knochen wurden Angelhaken gefertigt.
Neueste Forschungen haben ergeben, daß Neuseeland bereits vor 1200 a. D. besiedelt war und daß frühe Siedler von Fisch, Moa und anderen Vögeln, die wie der Moa längst ausgestorben sind, lebten. Diese frühen Siedler, auch Moa-Jäger, archaische Maori oder *tangata whenua* (Leute des Landes) genannt, heben sich in ihrer Kultur und gesellschaftlichen Organisation von den klassischen Maori des 18. Jahrhunderts ab.
Pounamu ist die neuseeländische Jade, ein wertvoller Stein, dessen Farbpalette von milchig weiß über grün bis hin zu einem tiefen Grün, das fast schwarz erscheint, reicht. Hauptlagerstätte des Steines ist auch noch heute die Westküste der Südinsel.
Aus Pounamu fertigten die Maori diverse kunstvolle Wertgegenstände wie Ohrgehänge, Anhänger, aber auch Werkzeuge und Schlaghölzer.
Stämme und Unterstämme: Mitte des 18. Jahrhunderts gliederte sich die Maori-Bevölkerung in ungefähr 50 Stämme (*iwi*) verschiedener Größenordnung, die voneinander unabhängig in ihren Stammesgebieten lebten.
Die gesamte Maori-Bevölkerung dieser Tage schätzte man auf etwa 110000 Menschen, die hauptsächlich auf der Nordinsel, und dort überwiegend im Norden siedelten. Abstammung von einem der Gründer oder Vorfahren des Stammes (weiblich oder männlich) garantierten die Mitgliedschaft in einem Stamm. Der jeweilige Stammesname leitet sich von diesem Gründer oder

Vorfahr ab; in einigen Fällen bezieht er sich auch auf ein Ereignis in der Geschichte des Stammes. Stämme, deren Vorfahren auf demselben Kanu (*waka*) nach Neuseeland gekommen waren, formten oft einen losen Verband (so z. B. die Tainui-Stämme, die Arawa-Stämme etc.).

28. *Turis Reise nach Aotearoa. Ariki* ist gleichbedeutend mit Häuptling. Jede Sippe (*hapu*) hatte ihren Ariki, der meist der älteste Sohn (bei den Ngati Porou, einem Stamm des Ostkaps der Nordinsel auch die älteste Tochter) war. In Stämmen, die den Status des Ariki den Söhnen vorbehielten, nahm die erstgeborene Tochter eine besondere Stellung ein (sie trug den Titel *kahurangi* oder *tapairu*).

Wie auch in dieser Mythe erhielten die Häuptlinge Geschenke von den Mitgliedern ihres Stammes, oft einen Anteil an der Ernte und Jagdbeute. Diese Geschenke dienten jedoch nicht der persönlichen Bereicherung allein, sondern wurden zu verschiedenen Anlässen innerhalb des Stammes verwendet oder als Gastgeschenke benutzt.

Der *pa* ist eine von zwei Siedlungsformen, die sich dadurch voneinander unterscheiden, daß die eine Siedlungsform (*pa*) befestigt ist und oft an einem strategisch günstigem Ort errichtet wurde (so errichtet Tawhaki z. B. in 21. *Tawhaki und seine Schwäger* ein befestigtes Dorf auf dem Gipfel eines Berges und auch Ngatoro in 32. *Manaias Fluch* lebt in einem befestigten und eingepfählten Dorf auf dem Gipfel eines Hügels), die andere Siedlungsform (*kainga*) aber unbefestigt ist und ähnlich unserem Weiler keine eigene Gemeinde bildet, sondern nur aus einigen (etwa 4–5) Häusern besteht, und zusammen mit anderen Weilern auf den *pa* als Mittelpunkt ausgerichtet ist.

Ein Haushalt besteht aus einem Schlafhaus (*wharepuni*), einer Kochstelle (*kauta*), einem Erdofen (*hangi*), einem Sammelpunkt für Abfälle und einer Grube, in der die Vorräte gelagert werden (*rua*). Eine Siedlung besteht aus solchen einzelnen Haushalten und der *marae,* dem Versammlungshaus und 1–2 Vorratshäusern auf Pfählen (*pataka*).

29. *Zwietracht in Hawaiki.* Tama-te-kapua könnte man als den Maui der Wandersagen bezeichnen: wie dieser ist er überaus skrupellos und jedes Mittel scheint ihm recht, um seine Ziele zu erreichen – egal ob er den Tohunga Ngatoro-i-rangi entführt oder Ruaos Frau Whakaoto rangi, oder aber die besten Früchte vom Baume seines Feindes stiehlt.

Der einzige Unterschied zu Maui besteht darin, daß Maui als Halbgott übernatürliche Kräfte zur Verfügung standen; Tama-te-kapua dagegen mit seiner offensichtlichen Liebe zu Frauen zeigte nur allzu männliche/menschliche Schwächen. Der Zwischenfall, in dem Houmais Hund die Kruste vom Bein des Uenuku frißt, und die ernsthaften Folgen dieses Zwischenfalls weisen wieder auf die Strenge der *tapu*-Regeln hin, die ganz besonders auf Häuptlinge anwendbar sind. *tapu* und Speisen sind diesen Regeln gemäß unvereinbar (vgl. Rupes Begegnung mit Rehua in 17. *Rupes Suche nach Hinauri*).

30. *Die Reise der Arawa nach Aotearoa.* Die Wissensgebiete eines guten und erfahrenen Tohunga werden hier mit praktischen Beispielen erläutert: Ngatoro ist sowohl Priester als auch Navigator, er kennt sich in der Position der Sterne aus, und seine Karakia geben ihm sogar Macht über die Winde.

Tapu und *noa* werden am Beispiel der Entweihung der Arawa weiter erläutert.

Die Episode der Benennung des Landes führt uns zum Thema der Bedeutung von Namen, in 21. *Tawhaki und seine Schwäger* bereits angeführt, zurück.

Rangi Walker erläutert in seinem Essay »Proper Names in Maori Myth and Tradition«, daß die Häuptlinge das Land auf diese Art und Weise für sich in Anspruch nahmen, denn niemand würde es wagen, den Fuß auf Tamas Nasenspitze zu setzen oder gar Tias Bauch.

31. *Streifzüge durch das Innere von Aotearoa. Marama* ist das Wort für »Mond« und für »Monat«.

Die Maori folgten dem Mondkalender; ihr Jahr hatte 12 Monate, und jeder der Monate hatte einen Namen; die Namen der einzelnen Monate waren jedoch von Stamm zu Stamm verschieden.

Hina ist die personifizierte Form des Mondes, eine weibliche Gestalt, die in zwei Phasen erscheint: als bleiche Hina (Hinakeha) und als dunkle Hina (Hina-uri).

Rona ist der Name einer weiteren Frauengestalt, die eng mit dem Mond verbunden ist: in einer populären Erzählung wird sie zur »Frau im Mond«, in einer weniger bekannten Mythe jedoch ist sie die Hüterin und Begleiterin des Mondes und waltet über Ebbe und Flut.

Elsdon Best schreibt in *The Maori as he was* über Hine-te-iwaiwa, eine Art von schützendem Wesen, das über die Angelegenheiten der Frauen (z. B. Geburten) wachte. Diese Hine ist mit Hina, der Mondgöttin, identisch und begegnet uns im polynesischen Raum als Sina; sie ist sowohl für die Fruchtbarkeit der Frauen als auch den Ernteertrag zuständig.

Tangihanga, die Bestattungszeremonie der Maori, ist die bedeutendste aller Zeremonien. Sie bringt alle Verwandten von nah und fern für mehrere Tage zusammen und gemeinsam mit den engsten Verwandten der/des Verstorbenen verleihen sie ihrem Kummer Ausdruck. Das Weinen und Klagen (*tangi*) wird von den engsten weiblichen Verwandten (Mutter, Schwestern, Töchter, Ehefrau), die um den aufgebahrten Leichnam herumstehen, angeführt.

Die bewegende Tangihanga-Zeremonie kann mehrere Tage dauern und Erwachsene wie Kinder nehmen daran teil; *tangihanga* ist neben dem *hui* – der Zusammenkunft im allgemeineren Sinne – eine der großen Traditionen, die bis heute ungebrochen sind.

32. *Manaias Fluch.* Vieles in dieser Erzählung macht uns mit den sozialen Gepflogenheiten der Maori-Gesellschaft der Vergangenheit, und wenn auch nicht immer ungebrochen, der Maori-Gesellschaft der Gegenwart bekannt.

So war z. B. der *Aufgabenbereich der Frauen* streng von dem der Männer getrennt, und während die Aktivitäten der Männer (Fischfang, Vogeljagd, bauen, säen und ernten, schnitzen etc.)

einem Kanon von *tapu*-Regeln unterlagen, galten die Aufgaben der Frauen (vor allem die Zubereitung von Speisen, eine der Hauptaufgaben der Frauen) als unvereinbar mit allem, was *tapu* war.

Wir hören in der Erzählung von der Regel, daß die Gäste zuerst essen; erst wenn sie satt sind, begeben sich die Gastgeber zu Tisch.

An anderer Stelle heißt es: »Die alten Männer des Stammes eröffneten die Versammlung mit ihren Reden, wie es Sitte war ...« Dieser Satz weist darauf hin, daß das Halten von Reden in Marae und Versammlungshaus – ein Geschehen von höchster Bedeutung und daher wiederum strengen Regeln unterworfen – mit einigen wenigen Ausnahmen den ältesten und würdigsten Männern vorbehalten ist.

Doch während viele der traditionellen Bräuche und Rituale gerade heute wieder an Bedeutung gewinnen, sind in der Frage der Rollenverteilung zwischen Mann und Frau Veränderungen festzustellen.

So wird z. B. der weitgehende Ausschluß der Frauen von der Rednerliste von einigen, meist jüngeren Maori-Frauen in Frage gestellt, und sie kritisieren, daß es für einen männlichen Nicht-Maori mit wenig oder keinem Wissen in Maoritanga möglich ist, als Gast im Versammlungshaus zu sprechen, während man würdigen und kenntnisreichen Frauen dieses Recht versagt. –

Kumera, neben den Farnwurzeln eines der Hauptnahrungsmittel der Maori, wurde laut Mythologie auf einem der Kanus von Hawaiki nach Aotearoa gebracht und ist ursprünglich nicht in Neuseeland heimisch.

Zwei Gottheiten waren für die Süßkartoffel der Maoris zuständig: Rongo, und Pani, eine weibliche Gottheit (Mutter der Kumera).

Säen und ernten der Frucht war von religiösen Zeremonien begleitet, die *tapu*-Regeln unterlagen.

Rongo ist eine der männlichen Personifikationen des Mondes, und das Säen und Pflanzen der Kumera geschah im Einklang mit den Zyklen des Mondes.

Steinerne Bildnisse von Kumera-Göttern wurden in den Feldern aufgestellt, um das Wachstum der Feldfrucht günstig zu beeinflussen (neben Rangi und Papa und deren Kindern – siehe 1. bis 6. – gab es eine Vielzahl von mehr oder minder bedeutenden Gottheiten, Personifikationen etc., die oft von Stamm zu Stamm variierten).

33. *Hatupatu und seine Brüder. Moko,* die Tätowierung, ist eine der männlichen Kunstformen, die mit ihren spiralenförmigen Einkerbungen Gesicht, Oberschenkel und Gesäß der Männer verzierte.

Moko für Frauen waren schlichter und beschränkten sich auf Kinn und Lippen; seltener bedeckten sie die Brüste und Oberschenkel.

Die Herkunft, der Rang und Status einer Person konnte aus der Linienführung eines *moko* gelesen werden, und jedes *moko* war einmalig und verschieden von den Tätowierungen anderer Personen.

Die tätowierten Köpfe gefallener Feinde wurden von den Siegern oft mit nach Hause genommen; sie dienten als dauernde Ehrenkränkung des Unterlegenen.

GESCHICHTEN AUS AOTEAROA

34. *Der Große Vogel von Rua-kapana* (nach Elsdon Best, *Tuhoe-Children of the Mist*). Diese Tuhoe-Version der Geschichte vom Großen Vogel von Rua-Kapana ist eine der wenigen Erzählungen, die sowohl in Hawaiki als auch in Aotearoa spielen, und Beispiel für eine ganze Gruppe, deren Hauptfigur ein Vogel bzw. Riesenvogel ist. Diese Erzählungen entstanden interessanterweise in einem Land, dessen größter und wichtigster Vogel, der Moa (wie auch der Kiwi) nicht fliegen kann.

U. a. hören wir hier eine der Erklärungen dafür, wie die Kumara nach Aotearoa kam; während Pou die Kumara in der Tuhoe-Version jedoch fast zufällig nach Aotearoa bringt (sie war lediglich als Reiseproviant gedacht), spricht eine andere Version der Erzählung, in der Pou vom Wind Hau-o-pohokura, und nicht vom Taniwha Rua-mano nach Hawaiki getragen wird davon, daß er eigentlich nur deshalb ins ferne Hawaiki gereist sei, um die Kumara nach Aotearoa zu bringen. Die Geschichte enthält einige ungeklärte Punkte: So ist z. B. unverständlich, warum Kanioro in Aotearoa und ihr Bruder Taukata in Hawaiki lebt, und auch die geographische Lage des Berges Hikurangi ist unklar. Aller Wahrscheinlichkeit nach handelt es sich nicht um den Berg Hikurangi an der Ostküste der Nordinsel, sondern eher, wie Elsdon Best vorschlägt, um einen Berg nahe der mythischen Heimat der Maoris, der als Aufenthaltsort der Sonne (Tama) galt.

Kanioro, die Frau von Pou, wird an anderer Stelle als Hüterin von Pounamu, der neuseeländischen Jade beschrieben (Kanioro breitet ihre Schätze vor dem Großen Vogel aus).

Der zweite Teil wiederholt zum Teil die Mythe von Kae im Hinauri-Tinirau-Whakatau-Zyklus der *Mythen aus Hawaiki* (19).

35. *Kame-tara und seine Frauen* (nach Karipa Te Whetu in: Journal of the Polynesian Society). Kame-taras zweite Frau ist eine *wahine tipua,* eine Frau mit übernatürlichen Kräften; in den Volkssagen der Maori begegnen wir verschiedenen Frauengestalten dieser Art (vgl. auch Kura-ngai-tuku in: 33. *Hatupatu und seine Brüder*), und zahlenmäßig überwiegen die weiblichen tipua-Gestalten im Vergleich zu den männlichen.

tipua (oder auch tupua) bezeichnet ganz allgemein eine Art Dämon, Kobold, oder auch Objekt, das unerklärliche und übernatürliche Qualitäten besitzt und meist von den Menschen gemieden, da gefürchtet wird.

Als Adjektiv kann sich das Wort *tipua* daher sowohl auf einen Menschen, wie auch auf einen Baum, Stein, See etc. beziehen. Prominente Vertreter unter den *tipua*-Wesen sind die *taniwha,* die zu Lande oder zu Wasser leben, jedoch nicht nur Schrecken verbreiten (vgl. 37. *Para-hia, der Taniwha von Taranaki*), sondern den Menschen auch freundlich gesinnt sein können. So wird

z. B. Kame-taras erste Frau von einem Taniwha des Meeres vor dem Ertrinken gerettet und an Land getragen. Einige Stämme glauben/glaubten, daß die Seele der Toten (*wairua*) in *tipua*-Objekte oder Menschen mit *tipua*-Qualitäten eingedrungen ist und ihnen so ihre übernatürlichen Qualitäten gibt.

Neben dem relativ kurzen Auftritt der *wahine tipua* und der Wiederholung des Themas, das uns aus *Ratas Kanu* (25) bekannt ist, erscheint vor allem auch Kame-taras erste Frau insofern interessant, als daß sie, auf sich selbst gestellt, in völliger Autarkie ihr Leben aufbaut und ganz offensichtlich über Fähigkeiten verfügt, die in der traditionellen Maori-Gesellschaft reine Männersache sind (jagen, pflanzen, Hausbau etc.). Außerdem beherrscht sie die rein weiblichen Fähigkeiten wie das Weben und die Kunst der Komposition, kennt sich aber auch in der Welt der übernatürlichen Kräfte aus, wie ihr Wissen um die Patupaiarehe beweist.

Nicht nur bei den täglich anfallenden Aufgaben waren die Bereiche von Männern und Frauen getrennt, diese Trennung setzt sich vielmehr auch im Kunstschaffen fort. Neben den *karanga* (siehe 17) und anderen musikalischen Schöpfungen bewies und beweist sich die Kreativität der Frauen hauptsächlich im kunstvollen *Flechten und Weben*. Im Gegensatz zu den Männern, die beim Schnitzen »harte« Materialien wie Holz, Stein und Knochen verwenden und deren Muster stets krummlinig sind (Spiralmotiv), verarbeiten die Frauen »weiche« Materialien wie den Flachs zu Matten, Körben, Tanzröcken (*piupiu*) und Umhängen verschiedenster Art. Die Krönung der Webkunst der Frauen sind die feinen, oft mit den Federn des Kiwi oder anderer farbenfroher Vögel wie der neuseeländischen Taube und des Tui geschmückten Umhänge, die von Taniko-Borten eingefaßt sind. Beim Weben der Umhänge und Borten können sich die Frauen einer Vielzahl von Techniken und Mustern bedienen, die jedoch alle – im Gegensatz zur Kunst der Männer – geometrische Formen aufweisen. Jeder Stamm hat seine eigenen traditionellen Muster.

In den Gedichten der Maori begegnen wir den herabhängenden Wedeln des Mamaku-Farnbaumes als Symbol der Trauer. – Nebenthema: Migration innerhalb von Aotearoa.

36. *Hau-mapuhia und die Entstehung von Waikaremoana* (nach Elsdon Best, *Tuhoe-Children of the Mist*). Vgl. die Anm. zu 35: Definition von *taniwha* als Form von *tipua*-Wesen, sowie 4.: Abstammung der *taniwha* = Schöpfungsmythologie.
Korokoro, maehe und *kokopu* sind kleine Süßwasserfische, *koiro* ist der Sessel, *tuna* der Süßwasseraal.

37. *Para-hia, der Taniwha von Taranaki* (nach Tu-tanekaha/W. H. Skinner, in: Journal of the Polynesian Society).
Skinner erhielt die Geschichte von Tu-tanekaha, Ngati-Maru-Hapu, aus dem Ati-Awa-Stamm (Taranaki). Sie zeigt, wie den Menschen wenig freundlich gesonnene *taniwha* befriedet werden können.

38. *Te Kanawa und die Patupaiarehe.* Vgl. 23. *Tawhaki und die Ponaturi:* Definition der *ponaturi* als bösartiger Gattung von *patupaiarehe.* Von den *patupaiarehe* heißt es, daß sie zumeist in dichten Wäldern und auf Bergkuppen hausen, wie in dieser Erzählung. Oft werden sie als hellhäutig beschrieben (siehe 39. *Kahukura und die Patupaiarehe*) und als Geschöpfe, die an nassen, nebligen Tagen ihr Unwesen treiben.
Gekochte Speisen und rote Tonerde (*kokowai*) dienen dem Schutz gegen die meist gefürchteten Wesen bzw. Geister, die in vielen Sagen als menschenähnlich beschrieben werden.
(Siehe auch 25. *Ratas Kanu* und 35. *Kame-tara und seine Frauen*: *patupaiarehe* als Wesen des Waldes.)

39. *Kahukura und die Patupairaehe.* Vgl. 38.

40. *Die zwei Tohunga.* Einführung des *Tohunga makutu,* des in der Kunst der Magie geschulten Tohunga. Er ist der am wenigsten respektierte Tohunga, und anders als der *Tohunga ahurewa* (siehe 19. *Kae stiehlt den Walfisch*) lernt er seine Kunst außerhalb des hochgeschätzten *whare wananga,* oft von Eltern, die ähnliche Fähigkeiten besaßen (wie am Schluß dieser Erzählung auch betont wird).

Tohunga makutu sind in der Lage, durch ihre Kunst zu töten, aber sie waren auch in der Lage, den Zauber anderer *tohunga makutu* unschädlich zu machen. In beiden Rollen waren sie gefragt.

41. *Der magische hölzerne Kopf.* Alle Tohunga waren Medien der Götter (*atua*), denen sie dienten. Oft konsultierten sie ihre *atua* oder waren von ihnen besessen – ein Zustand, bei dem sie zu *waka atua,* dem Kanu des jeweiligen Gottes werden.

Den Tohunga als Propheten kamen Botschaften möglicherweise im Schlaf zu (siehe Hakawau) und bei Kriegszügen waren sie es, die die Schutzgötter des Stammes zusammenriefen, damit sie dem Stamm in seinem Unternehmen zur Seite ständen.

42. *Hinemoa* und 43. *Puhi-huia und Te Ponga* (nach Grey, *Polynesian Mythology* und H. J. Fletcher, *Ponga and Puhihuia*). Beide Sagen sind beispielhaft für eine Reihe von Geschichten, deren Hauptakteure Frauengestalten von ungeheurer Entschlossenheit und Mut sind – Frauen, die selbst gegen Familie und Stamm antreten, um an ihr Ziel zu gelangen.

In mehreren dieser Geschichten nehmen die Frauen große Strapazen auf sich, wie z. B. Hinemoa, die den Rotorua-See durchschwimmt. Sie scheinen sehr viel eher bereit, mit Traditionen zu brechen oder diese in Frage zu stellen als die männlichen Akteure, und in all diesen Geschichten sind sie letztendlich erfolgreich.

Wie schon in 35. *Kame-tara und seine Frauen* scheinen diese Frauengestalten von der traditionellen Arbeitsteilung zwischen Mann und Frau (vgl. 32. *Manaias Fluch*) wenig eingeschränkt. Vgl. auch Anm. zu 16. *Hinauri heiratet Tinirau.*

›action songs‹	Einheit von Tanz, Wort und symbolischen Arm- und Handbewegungen
Aotearoa	Maori-Name für Neuseeland: lange weiße Wolke
Arawa	Name eines der Kanus und Stammesname
Ariki	Erstgeborener einer Aristokraten-Familie; Häuptling
Atua	Gottheit(en)
Haka	von rhythmischem Sprechgesang unterlegter (aggressiver) Tanz
Hangi	Erdofen; im Erdofen zubereitete Mahlzeit
Hapu	Sippe, Clan
Harakeke-Busch	neuseeländischer Flachsbusch
Hawaiki	mythische Heimat der Maori
Hina	Name für die Mondin
Hongi	Begrüßung durch Nasenreiben
Hui	Zusammenkunft, großes Treffen
Huia	neuseeländischer Vogel (ausgestorben)
Iwi	Stamm
Kahurangi	das erstgeborene Kind weiblichen Geschlechts
Kainga	unbefestigte Siedlungsform
Karakia	ritueller Gesang
Karanga	rufender Gesang der Frauen, um Besucher auf die Marae zu bitten
Kereru	neuseeländische Taubenart
Kingitanga	Königsbewegung; heute: die Stämme um die Maori-Königin
Kiwi	neuseeländische Vogelart
Koauau	Flöte; auch Nasenflöte
Koiro	Seeaal
Korero tupuna	Mythen, Geschichten von den Urahnen
Kuia	ältere Frau

Kumera, Kumara	Süßkartoffel
Kuri	Maori-Wort für Hund
Mana	spirituelle Kraft; Prestige; Einfluß; Autorität; Erfolg
Maoritanga	Maoritum
Marae	offener Platz vor dem Versammlungshaus
Marama	Mond; Monat
Maro	eine Art Schurz, ehemals von Männern und Frauen getragen
Matau	Angelhaken
Mere	kurze, flache Einzelkampfwaffe aus Jade oder Stein
Mihi	Willkommenszeremonie
Moa	neuseeländischer Straußenvogel; ausgestorben
Moko	Tätowierung; Wort für Eidechse
Muka	präparierter Flachs
Noa	keinen religiösen Beschränkungen unterworfen, frei von tapu
Pa	befestigte Siedlungsform
Paepae	Latrinenbalken
Paharahara	flaches Geflecht aus 2 Strängen
Pakeha	Menschen europäischer Abstammung
Pani	weibliche Gottheit, Mutter der Kumera
Parawai	feiner Umhang
Pataka	Vorratshaus auf Stelzen
Patupaiarehe	geisterhafte übernatürliche Wesen
Paua	neuseeländische Muschel/Austernart
Pohutukawa	im Dezember rot blühender neuseeländischer Baum
Poi-Tanz	graziöser Tanz, bei dem leichte Bälle, die an einer Schnur befestigt sind, im Rhythmus geschwungen werden
Ponaturi	bösartige übernatürliche Wesen
Potiki	jüngstes Kind der Familie
Pounamu	neuseeländische Jade

Pukeko	neuseeländisches Sumpfhuhn
Putorino	eine Art Piccolo-Flöte der Maori
Ra	Name der Sonne
Rangatira	Aristokrat
Rotu	einschläfernder Zauberspruch
Taiaha	Waffe aus Hartholz, ca. 1,5 m lang
Tangata Whenua	Landes-/Ortsansässige
Tangi	Beweinung
Tangihanga	Bestattungsfeierlichkeiten, Bestattungszeremoniell
Taniwha	Fabelwesen, Ungeheuer in Tierform
Tapu	strengen religiösen Restriktionen unterworfen
Taro	colocasia antiquorum, knollenartiges Gemüse
Tekoteko	geschnitzte Giebelfigur
Tiki	Personifizierung des Urmenschen; groteske Gestalt aus Jade, als Glücksbringer um den Hals getragen (Hei Tiki)
Tikitiki	Haarknoten
Tipua	Dämon, Kobold
Ti Whanake-Baum	cordyline australis, ›cabbage tree‹
Toetoe	neuseeländisches (Dünen)gras
Tohi	präeuropäischer Ritus für Neugeborene
Tohunga	Meister, Spezialist; Priester
Tuaahu	präeuropäischer Altar im Freien, den Göttern geweihter heiliger Ort
Tuamaka	rundes Geflecht aus 5 Strängen
Turuma	Latrinen
Umu	Erdofen
Utu	Prinzip der Reziprozität, oft Rache
Weka	flugunfähige Vogelart (gallirallus australis)
Whai-korero	förmliche, feierliche Rede in Maori
Whanau	Großfamilie
Wharepuni	Schlafhaus
Whenua	Mutterkuchen

Alpers, Anthony: Maori Myths and Tribal Legends. Auckland 1964.
Awatere, Donna: I Want a New Zealand Where it is Safe to be Born a Maori Child. Seminarpapier, Auckland 1979.
Best, Elsdon: The Maori as he was. Wellington 1924, ³1974.
ders.: Tuhoe: Children of the Mist. New Plymouth 1925.
ders.: Some Aspects of Maori Myth and Religion. Reprint, Wellington 1978.
ders.: The Astronomical Knowledge of the Maori. Reprint, Wellington 1978.
Buck, Peter: The Coming of the Maori. Rev. Ausgabe Wellington 1949, ¹1925.
Dansey, Harry (Text): The New Zealand Maori in Colour. Wellington, Auckland 1963.
Fletcher, H.J.: Ponga and Puhihuia, Wellington 1927.
Greschat, H.J.: Mana und Tapu – Die Religion der Maori auf Neuseeland. Berlin 1980.
Grey, George: Polynesian Mythology and Ancient Traditional History of the New Zealand Race. London 1855. Reprint Christchurch 1961, hrsg. v. W.W. Bird. Seither viele weitere Auflagen.
Ihimaera, Witi: Maori. Wellington 1975.
Jackson, Michael: »Some Structural Considerations of Maori Myths« in: Journal of the Polynesian Society (1968).
Kahukiwa, Robin and Patricia Grace: Waahine Toa – Women in Maori Myth. Auckland 1984.
King, Michael (Hrsg.): Te Ao Hurihuri – The World Moves on. Auckland 1975, ²1977.
ders.: Tihe Mauri Ora – Aspects of Maoritanga. Auckland 1978.
McRae, Jane: Maori Manuscripts in Public Collections. New Zealand Libraries 1983.
Melbourne, Hineani: Maori Women Today. Tu Tangata 1980.
Metge, Joan: The Maoris of New Zealand, Rautahi. London 1967, ²1976.

dies.: Maori Literature Booklet. Victoria University of Wellington, 1981.
dies.: Myths. ebd. 1976.
dies.: Myths Are for Telling. ebd. 1971.
dies.: Women in Maori Literature. ebd. 1980.
Reed, A.W.: Treasury of Maori Folklore. Wellington, Auckland, Sydney 1963.
ders.: Treasury of Maori Exploration. ebd. 1977.
ders.: Maori Myth and Legend. Wellington 1983.
ders.: The Concise Maori Handbook. Wellington 1978.
Schwimmer, Eric: The World of the Maori. Wellington, Auckland, Sydney 1966, 1974.
Shortland, Edward: Traditions and Superstitions of the New Zealanders. London 1856.
Simmons, D.R.: »The Sources of Sir George Grey's Nga mahi a nga tupuna«, in: Journal of the Polynesian Society (1966).
ders.: The Great New Zealand Myth. Wellington 1976.
Simpson, Tony: Te Riri Pakeha – The White Man's Anger. Martinborough 1979.
Smith, S. Percy: The Lore of the Whare Wananga. 2 Bände, New Plymouth 1913–15.
Sorrenson, M.P.K.: Maori Origins and Migrations. The Genesis of some Pakeha Myths. Auckland 1979.
Taylor, Richard: Te Ika a Maui. London 1855.
Te Rangi: siehe Buck.
Te Whetu, Karipa: »Kame-tara and his ogre wife« in: Journal of the Polynesian Society vol. VI (1897).
Tu-tanekaha (aufgezeichnet von W.H. Skinner): »The legend of Parahia (taniwha)« in: Journal of the Polynesian Society vol. VI (1897).
Walker, Ranginui: »Proper Names in Maori Myth and Tradition«, in: Journal of the Polynesian Society (1968).
ders.: »The Relevance of Maori Myth and Tradition« in: King (Hrsg.): Tihe Mauri Ora. a.a.O. 1978.
White, John: The Ancient History of the Maori. His Mythology and Traditions. 6 Bde. Wellington 1887–1897.

Williams, Herbert W.: A Dictionary of the Maori Language. 7. Aufl. Wellington 1971.

Yearbury, Pauline Kahurangi: The Children of Rangi and Papa. Christchurch 1976.

Textnachweis

Die Schöpfung: Buck, S. 434–35; Nr. 1–3: Grey, S. 1–10; Nr. 4: Buck, S. 450–51; Nr. 5: Taylor, S. 41; Nr. 6: Smith, S. 135; Nr. 7–15: Grey, S. 12–41; Nr. 16–20: Grey, S. 62–83; Nr. 21–23: Grey, S. 46–61; Nr. 24–26: Grey, S. 84–90; Nr. 27: Grey, S. 106–107, 161–164, sowie Buck, S. 5–7; Nr. 28: Grey, S. 158–161, 164–172; Nr. 29–30: Grey, S. 99–121; Nr. 31: Grey, S. 115–116, 121–127; Nr. 32–33: Grey, S. 128–157; Nr. 34: Best, Tuhoe … a. a. O., S. 110ff.; Nr. 35: Journal of the Polynesian Society, vol. VI (1897), S. 97–102; Nr. 36: Best, Tuhoe …, S. 978–980; Nr. 37: W. H. Skinner, in: JPS, vol. VI (1897), S. 156–157; Nr. 38: Grey, S. 225–227; Nr. 39: Grey, S. 221–224; Nr. 40–41: Grey, S. 211–220; Nr. 42: Grey, S. 183–191; Nr. 43: Grey, S. 232–239.

Bildnachweis

Die Bilder dieses Bandes stammen aus dem 18. und 19. Jahrhundert vorwiegend von Sydney Parkinson und George F. Angas. Reproduktion mit freundlicher Genehmigung der Turnbull-Library, Wellington.

Typen- und Motivregister

Herausgeberin und Verlag danken Herrn Dr. Hans-Jörg Uther, Göttingen, für die Typisierung.

Vorbemerkung: Die Klassifizierung der Erzählungen erfolgte in Anlehnung an die international gebräuchlichen und leicht zugänglichen Kataloge AaTh und Mot. Zahlreiche Texthinweise aus der gleichen Region sowie Spezialmotive finden sich in den Katalogen von P. P. Waterman und B. F. Kirtley.

Mot. = Motif-Index of Folk-Literature. Revised and Enlarged Edition by Stith Thompson. Copenhagen 1955–58.

AaTh = Aarne, A./Thompson, S.: The Types of the Folktale. A Classification and Bibliography. Second Revision (FFC 184). Helsinki 1961.

Kirtley = Kirtley, B. E.: A Motif-Index of Traditional Polynesian Narratives. Honolulu 1971.

Waterman = Waterman, P. P.: A Tale-Type Index of Australian Aboriginal Oral Narratives. Diss. Berkeley 1978.

Nr. 1 = Mot. A 610, A 651, A 800, A 830: Erschaffung der Erde durch göttliche Wesen

Nr. 2 = Mot. A 50, A 1121, A 1751: Ursprung der Winde, Erklärung der Wohnorte von Land- und Wassertieren durch Streit der Überirdischen

Nr. 3 = Mot. A 50, A 1335: Erklärung für die Sterblichkeit von Tieren (Streit der Überirdischen)

Nr. 4 = Mot. A 900, A 910, A 950, A 960, A 970, A 2000, A 2070, A 2600, A 2650: Entstehung von Topographie und Vegetation, Ursprung von Insekten und Ungeziefer + Mot. A 1226, A 1241, A 1313.2: Erschaffung der Frau aus Lehm

Nr. 5 = Mot. A 1221, A 1270: Ursprung des Menschengeschlechts + Mot. A 1335: Erklärung für die Sterblichkeit der Menschen.

Nr. 6 = Mot. A 910 ff., A 966, A 1145.1: Ursprung von Nebel, Regen, Erdbeben, Vulkanausbruch

Nr. 7–15 = Mot. A 500: Kulturbringer-Mythen (s. Einzelmotive)

Nr. 7 = Mot. H 11, H 11.1, H 1385: Maui findet seine Familie wieder
Nr. 8 = Mot. D 150, D 647: Maui verwandelt sich in einen Vogel + Mot. H 1252, H 1260, A 1381: begibt sich auf die Suche nach seinen Eltern
Nr. 9 = Mot. H 11: Erfolgreiche Suche Mauis nach seinen Eltern
Nr. 10 = Mot. D 1007: Maui erhält zaubrische Knochen
Nr. 11 = Mot. A 728, A 728.1: Maui verzögert den Lauf der Sonne
Nr. 12 = Mot. A 952, A 955.3.2.1, A 955.8: Maui erschafft eine Insel
Nr. 13 = Mot. A 1414, A 1415: Maui, der Feuerbringer
Nr. 14 = Mot. D 141, D 661: Maui verwandelt seinen Schwager zur Strafe in einen Hund
Nr. 15 = Kirtley A 1335.19: Erklärung für Sterblichkeit der Menschen
Nr. 16 = Mot. C 114, T 415, Q 301: Inzestuöse Verbindung von Geschwistern; Fluch tötet eifersüchtige Ehefrauen
Nr. 17 = Mot. F 12: Reise in die Oberwelt + Mot. D 154.2: Verwandlung in Taube und Rückkehr zur Erde + Mot. F 68: Mitnahme der Schwester in die Oberwelt + vgl. Mot. A 2250: Erklärung für Eier im Innern von Haifischen
Nr. 18 = Mot. A 797: Erklärung von Morgen- und Abendröte
Nr. 19 = Mot. Q 211.6.2, A 2611: Erklärung der fettigen Blätter des Koromiko; Mot. A 1341: Erklärung für Feindschaft zwischen Stämmen (Rache für Walfischtötung)
Nr. 20 = Mot. A 1341, Q 211: Kriegerische Auseinandersetzungen als Rachefeldzug
Nr. 21 = Mot. A 1018.3: Entstehung der Sintflut aus Rache für die Ermordung Tawhakis
Nr. 22 = Mot. C 752.2.1, F 383.4.3: Seevolk verletzt Tabu, das Tageslicht zu scheuen, und wird getötet
Nr. 23 = vgl. AaTh 400: Mann auf der Suche nach der verlorenen Frau
Nr. 24 = Mot. Q 211.12: Sohn rächt Mord an seinem Vater
Nr. 25 = Mot. C 43.3, E 2, E 30.1, F 441.2: Gefällter Baum wiederbelebt (Tabuüberschreitung); Mot. F 271.2.3: Waldgeister bauen Kanu
Nr. 26 = Mot. A 1341, Q 211.12 (E 50): Kriegerische Auseinandersetzungen als Rachefeldzug (Wiederbelebung toter Krieger durch Magie)

Nr. 27–33 = Mot. A 960, A 962, A 972, A 979, A 980, A 1445.1, A 1545, A 1600, A 1617, A 1630, A 1640, A 2681: Wanderungs- und Gründungssagen: Erklärungen für die Wanderung von Stämmen (mit Kanus); Besiedlung fremder Plätze; Begründung topographischer Besonderheiten; Namengebung von Orten, Plätzen; Siedlungsrechte etc.

Nr. 34 = Mot. B 450, B 552, R 13.3: Vogel als Transportmittel; Mot. A 2611.0.5 + A 2681: Erklärung für bestimmte Bäume und Buschlandschaften + Mot. Q 411: Rache für den Tod des Großen Vogels

Nr. 35 = Mot. H 12: Nach Jahren unfreiwilliger Trennung finden Mutter und ihre Zwillinge Stamm wieder (Wiedererkennung durch Lied)

Nr. 36 = Mot. A 920, A 920.1.0.1, A 920.2, A 974: Erklärung topographischer Besonderheiten (Seen, Felsen)

Nr. 37 = Mot. A 151.1.2, F 402.6.4.1, S 263: Opfergaben besänftigen in Höhlen lebende Berggeister

Nr. 38 = Mot. F 441, F 460, S 263: Baum-/Berggeister durch Schmuck (als Gabe) zufriedengestellt

Nr. 39 = Mot. A 1457.3: Ursprungssage über das Erlernen des Netzknüpfens

Nr. 40 = Mot. D 1719.1: Zaubererwettkampf

Nr. 41 = Mot. D 1812.3.3, vgl. A 123.4: An Tabuplatz besiegter magischer Kopf verliert seine zerstörerische Kraft

Nr. 42 = Mot. A 1610: Erklärungssage für die Siedlungen am Rotorua-See (Kirtley T 11.9: Musik als Liebeszauber, vgl. auch Mot. T 35.1)

Nr. 43 = Mot. R 10.1: Entführung der Braut endet mit Versöhnung der Stämme

Karte der Nordinsel Neuseelands mit den wichtigsten Stammesnamen
(Aus: Joan Metge, The Maoris. Rev. ed. London 1976 © Routledge & Kegan Paul)

INHALT

Mythen aus Hawaiki

Der Maui-Zyklus

Der Hinauri-Tinirau-Whakatau-Zyklus

Die Märchen der Weltliteratur

Afrikanische Märchen
Altägyptische Märchen
Arabische Märchen I und II
Märchen aus Äthiopien
Märchen aus Australien
Märchen der Azteken
und Inkaperuaner
Märchen der Bantu
Baskische Märchen
Märchen der Berber
Bretonische Märchen
Buddhistische Märchen
Chinesische Märchen
Märchen vom Dach der Welt
Dänische Volksmärchen
Deutsche Volksmärchen
Englische Volksmärchen
Eskimo-Märchen
Estnische Volksmärchen
Französische Märchen I und II
Friesische Märchen
Märchen griechischer Inseln
Griechische Volksmärchen
Grimms Kinder- und
Hausmärchen I und II
Indische Märchen
Irische Volksmärchen
Märchen aus Island
Italienische Volksmärchen
Japanische Volksmärchen
Märchen aus dem Jemen
Märchen aus dem Kaukasus
Märchen aus Korea
Lothringer Märchen
Märchen aus Madagaskar
Märchen vor Grimm
Märchen aus der Mandschurei
Mazedonische Volksmärchen
Märchen aus Mexiko
Märchen aus Nepal
Märchen aus Neuseeland
Märchen der Niederlande
Nordamerikanische
Indianermärchen
Norwegische Volksmärchen
Österreichische Märchen
Märchen aus Papua-Neuguinea
Persische Märchen
Plattdeutsche Volksmärchen
Polnische Volksmärchen
Provenzalische Märchen
Rätoromanische Märchen
Märchen der Rumäniendeutschen
Russische Volksmärchen
Schottische Volksmärchen
Schwedische Volksmärchen
Schweizer Volksmärchen
Sibirische Märchen
Märchen aus Sinkiang
Märchen aus Sizilien
Spanische Märchen
Märchen aus Sri Lanka
Südamerikanische Indianermärchen
Südsee-Märchen
Märchen aus dem Tessin
Märchen aus Tibet
Märchen aus dem Tschad
Türkische Märchen
Märchen der Usbeken
Zigeunermärchen

EUGEN DIEDERICHS VERLAG

Mythen und Märchen der Naturvölker

Es ist im Grunde viel zu wenig bekannt: Märchen und Mythen sind kostbare Schätze der Naturvölker. Aber den ethnischen Minderheiten, ob es nordamerikanische, die australischen Aborigines oder die Völker Afrikas sind, droht heute die Vernichtung ihrer Kultur. Märchenbücher bieten eine Gelegenheit, ihre Helden, Götter und Dämonen, ihre komischen und ernsten Geschichten, kennen und lieben zu lernen

Märchen aus Australien
Traumzeitmythen und -geschichten der Aborigines
Hrsg. Anneliese Löffler

Märchen der Bantu
Hrsg. Almut Seiler-Dietrich

Eskimo-Märchen
Hrsg. Heinz Barüske

Märchen der Azteken und Inkaperuaner
Hrsg. Walter Krickeberg

Märchen der Berber
Hrsg. Uwe Topper

Nordamerikanische Indianermärchen
Hrsg. Gustav A. Konitzky

Südamerikanische Indianermärchen
Hrsg. Felix Karlinger und Elisabeth Zacherl

Märchen aus Papua-Neuguinea
Hrsg. Ulla Schild

Sibirische Märchen
Tungusen und Jakuten. Hrsg. Gerhard Doerfer

EUGEN DIEDERICHS VERLAG